青胜于蓝

知名知识产权律师成长密码

朱妙春／主编

知识产权出版社
全国百佳图书出版单位
—北京—

图书在版编目（CIP）数据

青胜于蓝：知名知识产权律师成长密码/朱妙春主编. —北京：知识产权出版社，2022.4

ISBN 978－7－5130－8093－4

Ⅰ.①青… Ⅱ.①朱… Ⅲ.①知识产权法—律师业务—中国 Ⅳ.①D923.4 ②D926.5

中国版本图书馆 CIP 数据核字（2022）第 045351 号

责任编辑：刘 睿 刘 江　　　　责任校对：谷 洋
封面设计：杨杨工作室·张冀　　责任印制：刘译文

青胜于蓝
——知名知识产权律师成长密码

朱妙春　主编

出版发行	知识产权出版社有限责任公司	网　　址	http://www.ipph.cn
社　　址	北京市海淀区气象路 50 号院	邮　　编	100081
责编电话	010－82000860 转 8344	责编邮箱	liujiang@cnipr.com
发行电话	010－82000860 转 8101/8102	发行传真	010－82000893/82005070/82000270
印　　刷	三河市国英印务有限公司	经　　销	新华书店、各大网上书店及相关专业书店
开　　本	720mm×1000mm 1/16	印　　张	19.5
版　　次	2022 年 4 月第 1 版	印　　次	2022 年 4 月第 1 次印刷
字　　数	288 千字	定　　价	99.00 元

ISBN 978－7－5130－8093－4

出版权专有　侵权必究
如有印装质量问题，本社负责调换。

朱妙春律师及诸弟子与王文正会长合影

朱妙春律师

朱妙春律师受聘上海人工智能研究院知识产权治理专家顾问

许峰律师

许峰律师参与中通快递在美国纽约交易所上市

孙小青律师

孙小青律师授课

于大江律师

于大江律师在论坛上演讲

詹锐律师与美国合作伙伴
举办美国企业上市座谈会

詹锐律师在演讲

钱元春律师

钱元春律师研读书本

原素雨律师

原素雨律师为参加"知识产权保护与创新媒体工作坊"的媒体朋友讲课

王小兵律师

王小兵律师在论坛上演讲

郭国中律师

郭国中律师在论坛上演讲

张兵律师接受东方卫视采访

张兵律师在申如律师事务所15周年庆典签到

周超律师与同事讨论案情

周超律师

沈铤桢律师

沈铤桢律师参加研讨会

詹广律师参加央视访谈

詹广律师在演讲

朱妙春律师与陆懿律师在法院门口

陆懿律师

董莎律师

董莎律师研讨会演讲

李玉宁博士论坛发言

李玉宁律师

蔡翼演律师

蔡翼演律师在工作

秦文松律师

秦文松律师在工作

序

我认识朱妙春律师是在20世纪80年代。当时我比较关注上海市司法局主办的一份杂志——《法苑》，朱妙春律师在其上发表了一篇版权方面的文章令我印象深刻，可以说是"未得识人先识文"。后来在开会期间遇到时任经贸律师事务所主任吴伯庆，我多次向他提起并称赞朱妙春律师"办得名案子，写得好文章"。1990年全国律协民事委员会将在杭州召开年会，我点名朱律师出席年会，并邀其向会议递交一篇版权方面的论文，他彼时正在吴江市忙于办理一起重大知识产权案件。得知我的要求后他通宵未眠，硬是一夜之间写出一篇约8000字的论文——《论版权的十大问题》，天亮便带着这篇论文赶赴杭州参加此次年会。1990年编撰《中华名律师辞典》时，我也提名朱妙春律师入选名单。90年代末期，全国律协与法制出版社合作出版一套法律丛书，内容是办案实例，名单由全国律协发至各省市律协，我亦举荐朱妙春律师参加著书。

朱妙春律师的专业和勤奋在业内早已闻名遐迩。他是我国第一批专注于知识产权维权的律师之一，非常注重律师的专业化发展，从业三十余年办理了一批又一批具有重大影响力的知识产权疑难案件。在繁忙的办案之余，朱妙春律师不多的爱好之一就是伏案写作，奋笔疾书，将自己办理的案件以纪实的形式记录下来，这不仅是对其个人办案经验的总结，也是对知识产权法律规范的理论实践深化，更是为知识产权理念的广泛传播作出了巨大贡献。我第一次为朱妙春律师的专著作序是在2000年，其时他正准备出版他的第一本纪实类专著——《版权诉讼案代理纪实》，我欣然为之。我非常欣赏既会办案又能写书的律师，认为朱妙春律师是能文善武的多才之表率，我也曾表示乐意为他的后续著书作序，以示鼓励和支持。二十余年时光荏苒，没想到今日邀我作序的已是他的第十二本著作了！

与以往的十一本知识产权等案件纪实不同，今天摆在面前的这本书稿记载了朱妙春律师的十七位优秀学生的成长历程。花大量时间培养新人是朱妙春律师在办大案、多著作之外的又一大突出贡献。孙小青、詹锐、钱元春、王小兵、郭国中、张兵、周超等一批优秀年轻律师的成长过程凝结了朱妙春律师的诸多心血，也展现了新时代律师行业的崭新面貌。他们来自大江南北，或出于书香之家，或生于乡村农门，有法律科班，也有半路转行，但都传承了朱妙春律师专业与勤奋的风格，有志于在知识产权律师这一行业奋勇开拓，锐意进取。细读这些年轻律师的成长历程，可以看出朱妙春律师的言行对他们的深刻影响。

在培养新生力量方面，年轻人们的感受较多。许峰律师说道："以前一直不明白，朱老师名气这么大，桃李满天下，只要大旗一挥，相信立马能召集起精兵强将，组建一支律师队伍，把事务所做大做强。但他似乎总不大愿意花时间在事务所的商业化运营上，却花了大量的精力带教年轻律师和著书立说。"

在律师的职业定位方面，钱元春律师说道："律师，不是学院派的教授和专门从事研究的理论家，而是冲在法律制度建设前线的发现者。发现法律方面的问题，促使制度的完善，促使国家司法体系的不断完善，便于国家司法机构依法治理社会，推进社会不断走向公平和正义。"

在著书立说方面，王小兵律师说道："要经常通过演讲和文章，把自己的专业化表达出来。作为律师，必须有好的文笔和良好的口头表达能力。恩师朱妙春在这方面给我树立了很好的榜样。"

在回馈社会方面，郭国中律师说道："跟随朱老师期间，除了学习办案思路、诉讼策略之外，也有幸参加公益普法活动的举办，深切感受到朱老师无私大爱、乐于分享的精神。""在朱老师的熏陶下，我带领团队一方面为客户提供知识产权法律有偿服务，另一方面热衷于公益普法活动，通过专业知识服务政府、服务企业、服务社会，举办各类公益知识产权培训与论坛，充分发挥法律人的桥梁、纽带作用，在推动区域创新和知识产权事业发展中尽力而为。"

张兵律师说道："朱老师培养徒弟的方式及其初心是令人敬佩的，他毫无保留地传授自己的经验，也通过各种方式教授我们做人的道理，尤其是作为一名律师的职责。"

在律师的专业化发展上，周超律师说道："律师是一个依靠专业知识帮助客户解决法律问题的职业，专业知识的积累决定了你在这个行业能够走多远。""在办案的同时，我一直保持写作的良好习惯，基本保持每周起草一篇知识产权专业文章，并通过发表文章结识了不少志同道合的朋友，间接获得了不少客户。"

……

朱妙春律师非常重视总结实践经验，不断改进工作。二十多年前已出版著作。时任《中国律师》总编辑（后为《民主与法制》总编辑）刘桂明同志说："这可称为'朱妙春现象'。"对此，我也有同感。他的大多数著作都邀我写序，我欣然接受，意在推广他的经验。

这一次的著作内容又有了新的发展，主要是介绍青年律师的做法和经验，颇有现实意义，事业要发展，社会要进步，培养后辈是不可推卸的责任。

"艰难方显勇毅，磨砺始得玉成。"朱妙春律师是我关注和培养的，他也曾多次尊称我为恩师。今看到他又培养出一批优秀的年轻学生，犹如一粒种子经过艰难成长又生出了许多希望之芽，我作为长者，颇感薪火相传之欣慰。新生力量的培养远比商业成功来得重要，思想的代代传承才能助祖国的法律事业长青。以法律力量维护公民之权利，以实践案例成就法治之中国，愿年轻一代秉承"法律服务为国为民"的理念，牢记使命，扬帆远航！愿朱妙春的学生们再培养出一大批知识产权的专业人才，愿知识产权强国事业后继有人，前途光明！

2021 年 8 月 19 日

目 录

001　许　峰／琢磨人生
015　孙小青／国际视野　律业长青
025　于大江／海派诗人律师炼成记
043　詹　锐／业精于勤
060　钱元春／求索律政
076　原素雨／与法结缘二十年
091　王小兵／热爱成就精彩　专业开创未来
103　郭国中／逐梦知识产权
117　张　兵／志存高远
130　周　超／钩深致远
150　沈铿桢／琢玉成器
167　詹　广／逐梦时代　砥砺前行
181　陆　懿／灯　塔
200　董　莎／初涉法律
211　李玉宁／化学博士　法律新兵
222　蔡翼演／迷途知返　向阳而生
236　秦文松／而立之年　迈步重越
249　朱妙春／我的律师生涯
279　后　记

琢磨人生

许 峰

诗云，有匪君子，如切如磋，如琢如磨。

2020年1月24日，大年三十。浙江桐庐。

窗外飘着细雨，夹杂零星的小雪花缤纷落下，透着凛凛寒意。而屋内则是一番热闹的景象，家人们都在忙活着准备年夜饭，娃娃们上蹿下跳，嬉戏打闹，抱着几个毛绒玩具玩得不亦乐乎。客厅、厨房已无我容身之处，正好躲进书房，静静地打开我电脑里的"故纸堆"。我比较怀旧，很注重存档工作，尤其有了电脑以后，把文件、照片都一股脑儿地存在硬盘上，时不时地翻出来回味一下。

一、起　航

历史最悠久的一个文件夹创建于2001年7月25日，那是我在华东政法大学（当时名称是华东政法学院，简称"华政"）国际法系就读的第三个暑假。文件内容是我大三实习时参与的一个诉讼案件资料。那是我在上海市天宏律师事务所（以下简称"天宏所"）实习时参与的第一个案件，是我法律职业生涯的起点。

案情并不复杂，一个美籍华人从上海出发，乘坐东方航空公司航班到巴黎后，转机乘坐法国航空航班到苏黎世，代表公司参加一个项目招标会。然而，当他抵达苏黎世后，发现装有会议资料的行李没有同机到达。据查，行李被误转，两天后才可送达。结果，会议无法正常参加，招标失败。事实很清晰,但难点是法律适用,因为当事人涉及国内企业、国外企业和外籍自然人,合同履行地涉及境内和境外,适用的法律涉及中国法、外国法和国际条约。

那是我到天宏所实习的第一天,当时这个案子的主办律师吴平律师听说我是学国际法专业的,马上把案件材料递给我,"小许,这个案子你研究研究"。吴平律师也是我的带教老师,在实习中给了我很大的帮助,是一位我非常尊敬的人,我一直以吴老师相称。我还清晰地记得当时从吴老师手中接过案卷时的感受,第一次接过真真切切的案卷,沉甸甸的,陌生而又熟悉,很兴奋,但又有些焦虑和不自信。

那一晚,是我第一个因为工作而通宵的夜晚。

这么多年来,熬夜工作已经成了家常便饭,但唯独这一晚具有特殊的意义。没有律师费或者项目奖金的催动,没有领导或者客户的压力,没有埋怨和牢骚,也不需要咖啡和浓茶的支撑……当我在电脑上敲下案件分析报告的最后一个句号时,天边已泛起了金黄。那股冲劲和激情,不知源自何处,去向哪里,但至今常常回想,念念不忘。如果每一个工作都能够那么纯粹,该是多么幸福的事。

第二天,这份报告被吴老师送到了朱妙春律师的桌前,于是我有了第一次和朱律师近距离交谈的经历。在来天宏所实习前,看到过很多关于朱律师的报道和文章,当时投简历时怀着敬仰而惴惴之心,想不到这么快就有了直面沟通的机会。

谈话持续了约半小时,细节已经不记得了,因为我第一次直面大律师,挺紧张,只记得朱律师说我报告写得不错,让我参与案件办理。这次会谈以后,我对他的称呼从"朱主任",自觉地改为了"朱老师"。博学儒雅,循循善诱,这是我对朱老师最深刻的印象。

翻看全文,其实这个报告有很多缺陷,笔触稚嫩,结构不完整,论述的逻辑不够清晰,如果换成是现在实习生交上来让我审阅的稿子,那他多半是要吃批评的。不过客观评价,这个报告最大的亮点在于法律检索。"法律检索"这个词相信所有从事法律工作的人都不陌生。遇到任何一个项目或者案件，首先要做的，是把相关的法规、案例，甚至一些技术性的行业标准、科学背景进行检索、收集、分类整理，这是准确评价法律风险、提供解决方案最基础的环节。当时国内的互联网还不甚发达，还是接电话线拨号上网的年代，网速慢，网上的内容也匮乏，法律、案例的检索基本靠查阅纸质文献。我记得那天从律所领了任务回到学校，就一头扎进图书馆，借了一本足有10厘米厚的国际条约汇编和几本关于航空法领域的著作，还去学校的法律书店买了一本国内航空法的法律汇编。一晚上的时间，基本把案件涉及的国内法和国际条约中的条款都作了摘录和归纳，并作出了法律适用的分析。这份法律检索成果，一直到几年后撰写硕士论文时仍被用到。

之后几年在天宏所的实习过程中了解到，朱老师为人严谨，尤其对于文书要求非常严格，无论是内容还是措辞，甚至标点符号都锱铢必较，而且天宏所出去的所有文件，他每份必阅，每份必改。他对我这份报告的肯定，是一个师长对年轻人的爱护和宽容。正是这份胸怀，点燃了我的热情。后来我全程参与了这一案件的办理，并围绕这个案件中涉及的法律适用问题，撰写了我的本科毕业论文和硕士毕业论文。

我是幸运的，机缘之下遇到了一个好的平台，一位好的老师。朱老师在上海律师界可谓声名远扬，尤其在知识产权领域，连我在法院实习的大学同学都对朱老师敬佩有加。我自然也是慕名而去，而且我只投了这唯一一份实习简历。实际上，当时身边同学实习的第一目标大都是国外律所或者大型跨国企业，可能是学国际法专业的缘故，我们系的同学也特别受这些律所和企业的欢迎。记得在天宏所实习期间，有一位师兄给了我一个英特尔公司实习的机会，而且实习期补贴每天200元。这是多么巨大的诱惑。但转瞬即逝的犹豫后，我回绝了师兄的好意。

天宏所当时只有十余名执业律师和助理，属于知识产权领域的"小专精"。记得后来听朱老师说，他只想办好案子，做好学问，不愿意在市场开拓和内部管理上花太多精力。当时年少轻狂，我还不太能理解，总觉得把律所做大应该是理所当然的目标。现在年届不惑，越来越感同身受。专业和商业，往往不可得兼。

跟着朱老师学习了四年，从大三暑假到研究生毕业，前前后后参与了十一个案件的诉讼，其中不乏全国首例电子地图著作权案、"永和豆浆"商标案、"中兴通讯"商业秘密案等疑难案件，朱老师既言传身教，也给了我充分的发挥空间，让我实实在在练就了一些本领。2005年开始正式律师执业时，我已经可以从容不迫地应对客户和对手，可以游刃有余地把案件化繁为简、对症下药，在法庭上可以独当一面、据理直辩。对于法律人而言，一个好的起点，并不一定需要动辄几亿元标的的惊天大案，或是 CBD 5A 甲级写字楼的高档办公环境，抑或"往来无白丁"的高大上光环。也许只需要一个好的启蒙老师，一个让你充分发挥的平台。

于无声处听惊雷，于无色处见繁花。

二、迷　　途

我打开的第二个文件夹创建于 2004 年 9 月 8 日，那是我研究生三年级开学伊始。文件夹里是我准备考博的资料，一张长长的书单，一些零散的论文汇编，一份断断续续的复习日记。

那是我人生中，第一个感到彷徨的时期。

从小到大，无论父母、老师和其他长辈，对我们最主要且几乎是唯一的评价标准便是读书成绩。在这个文件夹创建之前，我也从来没有考虑过读书以外的人生目标，小学毕业考重点中学，中学毕业考重点大学，然后硕士、博士。相信同龄人中大都有这样的感受。在读书上，我倒从来没让大人们失望过。记得小学一年级第一次期中考试，我就考了语文、数学"双百分"。从此开始了我的"学霸"人生，基本包揽了小学和中学的班级考试成绩的头把交椅，最终作为我们县文科状元考进了华东政法学院国际法系。

进入大学后，面对全新的学习和生活方式，我遇到了一些挫折，大一期末考试成绩并不好，勉强得了个三等奖学金，但大二、大三便迅速调整，拿了一等奖学金。然后顺利地考上了硕士研究生，通过了司法考试，一切都觉得那么理所当然、毫无悬念。但在要不要考博的问题上，我犹豫了。

一个最直接的冲击是房价翻番了。2002年本科毕业时，华东政法学院附近的房价一平方米三四千元，2004年已经七八千元了，而且房价上涨还没有放缓的趋势。不少本科毕业就工作买房的同学，已经躺赚了几十万。每次同学聚会，房价成了绕不开的话题。不少同学已经在各自的岗位上干得风生水起，如果我继续攻读博士，来日还跟得上他们的步伐吗？

让我犹豫的还有一个很重要的原因是，在律所实习这几年，初涉江湖，略有小成，已经按捺不住躁动的心，迫不及待地想着早日独闯社会，挥斥方遒。

不过，尽管内心已经不愿再沉浸于象牙塔里，但从小的价值观惯性让我没有放弃考博。最终我的选择是最平衡但可能也是最差的做法，一边写毕业论文，一边准备考博，一边继续实习。结果可想而知，毕业论文匆匆截稿，博士自然是没考上，律所的案子也静不下心来办理。

这种浮躁的心态一直延续到我开始正式律师执业，以及此后的一年。

研究生毕业后，经一位师兄引荐，我进入了上海市华益律师事务所（以下简称"华益所"），急不可耐地开始了独立执业，单干，俗称"提成律师"。那一年多时间里，没有太多记忆深刻的事情。只记得零零碎碎的业务做了不少，每天为了生计忙忙碌碌，没有目标，没有沉淀，不知道明天会怎样，像是一叶落单的扁舟，无措地面对茫茫大海，沉浸在迷途的焦虑中。

其间，有件黑色幽默的事，至今我还会经常和朋友、同事提起。一次同学聚会时，我拎着沉甸甸的大公文包，风风火火地最后一个赶到，一个同学开玩笑道，"许大状，这么大个包，你这是每天都扛着全部家当跑嘛"。这话没有任何嘲讽的意思，纯粹是玩笑，笑闹着就过去了。但言者无意，听者有心，我心里还是不由一苦，因为他说的的确是我当时的真实状况。而立之年，没房没车没存款，所有家当一包提。2006年苦干一年，年底囊中空空，春节回家的车票和送给父母长辈的年货，还是用信用卡透支提现的钱买的。

面对这样的境地，如果不反思，往往会在浮躁和庸庸碌碌中恶性循环，越陷越深。

幸好，我反思了。

记得那年春节假期我在家里写了一篇小文，大致是反省了自己急于求成的心态，列了来年需要做哪些事。可惜当时家里没有电脑，自然笔记本电脑也是买不起的，这篇手写的小文已经找不到了。

也许一路走来太过顺利的原因，我从来没有认真地去思考和规划职业生涯，只是脑海中有一个懵懵懂懂的方向，以为凭着自己的满腔热血，一头扎进社会的熔炉，自然会获得丰厚的回报。没有经过在规模化的组织和体系中的历练，急于求成，过早地单独踏上社会，让我对世事的认识太过肤浅，太过简单。

记得朱老师经常会引用毛主席的一句话来勉励我们年轻律师，说我们是早上八九点钟的太阳。是的，作为一个群体，年轻人终将升上中天，成为社会的栋梁砥柱；然而，作为个体则并非如此，不少"八九点钟的太阳"是在密布的乌云后草草一日，碌碌暮归。

这段初出茅庐的经历有些心酸，但经历过的总是有价值的，它让我及时平复心情，抑制躁动，冷静地去思考前进的方向和道路。

山高水长，行稳致远。

三、扬　　帆

窗外响起的爆竹声，把我重新拉回了这浓浓的年味中，这是年夜饭开席的信号。我一看时间，才下午三点半。不过这是老家的习俗。在以前物资匮乏的年代，年夜饭几乎寄托着一家人一整年的期望，隔壁邻居们都想争个年夜饭的头彩。我往餐厅看去，大盘小盏，已有不少菜上桌，估计离开饭时间也不远了，抓紧时间再看一会。我握着鼠标，快速地滑动着屏幕。

光标停在了一个创建于 2007 年 6 月 12 日的文件夹上，内容是我参与的山东某矿产企业股权投资项目的资料。这个项目，值得我记住，它是我职业生涯转型的里程碑。也许有人会笑，一个才执业一年多的毛头小子谈转型，颇大言不惭。不错，这个里程碑自然是多年后回顾时方可下的结论，但当时我的思想和心态，的确转型了。

打开文件夹，里面排列着六个子文件夹，分别是聘用手续、项目法规、行业研究、工作记录、尽调资料、交易文件。每一个文件夹名称都是由序号、标题、创建日期组成，工工整整。我把六个子文件夹一一打开，里面的内容清晰、有序，而且几乎每一个文件夹名称都保持统一的编号规则。扪心自问，现在的我也很难做到这么认真、细致。

这其实不是我参与的第一个股权投资项目。在刚进入华益所时，我就有幸参与所里承接的平安集团对广东发展银行救济性重组投资的项目。在这个项目中，华益所代表平安集团对广东发展银行进行尽职调查，并参与交易文件谈判起草。但这个项目周期漫长，当时我丝毫不觉得对我有什么意义，甚至觉得耽误了我赚生活费。所以我没有在项目中做任何实质性的学习研究和工作，自然也没作出什么贡献，在我的存档文件中几乎找不到这个项目的资料。

一边是立竿见影能赚到生活费的零杂琐事，另一边是旷日持久的、看不清收益的浩大工程。2006 年，我选择了前者；2007 年，我选择了后者。这就是我所谓的思想和心态的转型。

我需要感谢当时华益所的主任段爱群律师。广发行项目和山东项目都是他给了我参与的机会。段律师是一名学者型律师，他是经济学博士，是财政部科研所副研究员，也是一名大气果敢、雷厉风行的管理者和创业家。他的奋斗史是华益所的同事，乃至同行们都津津乐道的励志故事。

把自己比作千里马，我受之有愧，但把段律师比作伯乐，他当仁不让。当时所里承接了不少大型私募股权投资项目，段律师大胆地把年轻律师推上前台，让他们挑起项目重担。这些律师现在基本都是投资法律服务领域的资深律师。段律师承接山东项目后，便邀我加入项目工作组。我向段律师坦承自己缺乏项目经验，段律师只说了一句话，凡事总有第一次。

是的，凡事总有第一次，但如果不努力付出，也许就再没有人会给你第二次机会。

开完第一次项目工作组会议，有了整体项目规划和时间表，但每一项项目工作具体怎么开展，我毫无头绪。投资标的企业是一家主营矿产开采的大型国有企业，涉及国企改制、管理层收购等一系列复杂的历史沿革问题，还涉及探矿权、采矿权的确认和转换等矿产领域的专业问题，这些都是我从未接触过的领域。

接下去的几天时间，除了两个案子的开庭，我白天几乎都在约有项目经验的同学、同事吃饭、请教，然后软磨硬泡地要来一些文件范本，晚上在办公室看资料、查法规、做文件。

第二周的项目工作组会议上，我提交了项目法律检索报告、尽调清单和方案、投资意向书初稿。我记得当时参会的有五六个人，除了一个律师助理，我算是资历最浅的，但我成了会议的主角，将自己对项目工作的各项意见娓娓道来。我太想抓住这次机会了。段律师看穿了我的心思，会议临结束前，他指定我为项目的主办律师。

这个项目的委托方是一家全国排名三甲的综合性金融集团，是华益所最重要的客户。让一个缺乏项目经验的年轻律师来主办这个投资项目，这不仅需要勇气，更需要胸怀。

项目工作持续了大约六个月，到项目公司出差七次，大小会议十六次，每一次出差的工作内容，每一次会议的纪要都完完整整地记录在这个文件夹中，甚至连一些电话沟通记录也都记载在工作笔记中。现在回看，其中不少内容是无关紧要的，甚至略显幼稚。但当时的我，在整个项目过程中，战战兢兢，如履薄冰，不敢放过任何一个细节。

项目进展得比较顺利，最终成功签约、交割。庆功宴在被投企业附近的一家餐厅举行，好客的山东朋友拿出了当地最好的白酒。那一晚，仿佛卸下了千斤重担，我人生中第一次放肆大喝，醉倒在酒席上，被人扛回了酒店。

项目结束，正好是2007年年底，我分到了一笔不菲的律师费，超过了2006年整年的收入。但这个项目给我带来的最大收获并不是律师费，而是攻坚克难的成就感和自信心。

另一个重要收获是，在项目中结识了不少朋友，包括被投企业的财务顾问。他们是投资圈的资深人士，可能是欣赏我这头初生牛犊的认真劲儿，后来还给我引荐了不少项目机会。

回想律师执业之初这两年，感慨良多。第一年，轻敌，短视。初入江湖，把一切想得太简单，感觉遍地是黄金，处处有机会，而且眼高手低，总是愿意做一些简单、收益快的工作。也许其中也有生活所迫的原因，但更多的是浮躁所致。第二年，认识到执业不易，开始耐心地撰写专业文章，拜访客户，虚心地跟着前辈学习。山东项目占用了我下半年几乎一半的工作时间，其中大部分时间都在学习和研究项目相关的法规、案例，向他人学习、请教。

人之初始，皆为凡石，不经切磋琢磨，难现美玉，难成良器。人生需要艰难险阻的历练，需要琢磨，需要思考，没有谁的人生是一片坦途，没有谁能够随随便便成功。

思易则行难，思难则行易。

四、沉　　淀

2007年以后的发展历程，比较顺利，没有太多的波折。我逐渐积累起客户圈，被提拔为事务所合伙人，建立了一个十几人的团队。后来还成功主导了一家公司的境内重组和境外红筹架构的搭建，并全程参与了公司美国上市。记得当时客户委托我作为公司上市项目总法律顾问时，我的心情和办理山东项目时一样，面对一个从未接触过的领域，战战兢兢，如履薄冰。但不同的是我丝毫没有胆怯，因为我深信，只要努力去学习、研究、请教，没有克服不了的难题。经过半年努力，公司成功上市，市值达千亿元人民币，我也荣幸地和公司创始人一起登上了纽交所的敲钟台。

电脑屏幕上布满了密密麻麻的文件夹，每一个里面都有一个故事，一份汗水，有喜，有悲，有成功，也有失败。但其中大多数记忆，终将慢慢地消散在时间长河中。与创业者相比，律师往往缺乏成就感和归属感。创业者们只做一两件事，成功了，便是一生的事业。但律师不同，同时面对许许多多的客户，官司打赢了，公司上市了，那种成就感并不能维持太长时间，更难说归属感。那形形色色的成功案例大都只能成为此后招揽客户的资本，并最终沦为茶余饭后的谈资。

以前一直不明白，朱老师名气这么大，桃李满天下，只要大旗一挥，相信立马能召集起精兵强将，组建一支律师队伍，把事务所做大做强。但他似乎总不大愿意花时间在事务所的商业化运营上，却花了大量的精力带教年轻律师和著书立说。如今，经过这十余年的历练，不惑之年，我开始明白这其中的道理——沉淀。

从出生开始，每个人都在不停地沉淀，学习知识，锻炼技能，积累财富，培育后代。但不同的是，有的沉淀将随着生命的终结而消逝，有的沉淀却能一直闪耀在历史的星空中。朱老师也许更多地追求后者。

我想起了在天宏所实习时，朱老师主导的对日民间索赔的公益项目。我飞快地找到了这个文件夹，里面有我参与活动的一些记录和最后成书的稿件。

2000年11月29日，在抗日战争期间被强掳至日本花冈矿山服苦役的幸存者与矿山所属的鹿岛公司经过二十多轮艰苦谈判，达成和解。这次饱受争议的"花冈和解"在国内掀起了一阵对日民间索赔问题的讨论和研究热潮，我在华东政法学院读研期间也参与了相关法律课题的研究。当时律师界纷纷响应，多地律师开始组织各类维权的公益活动。朱老师是上海律师界对日民间索赔工作的牵头人。

大约是从2001年开始，朱老师通过各种渠道，收集了上海数十位幸存的抗日战争期间被强掳到日本各地服苦役的劳工信息。幸存劳工当时均已年逾古稀，年纪最大的已有九十几岁，但对日索赔工作耗时漫长，动辄数年，如花冈案便整整经历了十余年方达成和解，一旦老人去世，索赔工作会遇到很大障碍，因此这项工作的当务之急是固定证据。我在大四的暑假时加入项目组，主要工作便是寻访幸存劳工，将他们口述的经历整理成笔录。同时，为了核实他们的经历，我们一一走访了老人们曾经工作单位的人事部门，查阅档案记录。对不少比较完整的资料，还办理了公证保全。

寻访时的情景，至今难忘。老人们大都是在抗战时期或被骗，或被抓，押送至日本，被强制从事开矿、修路等重体力劳动。吃不饱、穿不暖，缺医少药，许多劳工埋骨他乡，熬到抗战胜利回到国内的，也大多留下伤病。访谈时，一位老人揭开衣服，让我看他背上一条条的鞭痕。他当时从矿山逃跑，躲在一个农户家里，但很快被监工抓回矿山，挨了一顿毒打。尽管饱受折磨，善良的老人还特别提及，要感谢当时收留他的那家日本农户，给他吃了一顿饱饭。还有一位老人，他当时看到去台湾打工的招工启事，便立马回去喊上他最好的朋友一起报名，结果上了船才知道是去日本。后来他的朋友病死在了日本的矿山上，这让他至今愧疚不已，说到伤心处，老泪纵横。

老人们谈起那段经历，仿佛又撕开了旧时的伤疤，虽时隔几十年，但那种痛彻心扉的感觉仍然原原本本地传达给了我。劳工的苦难，民族的屈辱，让我深深地明白手上这份工作的重要性。寻访工作持续了整整两个月，我和所里的一位老师开着车，顶着酷暑，几乎跑遍了上海的角角落落。我们开的是一辆已经跑了十几万公里的老式桑塔纳，尽管开着空调，人在车内仍是汗流浃背。记得当时我刚考取驾照没多久，寻访结束时已练成了老司机。

在我们工作进行过程中，有几位老人陆续离世，这对朱老师触动很大。索赔之事才刚刚拉开序幕，旷日持久。尽管我们做了大量证据保全的工作，但毕竟势单力薄。朱老师决定自费编撰出版一本记录劳工苦难经历的纪实书籍，唤起公众的关注。我自告奋勇，到华东政法学院招募采写志愿者。我把招募公告贴在学校的告示栏里，想不到第二天就有几十位同学报名。经过笔试和面试，十五位志愿者入选，奔赴上海各地对老人们进行采访。采访稿由我进行汇总和初校后，递交给朱老师。连续几个不眠之夜，朱老师字斟句酌，审阅修改了每一篇稿件。经过几轮编校，一本沉甸甸的《劳工血泪史》很快面世。

我在天宏所参与对日民间索赔的工作前后将近三年，可惜后来独立执业后，便再也没有涉及。毕竟公益事业看不到经济收入，我还要解决生计问题，所以当时我觉得更重要的是做业务、赚律师费。可现在想起来有些讽刺，那时我觉得重要的事，时至今日大都已逐渐淡忘。2016年，登上纽交所敲钟台的那一刻，我觉得是多么荣耀，可才过去三年多时间，现在回想起来亦已平淡如水。反倒对十几年前做的这些没什么经济收入的公益活动仍然记忆犹新。时至今日，翻看着电脑中的书稿和工作记录，当年工作中的一幕幕情景仍历历在目。

除了对日民间索赔的公益活动，朱老师还热衷于举办各类学术研讨会。我在天宏所实习时，朱老师每年都会邀请专家学者，举办两三次关于知识产权领域的新型课题或疑难课题的学术研讨会。当时正值知识产权领域的三部大法——《著作权法》《商标法》《专利法》经过大幅修订后颁布实施之际。这是中国加入世贸组织后第一批与西方标准接轨的重要法律，提出了很多新的理念和制度。同时，21世纪伊始，互联网产业风起云涌，基于互联网的新型知识产权侵权案件也层出不穷。新法律、新案件，给了律师和法官们充分的发挥空间，当时的知识产权界可谓百家争鸣、精彩纷呈，经常可以看到引经据典，论文式的代理词和判决书。2002年和2003年，朱老师接连组织、举办了几场关于新型商业秘密侵权、不正当竞争与商标侵权竞合、商品化权等知识产权前沿领域的研讨会，引起了学界热议。

其实举办这类活动，花钱不说，还特别耗时费力，且参加者均为业内人士，或为高校学者，或为律师同行，讨论的也都是艰深的专业问题，很难引起客户的关注。如果从经济效益上来讲，远不如在媒体上做些专业软文宣传划算。可朱老师乐此不疲。

一位知名企业家在一次演讲中谈及企业发展时，提到利己、利他、利社会的关系。利己、利他让企业生存和发展，但只有利社会，企业才能走久、走远。做企业如此，做律师亦是如此。一味利己，甚至损人利己的律师注定是没有生存空间的。专业高效服务客户，兼顾利己利他，取得双赢的律师才能谋得一席立足之地。但真正名载史册的律师，必定是以利社会为己任的，他们或著书立说，或诲人不倦，或热心公益，为推动社会进步尽一己之力，为社会沉淀知识和精神。

也许有律师会说，自己没那么大的抱负，只想做点业务，赚点律师费养家糊口，改善生活，没有精力去做那些有名无实的事。这种想法是片面的。追求个人的社会评价，是人类普适的价值观，放之四海，纵贯古今。利社会也并不是简单地追求一介虚名。其实，利己、利他、利社会在绝大多数情况下都是不冲突的，在利己的同时往往也在利他、利社会，而眼前的利他、利社会也往往会在不远的将来实现利己。反之，如果一个人的行为和思想背离了社会的需求，那他即使获得了短暂的利己，最终也注定会被历史唾弃。

人的一生是短暂的。当垂垂老矣，日迫西山之时，我们回头看人生的脚印，是否还能有那么几个仍留在道路上，为后人指引方向。

"零落成泥碾作尘，只有香如故。"

五、感　恩

"开饭咯！"

母亲的一声呼唤，拉回了我的思绪。往餐厅望去，桌上已经放满了菜,中间一口小火锅正扑腾扑腾地冒着热气。"压轴菜,猪蹄炖鸡!"母亲吆喝着掀开了锅盖,一股扑鼻的香气顿时溢满整个屋子——从小就熟悉的味道。母亲是今天的主厨,为了这顿年夜饭忙活了一整天。往年都是父亲掌勺,但父亲刚动了小手术还在休养,今天只得让贤。不过他也不甘寂寞,挤在厨房里调配火锅酱料。妻子和大女儿围着餐桌摆放碗筷、酒水,牙牙学语的小女儿正一边念叨着谁也听不明白的话,一边使劲地把一张比她个头还高的椅子往桌边推去。

不知不觉,天色已暗。雨越下越大,路上已看不到行人。起风了,吹得雨点噼噼啪啪地打在窗户上,玻璃上结起了厚厚的水雾。看似单薄的一层玻璃,却隔开了风雨交加的冰冷寒夜和暖意浓浓的我。因为外面是世界,里面是家。

我揉了揉酸胀的眼睛,点下了关机键。

"开饭前来张全家福!"父亲熟练地把手机镜头调成自拍模式,几番调整后,找到了最好的拍摄角度。"一、二、三,茄子!"父亲一声令下,一张簇满笑脸的画面定格在手机屏幕上。

感恩我的家人,感恩我的师长、朋友,是你们的理解、包容和支持,帮助我成长,帮助我绘就了这幅温馨的画面。

一切过往,皆为序章。精彩,未完待续……

作者简介

许峰,2005 年毕业于华东政法学院国际法系,获国际经济法专业法学硕士学位。从事律师工作十余年,先后担任上海市华益律师事务所高级合伙人、上海汉盛律师事务所高级合伙人。执业期间,主要聚焦知识产权、投融资法律业务,为中国平安、交通银行、张江高科、中国船舶重工集团、保利协鑫能源集团、熔盛重工等大型企业提供法律服务。2016 年被全球领先的综合物流集团中通快递聘为集团总法律顾问,帮助企业先后完成美股上市、港股二次上市等多项融资额超百亿元的资本市场业务。

国际视野　律业长青

孙小青

心怀梦想　砥砺奋进

列夫·托尔斯泰说："理想是指路的明灯，没有理想，就没有坚定的方向，没有方向，就没有生活。"远大的理想是黑暗中的明灯，它会成为开启成功之门的钥匙。学生时代，我的理想就是做一名律师。初中各门学科，作为政治课内容之一的《法律常识》是我学得最优秀的，与法律常识老师的关系也最密切。

1974年我出生于上海，从小就有着追求公平正义的伟大梦想。2000年，当新世纪的曙光照亮魔都，我萌发了真正成为律师的念头。但当时"律考"热逐年升温，不但参加律师资格考试的人数随之激增，而且凡参与进来的有志之士所怀的"不到长城非好汉"的壮志，也一年胜过一年。经过努力，我终于在2002年考取了律师资格证，穿上了神圣的律师袍。

自古以来，那些有志气、有理想、想成就一番事业的人都得到过名师的指点和帮助。周文王渭水河边拜访姜子牙，才有了周代商的传奇；苏秦、张仪、孙膑等都曾远行拜师于鬼谷山中，得名师后成名人；刘备兵困马乏，被曹操打得四处逃窜，无立锥之地，三顾茅庐后得诸葛亮之辅佐，才得以成就一方霸业，刘备拜师故事神奇曲折，令人赞叹，传扬后世，成为拜师、受名师指点之典范；曹操为实现统一天下的政治理想，总感到人才难得，名师稀少，因而常发出："青青子衿，悠悠我心,但为君故,沉吟至今"的感叹;张良常常出游外地,访贤求师,他的一片求师诚心,感动了天地,终于在下邳的一座圯桥上遇到到了黄石公,经名师的教育、指点,张良由一个有勇无谋的人,变成了一名"运筹帷幄之中,决胜千里之外"的开国谋臣,名垂青史。可以说,没有张良就没有汉朝;没有名师黄石公,就没有足智多谋的张良。

在律师事业的起跑线上,我最大的幸运是遇到了名师朱妙春先生。朱妙春老师是中国最早从事知识产权维权的专家型律师之一,是中国律师界知识产权领军人物。朱老师现为上海朱妙春律师事务所主任、中国版权协会理事、中华全国律协知识产权研究会会员、中国人民大学和华东理工大学客座教授、复旦大学知识产权研究中心特约研究员、上海交通大学和上海财经大学硕士生导师、鲁迅家族首席法律顾问。

2005年秋天的一个下午,我慕名到了上海,叩响了朱妙春老师的办公室大门。能遇名师,是人生之幸,能得名师指点,成功更有希望。对于我来说,有名师朱老师的指点,更好地确立了前进的方向和奋斗的目标,少走弯路和少遭遇挫折,为将来成功奠定了坚实基础。

潜心学习　积累功力

在朱老师创办的天宏律师事务所,我的学习主要是通过两个方面。

其一是阅读朱老师的办案著作。我与朱老师初次相见,朱老师签了几本著作,赠送给我,里面是密密麻麻的办案经过和心得体会。商标的、专利的、商业秘密的、著作权的,分门别类,匠心机杼,可见老师对于办案总结的用心。这些书带回家后,我仔仔细细地阅读,从中了解老师的办案思路。朱老师善于从案件整体入手,再有序分类,主次部署,最后到细节的设计。可以说,以前在学校所学的偏于理论,朱老师的书从理论过渡到实践,从战略和战术出发,其中又不乏诸多为人处世、善待客户的道理。

其二是参加朱老师安排的诸多案件的讨论。我住在苏州,参加朱老师的案件讨论，客观地说，以当时的交通状况并不是那么方便。但这是我学习的难得机会。好多次，我记得都是朱老师提前告诉我，我利用晚上、休息日来上海参加讨论，也认识了朱老师介绍的一些知识产权界的老师，获益良多。

一名优秀律师，除了名师的带领之外，要自己具备法律功底，既离不开宽阔的知识面，更离不开精巧的语言能力。朱老师曾说，有些律师法庭上话不少，但抓不住关键，这是庭辩之大忌。律师在办案过程中必须高度重视案件过程中的每个环节，因为案件的最终走向总是与律师的"设计"直接相关。对案件当事人而言，律师已不仅仅是他的"参谋"，更多的是扮演案件"总设计师"的角色。

转战申浩　调整业务

上海申浩律师事务所当时在上海交通大学校园内的浩然高科技大厦内。我加入申浩是应朋友之求。在申浩律师事务所，我的业务方向有所转变——进一步提高自己的法律英语水平，将自己的业务重心向涉外转移。在申浩律所的九年，是我自身调整学习涉外业务的九年。先后参加了对外经济贸易大学的法律英语学习、日本特许协力会的知产培训、世界知识产权组织的基础和高级课程（英文），并于2016年在上海交通大学、2017年在美国埃默里（Emory）大学法学院学习，全面学习了美国的基础法律系统、合同法、法律文书写作、公司法，等等。通过中美比较法的学习，更加深刻地体会到法系间的不同思维，开拓了眼界，加深了对中国法的理解。

在上海申浩律师事务所的九年，仲裁业务陡增。作为一名仲裁员，我深入商事仲裁的第一线，为今后进军国际仲裁业务做了充足的准备。

从取得律师资格到如今，我在律师这个岗位上经历了近二十年。二十年来，法律功底日臻深厚，办案经验日趋成熟。

公平正义　责任在肩

《周易》曰："天行健，君子以自强不息；地势坤，君子以厚德载物。"面对依法治国的战略使命，我坚持用一次次正义和良知诠释一名律师的时代担当。

我擅长的领域是涉外法律事务，为境内外企业提供法律解决方案，主要涉及外商投资、企业登记注册、专利、商标、反不正当竞争、企业字号、版权、经济纠纷、民事合同等，尤其精通知识产权的跨境法律业务。

翻开卷宗，回想过去，也代理过一些有意义的案件。将律师作为终身事业而孜孜不倦的人，内心始终有一团熊熊火焰，有一份正义的使命感，处理案件的一丝不苟。一路向前，不轻言放弃。

回想起自己接办的第一个案件。那是"华佗"商标在我国香港地区的反抢注保护案例。当年，苏州医疗用品有限公司是中国针灸针和针灸器械生产的标杆企业和出口基地，针灸针国家标准和世界针灸学会联合会国际组织标准、针灸器械行业标准的起草制订单位，迄今已有140多年生产针灸针和针灸器械的历史，被国家商务部认定为"中华老字号"。

"华佗牌"针灸针被世界针灸学会联合会和世界卫生组织确定为在中国上海、南京、北京的"国际针灸培训中心"指定用针。后苏州医疗用品有限公司发现"华佗"商标被香港美辉医疗器材有限公司抢先在香港地区注册。

在接受公司委托后，我首先对案情进行了梳理，了解事情的来龙去脉，从诸多公司档案、往来邮件中发现，抢注者的商标申请人最早是苏州医疗用品厂有限公司的代理人，在香港地区代表苏州医疗用品厂有限公司销售"华佗HWATO"针灸针及相关产品。同时我发现，之前商标申请人的法定代表人王某某与苏州医疗用品有限公司有更紧密的关系，曾与苏州医疗用品有限公司洽谈过在内地设立合资企业苏州华佗医疗器械有限公司的事宜。后苏州医疗用品有限公司与王某某理念不同，该合资企业于 2011 年解散。王某某遂以自己公司（香港美辉医疗器材有限公司）的名义在香港地区提出商标注册申请。

在对香港商标法令进行研究后，结合自己十多年的经验，我认为此种恶意注册行为，在世界上大多数国家和地区都可以依法撤销。经过调查取证，我发现香港美辉医疗器材有限公司在香港没有自己的产品，其销售的是其他品牌和苏州医疗用品有限公司的产品。于是，我建议客户向香港知识产权署商标注册处提出异议申请。由于香港的诉讼律师费用非常昂贵，在第一轮证据交换后，香港美辉医疗器材有限公司撤回了商标申请。苏州医疗用品有限公司最终胜诉，夺回了在香港地区的"华佗牌"商标。

在我看来，律师应当为维护当事人的合法权益，敢于斗争、善于斗争。

一个具有社会公信力的律师，不仅要精熟法律、逻辑清晰，更要有社会责任感、正义感，能够用无畏无惧的精神和充满良知的道德去承办每一个案件，做一位见微知著、明德弘法、永不懈怠地追求正义公平，为当事人尽心尽责的优秀律师。

我接办的第二个案件是当年享誉国际的瑞士理运国际货运公司"ATLANTIC"商标在中国大陆申请被驳回，对被抢注商标的异议并成功注册。瑞士理运国际货运公司是一家多年从事专业国际货运代理的企业，Atlantic Forwarding 是瑞士理运国际货运公司的唯一对应的英文企业字号，该名称早在 1992 年就进入了中国。后该公司的中国区业务负责人施总找到我，诉说其在申请上述商标时被驳回了，原因是有人在中国抢注了该商标。而该商标是其公司在全球用了多年的最显著的标志。

接到案子后，我首先根据抢注人的商标档案，亲自走访实地，查看了该注册人的住所地，发现此地没有丝毫真实使用商标的迹象。同时，通过进一步调查，发现该商标抢注人名下注册有几十件世界知名品牌商标。于是得出初步结论，这显然这是一个投机者，其注册商标目的不是真实使用，而是转售获利。

在反复研究案情后，我请客户通过瑞士中国商会调查证据，同时在专业杂志《中国物流指南》查找早先的证据提交，通过海关查到了大量的提单、合同等货运单据，找到了在先使用的证据：该商标在被抢注前，在中国已被使用了相当长的时间跨度和地理跨度。以该商标系"抢注他人已经使用并有一定影响的商标"，以及"损害其他在先权利（企业名称权）"为由提出撤销申请，最后该抢注商标被裁定无效，瑞士理运国际货运公司成功夺回商标。

从那时开始，我尝试用一次次的良知感应、一个个细致的分析见解、一场场激烈的法庭交锋，去努力诠释法律的威严和公平正义。

聚沙成塔　厚积薄发

律师是一种职业，对于每一位律师来说，它是事业，更是人生价值的寄托。也许，每一位个体律师是平凡普通的，但是当每一位个体律师团结为一个集体时，便汇聚成中国法治建设的重要力量。有了这支力量，不管岁月如何流逝、人员如何更迭，律师的职业灵魂永在、精神永存。在上海天璇律师事务所，作为创始合伙人和首任主任，我坚持不断学习，历练自己，夯实法律根基，努力以德才兼备作为自己的目标。

翻开我的案卷，那些案件都记录了我早年学习、成长的过程：早年代理过的苏州易龙电子有限公司与雅虎（Yahoo!）公司的商标纠纷案、罗技电子有限公司与东褐电机股份有限公司的商标纠纷案（早年驰名商标认定案例）、花旗化工涂料集团公司与美国标准洁具公司"美标"商标纠纷案、亚洲浆纸业（商标）有限公司跨类别保护"唯洁雅"商标案，等等。

当今互联网时代蓬勃发展，利用我早年服务过的第一代互联网公司〔例如，我曾经为一指通商网（新加坡在中国的互联网公司）、我国台湾地区首席电子商务股份有限公司、中国电子信息博览会的剑桥电子商务有限公司和亚旗公司（AccuService 新加坡 IT 公司）等提供法律服务］的经验，2015 年开始，我开始为国际知名金融科技企业 TEMENOS 提供法律服务，进一步学习和揣摩金融机构的数字化转型中出现的法律问题和各方权利义务分配，并在工作中逐渐积累了对中国国内金融科技的发展，以及云计算、大数据和人工智能等新兴技术在影响金融行业时出现的新型问题，包括对于内地近年诸多"金融创新"带来的负面的新型法律问题的经验与见解。

在执业生涯中，我认为，做律师，文字功力极其重要。律师应当终身不断学习、培养和提升文字功力，无论中文和英文。

我的成功，得益于中文的童子功，它使得我在和我国香港地区律师、新加坡律师的竞争中发挥出绝对的优势。在美国埃默里大学法学院，我有机会系统接受了美国法律的教育。面对新的形势任务，中国律师的英文修养也不容忽视。律师在面对外国客户时，如果使用的英语过于通俗浅显，往往还不能满足要求。外国客户对于律师的英文要求是：必须是一个受过良好高等教育的。这一点，对于很多中国大陆律师来说是做得不够好的。什么是良好的英文表达？我认为，书面表达无文法错误，行文流畅，意思清楚。对于口头表达，不一定要求快速，但是要准确，没有歧义；对于客户的陈述或提问，基本没有错误理解，极少遗漏，这些是最起码的要求。但对于律师来说，其实这些还不够，结合逻辑、专业知识、术语表达、选词的优美则是更高的标准。

在平时，我注重把自己的心得用文字记录下来。发表的中文专业论文有《上市企业的知识产权问题研究》《商标权的境外保护》《老字号的法律保护》《商标权垄断所有行业？》《对"抢注"的新思考》《维护法律严肃性，期待立法新突破》《驰名商标认定不宜作商业宣传》《正驰名商标之名》《对非法转让他人注册商标的法律分析》《浅析商标审查制度和商标异议制度》《谈知识产权侵权诉讼中止》。其中，2005 年 8 月，我在《中国知识产权报》发表的《"驰名商标"认定不宜作商业宣传》一文提出的观点,在文章发表八年后,2013年《中华人民共和国商标法》修改时被正式确立为第14条法条。

琴棋书画　心灵对话

我是一个爱书的人,出生在一个喜欢读书的家庭,书香和墨香伴我长大。祖父孙善康是戏剧家、散文家和翻译家,民国时期曾参加沪上叶紫的"无名社"和魏中天组织的"文友社",藏书、读书、译书、写书,一生与书有奇缘。

长大后,我从父辈手中接过一箧箧图书,竟有上万册之多。多读书,学问会潜移默化,融会在血液灵性之中,反映在一个读书人的精神面貌上,成为律师的法外的学养,渗透在各种言行举止中。多读书的人,在工作中都能体现与他人不一样的气质。多年的经验告诉我,法律与文学艺术是相通的,法律本身是一门文学艺术。我们在处理法律事务时,有时就像在画画、在舞蹈……比如,当律师分析案情,准备开庭的代理意见,抑或提出化解矛盾的方案时,法律就变得有生命、有韵味。从框架的勾勒,到细部的描绘,再到重点的突出和全局的平衡把握,那些工作和音乐的创作、编曲并演奏完成一首乐曲,或者层层叠叠去渲染一幅画并无二致。从根本来说,无论法律还是艺术,都是对人的生活、文化和理想的一种无止境的哲学求索。"善琴者通达从容,善棋者筹谋睿智,善书者至情至性,善画者至善至美。"在艺术的熏陶、理解下,我的执业能力、眼界和自信都大大得益,并有所提高。

坚守梦想　拥抱未来

2019年1月,我与几位海外归国的年轻律师、博士成立上海天璇律师事务所。这是一家以公司法、金融、知识产权、财税、资本市场与证券、投融资、金融业务、房地产和争议解决为主要业务的综合性律师事务所。律师大都具有硕士、博士学位，经过系统的中国法和外国法训练，并在中国或海外长期执业。上海天璇律师事务所总部设在上海浦东，业务覆盖全球，正在构建全球"天璇律师联盟"，拟在北京、深圳、天津、广州、南京、青岛、宁波、重庆、武汉、长沙、沈阳、大连，以及华盛顿、纽约、亚特兰大、汉堡等欧美主要城市设立分所。

从组建律师事务所伊始，我所秉持"信义为本、阳光执业"的服务理念，从管理到服务，严格按照各项法规制度，实行规范化、专业化发展模式，用实际行动践行远大的职业使命和社会责任。

坚定的信仰和睿智的汗水，是铺就成功之路的基石。"没有任何一个自私的行业能够赢得社会尊重和社会地位，律师队伍只有带着良知和使命，走近公民，服务社会，才能实现自身的价值，体现法律的力量！"早在2013年习近平总书记第一次提出"一带一路"倡议时，我们的团队就认识到，上海作为"一带一路"的核心节点，规模化的律师事务所必将在这场百年难遇的大战略中占据主导地位和先天优势，利用差异化，创造规模化、规范化、专业化、国际化的大型法律服务机构已势在必行。如今实践已经证明：律师事务所扩大规模，不仅要建立人力资源、知识平台和品牌优势，更要优化律师事务所的内部结构，加强律师的团队化建设，形成优秀人才和专业知识有机结合的队伍，这样才能产生强大的规模效应。

律师，应如一盏明灯，在黑暗中熠熠生辉，为周围的人带来暖意和光明。"雄关漫道真如铁，而今迈步从头越。"放眼当前，中美贸易战火不断，国际局势动荡不安，越来越多的中国企业布局海外。新的征程意味着新的机遇，也意味着新的挑战、新的责任。我们努力尝试带领上海天璇律师事务所不忘初心、砥砺前行，以自强不息的精神、团结拼搏的斗志，牢记时代重托，讲职业道德、守执业纪律、尽执业责任，精通执业技能，为法治中国建设贡献全部智慧与力量。

作者简介

孙小青，上海天璇律师事务所创始合伙人、主任律师，苏州市政府WTO咨询中心受聘专家。1974年生于上海，2002年获律师资格，2011年获高级职称。具有二十余诉讼、非诉讼执业经历及商事仲裁经验，擅长知识产权、跨境收并购等领域的诉讼。

师出名门，曾跟随上海著名律师朱妙春刻苦钻研法律知识；曾先后取得美国纽约理工大学工商管理硕士、美国埃默里大学法学院比较法硕士学位；曾担任上海市律协国际投资业务委员会业务委员、澳大利亚公共会计师协会高级会员、英国公共会计师协会高级会员、国际保护知识产权协会会员、中国知识产权研究会会员等社会职务。

海派诗人律师炼成记

于大江

2020 庚子年春节的特殊时节，整个城市一片寂静，外面只有鸟鸣和植物默默期待春天的声音。善良的人们为逝者祈祷，为病痛中的人们鼓劲，为被隔离的人们送上美好的祝福。作为"禁足"在家的众多普通人的一员，我也有机会回望近二十年的上海滩律师生涯。其中的酸甜苦辣在灾难面前是多么微不足道，而得以写这些，也是在疫情纷乱迷离之后据说有药可治的情况下才得以静下心来，有些灵感和写作的冲动的。

大江东到海　南下临沪风

别人都说乡愁如何如何，但我有时会开玩笑地说，"我是没有乡愁的"。如果不是因为写此文，我也很少提及我的故乡。因为我对故乡的印象，更多的是一些令人不安的伤痛的青春记忆。

河北省卢龙县，是一个丘陵遍布的冀东小县，原属唐山地区，现属秦皇岛市。它的辉煌时期应该是商代的孤竹国时期及清朝永平府时代。伯夷叔齐的君子风范、纳兰性德的壮怀深情、李大钊先生的真诚探索无不在此留下遗迹。我曾经就读的卢龙县中学所在的旧址曾为"永平府中学堂"，李大钊先生曾在该校就读，后来该校迁唐山，为唐山一中的前身。卢龙县中学号称是卢龙县的北京大学，整整一个县的莘莘学子在其中接受严肃艰苦的学习，为家庭培养希望，为国家培养人才。1986年大江高考那年，河北省文科状元、秦皇岛市理科状元全是我的同届同学，可见学校教学质量之高，学生学习的勤奋刻苦。我也以优异成绩考入河北大学法律系。

1967年正月，正值"文革"疯狂的高潮，正月初五这天，我出生，而此时外面街上对被错划为"右派"的父亲的批斗沸沸扬扬。所以，在我幼年的成长道路上，起码在小学阶段，还被人歧视、欺负。姐姐被株连，二姐不能做教师，三姐不能入团的深刻烙印令人感到压抑。而所谓没有"乡愁"，可能就是那时形成的吧。从懂事时特别是高中开始，我想的最多的可能就是离开那个令人有伤痛回忆的地方。

我上小学五年级时，父亲平反昭雪，恢复工作，后来家里盖上了宽敞明亮的、有着蓝色窗框玻璃窗的正房，母亲、三姐、四姐和我全都"农转非"，命运发生巨变。父亲1985年离休，那段时间应该是我最美好的青春时光。

1989年，我已经就读于河北大学法律系三年级，作为离休干部的父亲却因病溘然长逝，父亲的去世令我迅速成长，从此真正走上了自我奋斗与成长的离家之路。

大学毕业后的那个夏天，我独自一人站在秦皇岛当时略显荒凉的海边，遥望海的尽头，听着海的涛声，心想，"是啊，多少忧思和迷茫都过去了"。

那是1990年，我作为经济法老师被分配到现在河北科技师范学院的前身之一——秦皇岛煤炭工业管理学校。教书生活无疑是自由惬意的，因为窗口外面是大海，是桃花盛开的地方。但是教书生活又是单调重复的，为了寻求改变，1992年，我通过法律职业资格考试，1993年进入当时的秦皇岛市海港区律师事务所正式成为执业律师。后又作为创始合伙人参与建立河北凯悦律师事务所，并担任该所副主任。

到2000年年初，我在秦皇岛市已经做了近七年的律师，在当地也算小有所成。但是身在小城市，总觉得心有不甘，因为在北方小城的大环境中，不管怎么做也做不过人家善于逢场作戏、有背景、有关系的律师，且做的案子也缺乏挑战性，因此总想着往大城市闯一闯。

秦皇岛离北京近，当时我又在中国社会科学院研究生院读研究生，一般来讲，会首选北京执业。但当时我就想，北京和秦皇岛是相同的北方文化圈，恐不太适合我，因为我没关系、没背景、酒量又不佳，再加上北京对外地人才准入的政策又不是特别开放，因此北京就被否掉了。

上海作为江南的国际大都市，更注重个人的专业素质，对关系、背景等外在因素更忽略些，对我的性格更为适合。而且当时上海还有买房送蓝印户口的人才引进政策，这无疑更吸引我。

说实话，我与上海滩是有缘的。高中三年级时，我就有机会阅读到父亲单位订阅的上海《文汇报》，上面刊登的高考试题分析使我在高考时受益，专栏里登载的著名演员刘晓庆的《我的路》也给我最早的"自我奋斗"的启示。就是来沪后所买的第一套房子，也是得益于《新民晚报》一则小小的房产广告。

大概是2000年9月的一天，一个偶然的机会，我翻阅《中国律师》杂志，发现上海天宏律师事务所（朱妙春律师事务所前身）系该杂志的协办单位，上面有天宏所主任朱妙春老师的联系方式。我就斗胆给朱老师打电话，而朱老师当时也正缺人手，遂邀约我国庆节期间来上海面谈。

海派风范　受益匪浅

2000年的国庆节，上海滩正是个多雨的时节。雨水洗濯下的大都市清爽干净，特别是到夜晚的时候，更是霓虹闪烁，异彩纷呈，令人目不暇接。

但是，大上海给我的印象最深的不是这些，而是浓浓的海派风格：淡雅的人情味、细腻的专业度、文明的国际范儿。

现在朱妙春律师事务所早已搬到了写字楼上，然而给我留下美好回忆的还是在打浦路88号海丽花园的办公室。从大门进入，顺着两旁长着高大冬青树的曲径，就来到了律所的接待区，从接待区再沿小径走几步就是律师办公区，朱老师的办公室就在那里。

办公室不大，但干净、雅致，可谓海派律所风范。朱老师彼时55岁，正是执业律师的大好年华。那时，他已是出版过知识产权律师实务专著的海派大律师，但为人仍是儒雅谦逊，令人印象深刻。

和朱老师交谈，感觉如沐春风，没有任何压力。因为当时朱老师正在着手写作《著名疑难案件代理纪实》一书，他招人主要看业务素质和文笔。他遂交给我一个任务，写一篇代理纪实让他看看。我拿到任务后，一方面听朱老师讲述，一方面阅卷，写了一篇内容翔实、论理有据、文笔还算不错的代理纪实，朱老师看后很满意，遂决定让我进天宏所。

而我，也趁假期去考察上海的房子，决心下得很快，也就是在这个节日，我买了我在上海滩的第一套房子，且送两个蓝印户口，这也解决了未来孩子上学的后顾之忧。2001年暑假，我夫人和儿子来沪，我们在上海也就安了家。夫人做会计，孩子继续他的小学二年级的读书生活。岁月车轮前行中，现在我儿子于涵川也成了律师，是典型的"律二代"，当然这是后话了。

这里不得不提的是朱老师对我的关照，因为当时孩子上小学，我会有一些早退之举，而这时，朱老师全是提供方便，我认为，这也是海派风范淡雅的人情味的细节体现。

直到现在，我还说，朱老师是我的贵人，是他，让我在上海滩得以立足，并取得了一些小小的成绩，真的要感谢朱老师对我的帮助和支持。

这里我要说一点题外话，来到上海滩后，还有一位"朱老师"对我帮助也很大，也是我的贵人。那就是我的君玖律所开业后，律所办公室主任朱宝富先生，朱宝富老师是资深检察官，为人专业挚诚，退休后长期在大型律师事务所担任行政管理工作，2015年9月君玖所成立后，又再次出山，担任君玖所办公室主任，直至2018年中才返家享天伦之乐。

我相信，人与人之间，包括姓氏之间可能是有一些神秘的渊源，我在此要谢谢两位朱老师对我的真心帮助。

朱妙春老师在专业上也是一丝不苟的风格，从2000年国庆节算起，直到我2004年10月离开天宏所，我一共师从朱老师四年时间，相当于上了一个"海派"大学。他办案风格细腻，每个案子都做一个"大事记"，有意义的案子他会在"大事记"基础上形成"代理纪实"，之后成书也就顺理成章了。

朱老师的专著《著名疑难案件代理纪实》一书，我作为代理人之一或作为案件主要参与者曾参与撰稿，如今我又翻阅了一遍该书，我参与撰稿的应是《不尽的遗憾——"清脂素"减肥食品人身伤害索赔纠纷》《未亡人的哀与愁——漂流人身损害赔偿纠纷案》《不该发生的悲剧——受害业主诉物业公司赔偿纠纷案》《飞来横祸——金龙车轮致人死亡损害赔偿案》等四个当时朱老师办理的著名疑难的损害赔偿案件。

这几篇代理纪实的写作真是办案律师的心血之作，除了律师的专业度，还有对委托人的一颗真心。众所周知，民事损害赔偿案件的当事人大都是在万分无助的情形下才找律师的，律师就是他们在迷茫中的一道光，而朱老师作为代理律师从接待委托人开始，到证据搜集、诉请确定、开庭准备、代理词撰写，再到法庭开庭，就一切为委托人着想，为委托人竭力，以求依法最大限度地维护委托人的合法权益，因此，这几个案件除了"清脂素减肥食品损害赔偿"一案当事人无奈撤诉外，其他案件的结局在当时的损害赔偿制度下，都取得了较好的结果。

这样一个代理进程，朱老师往往让我们用通俗易懂的语句写下案件是怎么接下来的，用严谨精到的法言法语描述诉讼的进程，直到最后在"后记"部分给读者分享律师作为一个法律人的思考，一个案件的完整代理纪实就此形成。

直到现在，就我的一些成功案件我自己写的文章的体例、风格也深受朱老师的影响。上海君玖律师事务所网站和"君玖律师"微信公众号中的凡是成功案件"代理纪实"的写作几乎都是这个范例。现在，我也会要求助理做代理案件的"大事记",及时记载和委托人沟通交流的细节,阅卷时按案件的发展进程记载法律关系发生的时间点、法律文书的形成时间,这样,不仅整个案件的发展脉络得以梳理,而且律师对案件的准确把握也得以清晰,有利于达成当事人胜诉,提升代理案件的成功率。

海派风范的国际化我也深有体会,当然最直观的体现就是上海作为中国开埠最早的国际化都市,它位于外滩的万国博览会的建筑,令人恍若置身国外。但内里精神中,上海文化中的更重契约精神、更规范、更有效能显然是国际化在法律上的表现。

在朱老师这里,参与办理的一个具有国际影响的案件就是"中国'二战'劳工对日索赔案",虽然最后的索赔因为程序问题没有进入诉讼程序,但我跟随朱老师和律所团队几乎参与了整个工作,包括和上海师范大学苏智良教授以及新闻媒体一起去崇明寻访慰安妇、给在沪"二战"劳工做调查笔录、证据公证、研讨会等,包括《为了忘却的记忆——"二战"劳工对日索赔纠纷代理纪实》,我也是主要撰写者之一。此案是天宏律师事务所当时做的有国内和国际影响的一个公益项目,在此要致敬朱妙春老师和当时的天宏所律师团队。

我在上海执业,真的没有因案件所需而请法律界人士吃饭、喝酒、应酬的例子,做案子就是做的案子本身的事实和证据,开庭后提交代理词、辩护词,该采纳的法院定会采纳,一般跟法官也不用多说话,所以我在上海酒量没机会长,二十年了,体重也没上来多少。

作为一个秉承自由理念的律师,我还喜欢上海多元开放的文化氛围,这里没有强求一致,只要你个性的得体张扬。它特有的自由自在的咖啡文化我也很欣赏,无论是在外,还是在家或办公室,品一杯咖啡,真的是一种优雅和美的享受。在咖啡馆,无人打扰的情况下,写一首小诗更是最惬意不过的了,我的很多诗歌作品,也是在咖啡馆中写出来的。

岁月如梭,现在我也即将与二十年前初次拜会的朱老师"同岁",

犹记朱老师带我于无敌夜景中驱车，现已成历史、令老上海人曾无比自豪的外滩"亚洲第一弯"的情景，直到现在我每每开车行至外滩就会忆起当时惊艳的一幕，也记得每周末定期的案件讨论、庭前准备，还有他每年发给我们的一本厚厚的记事本，现在仍在我的书柜里……林林总总，我的成长在那时就已经打上了深深的海派烙印，相伴终身。

上海滩"君言玖鼎" 二十载似箭光阴

2015年9月10日，在离开天宏所十余年，辗转几家律师所后，为了实现自己的法律理想和律师理念，我终于在上海成立了自己的律师事务所——上海君玖律师事务所。我一向认为，"律师，就应该是公平公正法律理念的代言人，是司法机关权力的制约者，是公民权利的维护者，律师就应该仗法直言"，这是律师的价值所在。

律师是一个需要树立个人品牌的职业，但原来所在的律所在这方面无法为律师提供更大的发挥空间。所以，在2014年年初开始，我就暗下决心，提出了一个自己的"复兴"计划。这个计划有两点。一个是走出去读书，因此我去上海交通大学读书，去复旦大学读书，通过读书结识了我原来在上海没有的同学资源，而这些企业家同学基于对我的专业度、为人品行的信任就把案件或法律顾问业务交给了我，这为我次年开所打下了一个人脉基础。事实也是如此，所以我要感谢读书，是读书让我有了起飞的第一个翅膀。

另一个就是写诗。2013年端午节，是我做律师的第二十个年头，但律师事业遭遇发展瓶颈，该怎样突破自我的藩篱，是我面临的重大挑战。感谢上天，在我迷茫时让我提起笔开始诗歌创作，写下法律人对这块土地及这土地上人民命运的思考。在写诗的过程中，我遇到了同样喜欢诗的企业家们、读者朋友们，而他们在企业经营中，也会遇到法律问题需要解决，在交往过程中，他们同样基于对我的专业度的信任，把案件或是法律顾问业务交给我。举一个例子，在一次诗歌沙龙上，我朗诵了一首我的作品，其中场下的一位朋友非常喜欢我的作品，进而我们成为彼此信任的朋友，他就把他朋友的案件引荐给我，而我代理这个案件也取得了很成功的结果，当然也收了一笔还算可观的费用。直到现在，我们三人还是彼此信任的朋友。所以，我要感谢诗歌，感谢我的诗人律师身份，是诗歌让我接触到灵魂认同层面的友人们，是诗歌给我起飞的第二个翅膀。

正是读书和写诗两个翅膀，让我得以振翅起飞，从上海滩万千律师中以诗人的身份与其他律师相区别，当然也与其他非律师诗人相异。我的诗歌作品具有其他诗人没有的法律人的自由意识、权利意识，说穿了就是"个人主体"意识，而我创办的君玖律师事务所也是这一主体意识的体现。

君玖律师事务所的得名也是机缘巧合，因为我喜欢"君"字，当时报司法部核名时是以第二个字为"壹、杉、伍、玖"这样的数字报上去的，最终把"君玖"所名核准下来，核准下来后我真的很喜欢。而律所的英文名我早就想好了是"Shanghai L&R Law Firm"，L 是 law，R 为 Right，直指律师工作的核心为法律和权利，如果法律不是为权利而存在，那法律的属性和存在就应该受到质疑。君，尊也（《说文》），代表法律；玖，玉也（《诗经·卫风》），代表权利，也有"君言玖鼎"之意。所以说，君玖所代表了我的法律理想和律师理念，就是，法律应当是公民权利的维护者，律师应当是公民权利的代言人、公民权利的维护者，是一个雪中送炭的职业。当然，律师为企业、企业家、为高净值人群服务也无可厚非，因为律师通过维护这些主体的权利而得到财富回报也是律师价值的体现。基于这两点，君玖律所把自己定位为依照法律，维护各类主体权利的角色，君玖律所诉讼业务和非诉讼业务"两条腿"走路，君玖律所五年来发展的成功实践，也证明这一定位是准确的。

我原来做过的律师事务所在网站、微信公众号建设方面是个弱项，对律师的宣传也不尽人意，当然最重要的还是律师分配机制上面的僵化与落后，不能调动律师的积极性，也无法实现律师和事务所双赢的目标，因此，我创立的君玖所在这方面也加以改良，多措并举，以实现律所和律师双赢的目标。

我认为，律师发挥作用，除个人的才华、主观能动性、对案件的精到把握外，律师所在的平台也很重要。君玖所成立后，作为一家新锐精进的律师事务所，很注重对律所平台本身的打造，律所确定的发展愿景为打造"一家中华文化基因和西方法治文化并俱的海派风格律师事务所"，使命为"维护公民权利，践行中华法治"，价值观为"人本、改良、尊严、自由"，律所的执业理念为"责任、严谨、团队、共赢"，律所定位为"刑案辩护、大要案代理、公民之友和高净值企业家律师"，以为委托人提供更优质的专属定制法律服务。

君玖律师事务所的创始人为诉讼律师出身，因此诉讼业务是律所的发展之基础，但为律所的长远发展，根据周边资源实际，律所也开辟以资本市场、高净值人群财富法律保障为导向的法律服务，并小有成绩。为此，律所成立了"刑事业务部""不良资产重组业务部""君玖家族财富办公室"等内设机构，意在传统业务与新兴业务共进，开拓律所的美好前景。

而君玖律所的"90后"律师们，作为法律新生代，他们有他们交往的圈子和平台，我鼓励他们多开拓自己的业务。像于涵川律师，主要做一家港资证券公司的新业务见证业务，除此之外，还参与了某大型服装企业的不良资产重组业务的法律尽职调查、出具法律意见书业务，也参与了某影视公司股权回购纠纷被诉的诉讼业务，诉讼案件水平和非诉讼项目的处理水平都有很大的提高。杨雷作为我的律师助理参与了大量诉讼案件和非诉讼案件的处理，做事踏实认真，自身业务素质也有很大提高。

律所采取以律师为本的发展战略，律所尊重律师，尊重律师劳动，与律师共同发展，在打造君玖律所品牌知名度的同时，注重律师个人品牌知名度的树立，律所建立了律所网站和微信公众号，在网站和公众号上，除律所单位的宣传外，更注重律师个人的宣传，以共同扩大律所和律师知名度、美誉度，达到律师和律所共赢、共同成长的目标。

我担任主任后，不仅忙于自身律师业务，还要承担律所管理工作。君玖律师事务所追求的就是律师最大化发挥自己的才能，为工作去努力，不是做给别人看，而是给自己人生一个交代。

再过几个月，就是我来上海执业整整二十年了，二十年的时光，历史上的一瞬，却是个人职业生涯的黄金岁月，谢谢上海的包容，谢谢上海师友的相助，才使我得以成长，并在上海滩有了自己的一方小天地。

2020年9月19日，迎来君玖律所成立五周年纪念日，我相信，君玖律所秉承已经确立的律所愿景、使命、价值观，务实做好每一个客户委托的案件，君玖律所一定会在品牌树立和业务创收方面取得新的更大的突破。

君玖治印和英文所名图文为注册商标，君玖律师事务所网站和"君玖律师"微信公众号已运营近五年，为君玖品牌的树立作出了重大贡献。

海派律师　深得信任

何为"海派律师"？除了我前文提到的一些海派风格的特点外，我认为，作为律师的基本职业素养：忠诚于法律的律师理念，扎实、细腻的办案风格，受到委托人的信任，并且永远秉持律师的职业操守，以提高社会的法治水平，海派律师体现得更细腻。

20世纪90年代初，我从大学法学教师转行成为一名执业律师，从2000年国庆节算起，我来到上海并做执业律师，加在一起我已经执业二十余年，在上海执业的时间早已超过在北方小城秦皇岛的执业时间，上海滩的海派风格早已融入我的律师执业血液中。

我办案有三个特点，一是敢于仗法直言。在我看来，律师在法庭上敢于依法直言是职责所系，也是一个律师理应具备的基本素质。

我认为，在现今的司法体系设定中，律师不是强者，如果律师再不敢直言的话，委托人的合法权益就很有可能得不到维护。在我早期办理的一起人身损害案中，我代理的原告是受害者，一个被告是雇主，还有两个分别是发包单位和分包单位，而且都是大单位，赔偿能力是不用说的，但法官在审理案件中一直要求原告提供各种证据，对被告似有偏袒，我和委托人商讨后，当庭申请其回避，尽管回避未申请成功，但法官也所有忌惮，最终虽未支持原告全部诉请，但原告还是在几经仲裁、诉讼周折后拿到了赔偿款。敢于直言是我的风格。

二是责任心。律师的责任，大的方面就是对法律的正确实施方面有一个责任，小的方面就是对委托人的责任。我曾办的一个房产案件，委托人因为帮助别人借高利贷抵押借款，眼看着房子要被收掉，找到我后，我马上给委托人去调取相关房产抵押登记档案，发现原告没有在抵押担保到期的法定期限内行使诉权，已经超过诉讼时效。后来法院采纳了我的意见，原告的诉讼请求被驳回。委托人的房子最终保住了。

三是细心，我接受委托后，会细心琢磨怎样才能维护委托人的合法权益，包括起诉诉请的确定、答辩角度的修正，都要求尽量既符合法律规定，又能满足委托人诉求，再到证据的整理，直至开庭的重头戏里，如何用准确的法言法语表达出来让法官信服，因此我的办案成功率也较高，深得委托人信任。

我本是诉讼律师出身，但君玖所成立后，也做了很多成功的非诉讼业务，非诉讼业务现在占君玖所创收的半壁江山，在非诉讼项目的处理上，我提出按照君玖律师的实际接受委托，法律风险大的坚决不接，只接君玖所能做并能做好的非诉讼项目。像君玖所做的某大型服装企业重组的尽职调查，出具法律意见书项目，君玖律师团队在未进现场前就要求委托企业提供集团内各企业的主体信息、债权债务清单、判决书等尽职调查所需要的资料，而君玖律师的尽职调查报告、法律意见书等法律文书完全在上述证据基础和现场尽职调查上所形成，做到法律文书有据可查，律师事务所和签字律师零风险。

我总是说，以我一个北方人，如此适应上海的文化氛围，以至于不了解的朋友以为我是上海人。谢谢上海滩的浸润，让我拥有了优雅细腻的海派风格。我以此为荣，并还在进步中。

诗人律师　诗法人生

不论在办案过程中，还是在日常生活中，我都力求做一个热爱生活的人。我去山东办一个物流公司保险案时，曾写过一首小诗，"驱车千里孔孟原，江山如画已千年，只叹还未见大同，我辈愧对先贤愿"，也许不合音律，但确实出于对大好河山和古圣先贤的热爱。还有有感于上海春日多雨的"壬辰春日佳气少，申城草色兀自青，莫说细雨添心事，人生岂有不乐冤"，即使达不到好诗的标准，但自己写写读读还是陶冶性情的。

在初学写诗时，2015年一个偶然的机会，我看到了于右任先生手书的联句"造物所忌者巧，万类相感以诚"，横批"真善美"，这一联句和横批即给刚涉足诗歌创作的我以深刻的启示——作为诗人的我，一定要写出更真诚的发乎内心深处的作品，有真，才会有善，才会有美。可以说，我后来的诗歌作品全是走的这一路线，我不会技巧，也没有技巧，但我的诗是真诚的，这就让我的作品有了更区别于万千写诗人的创作，使我的作品有了"大江体"的可识别性。

就这样写着写着，我于2015年10月在线装书局出版了诗集《从今天起，做个诗人》，其中收录了我的部分古风诗词作品及现代诗作品，深受读者欢迎。在美国出版的海内外诗人中英双语诗集《彼岸花开》，收录了我的代表作品《迷途》《夜莺》。我的另一首代表作发表于《东方诗坛》，古风诗词作品发表于《燕山》。

当然律师业务不可能放弃，因为律师职业是我的安身立命之本，是我实现法治理想的支点，但我认为，当一个人生命中自发展现他诗人的天性时，我也不会阻止，而且要和律师业务相得益彰，共同促进。

同时作为诗人、诗歌活动家，我依托上海君玖律师事务所创办了上海滩诗社（正式名称为"上海君玖法治诗歌人文促进中心"）并担任社长，在律师业务之余，努力践行诗社使命"促进公民诗歌，复兴诗意中华"，这和君玖律师所愿景"维护公民权利，践行中华法治"有异曲同工之妙，律所和诗社的共同价值观为"人本、改良、尊严、自由"，以期通过律所和诗社两个平台为国家法治进步、民族诗歌复兴作出一个公民的绵薄贡献。

上海滩诗社有自己的微信公众号平台——"上海滩诗社"，主要刊登体现我提出的以体现"人的省觉"为目标的海内外诗人的诗歌作品，报道以上海君玖法治诗歌人文促进中心·上海滩诗社为主办单位的诗歌活动。

在2014年首届中国桃花潭诗会上，我获得"网络诗歌发展创新奖"；2015年世界诗人大会（上海·慈溪）上，获得"实力诗人奖"；2015世界华语诗歌大会上，我的诗集《从今天起，做个诗人》获得"特别贡献奖"。

大江诗社（中华沧浪诗社）在2014年首届中国桃花潭诗会上，获得"网络诗歌促进奖"；上海滩诗社曾获得过2015年世界诗人大会（上海·慈溪）"诗歌组织奖"。

2018年年底，我创办了以个人名字命名的"大江诗歌奖"暨"君玖法治特别奖""君玖人文特别奖"，该奖项每年年底发布，授予真正热爱诗歌，为法治和人文进步作出贡献的诗人、法律人和作家们，我获得了首届"大江诗歌奖"的"诗歌活动家奖"这一荣誉。

我给自己的定位除了律师、诗人、诗歌活动家外，还有一个身份就是人文研究和传播者，为此，我建立了"君玖人文"微信公众号，刊登海内外诗人、作家、人文学者在促进"人的省觉"，促进中华人文文明进步方面的优秀作品，以期为中华公民人文社会的建立做一点自己的努力。

我爱好读书，除读法律、诗歌、人文外，还持续报读了上海财经大学商业与资本 EMBA，上海交大—荷兰欧洲商学院的 DBA，意在拓宽视野，向专家学习，向企业家同学们学习。我认为，在律师办案闲暇时，伴着茶香，读一读李杜、品一品苏辛，感受一下古人的才情和勇敢，或喝一杯海派清咖，读一下民国诗人作品或外国诗人作品，感受他们的大爱情怀、细腻诗心，在学习的同时，通过写诗写下自己的思索，哪怕是稚嫩的，但出于真情自会感动自己，并触动读者内心的某个角落。我认为，这样的诗法人生是美好的，我也正在追求并享受着这样的人生。我的第二部个人诗集已经完稿，正在出版进程中。

君玖律所地址在杨浦区的滨江地区，位于百联滨江购物中心 14 楼，这里车水马龙，商业繁华，停车便利，离 12 号线地铁宁国路站只有几步之遥。上海君玖法治诗歌人文促进中心·上海滩诗社也在此处，律所和诗社平台互相促进，相得益彰，定能为上海滩的法治建设和公民诗歌复兴做出更大的贡献。

谁又能说法律人不可以诗意呢？但愿每个人都能追求自己更为诗意的人生。我在这里与读者诸君共勉。

附：诗人律师于大江代表作《看见看不见》系列

看见看不见（之一）

夜色
作了浪漫的霓裳
你看见看不见的思念
在翻山越岭地飞扬。

夜幕
作了异端的掩护
你看见看不见的飞蛾

在奋不顾身地扑火。

白昼
阳光下的不堪
该有多少看见看不见
视若无睹的漠然。

白夜
看见看不见的阴霾
侵犯生命的存在
肮脏的气息
包裹着尘埃。

看见看不见的手
掌握着令牌
看见看不见的网
粘住蝴蝶的翅膀。

看见看不见的野鸽
在草原深处里栖着
看见看不见的神灵
在春秋大梦中醒着。

看见看不见（之二）

天上
看见看不见的太阳
闪着冷冷的光
看见看不见的祖先

在质问后世守望。

人间
看见看不见的绳索
勒住发声的口腔
看见看不见的不公
发配了多少遐想。

看见看不见的鸿沟
横亘心上
看见看不见的枷锁
囚禁向往。

看见看不见的良心
在无奈沉默
看见看不见的虚妄
在不休宣讲。

看见看不见的清流
在冰层下喷涌
看见看不见的心灵
在冬日里萌动

看见看不见（之三）

看见媚惑后面
有看不见的欲求之火
看见迷幻后面
有看不见的矿工血色。

看见天秤座
朝看不见的黑暗倾斜
　　看见子弹
躲开了看不见的罪恶。

　　看见花朵
被看不见的气息萎败
　　看见树木
被看不见的虫蚁裹挟。

　　看见雕梁
后面是看不见的朽木
　　看见画栋
后面是看不见的魔。

　　看见灵魂
被看不见的锁链捆绑
　　看见自由
从看不见的沙漏逃走。

　　看见春风
在看不见的远山后等候
　　看见暖流
在看不见的大洋里驻守

（原诗刊载于《东方诗坛》）

作者简介

于大江，上海君玖律师事务所创始人、主任、高级律师，上海君玖法治诗歌人文促进中心主任研究员，法律人文学者。

河北大学法学学士、中国社会科学院研究生院法学硕士研究生、荷兰欧洲商学院工商管理博士（DBA），曾进修于上海交通大学、复旦大学和上海财经大学。

大学毕业后任高校法学教师，后从事律师工作，自 2001 年到上海执业。现业务领域主要涉及刑事辩护，公司法、房地产法、合同法、知识产权法等。业务形态含诉讼事务代理、非讼事务办理、法律顾问等。

2015 年 9 月，创立上海君玖律师事务所（Shanghai L&R Law Firm）及君玖律师服务品牌，担任主任一职。

业精于勤
——律师执业小记

詹 锐

到2020年10月，我律师执业正好满十五周年，写此小文一篇，既是献给恩师朱妙春律师的文集，回忆在他身边的点滴，报告这十五年来的成长心得，也是律师执业十五年的一点自我反思小结，给团队青年律师的一份参考，希望对他们或有助益。

自古千里马常有，而伯乐不常有。年轻时候得遇名师，是人生的莫大幸事。有幸在上海滩师从朱老师，追随左右，自此开始执业律师生涯，时光荏苒，毕业后二十年时光弹指间，一时不知从何说起。

一、从助理做起

中国2001年正式加入世界贸易组织，到2005年，中国刚"入世"不久，知识产权法律法规逐渐完善，知识产权立法、司法、执法各项工作都在不断加强，是中国知识产权法律人学习、发展进步的黄金时段。我2000年华中科技大学本科毕业后，怀揣法学和机械工程工学两个学位，在深圳工作了四年多，从事知识产权法务，主要从事专利、商标、软件、技术授权、专利收购等法律事务。同事都是同龄人，隔壁就是华为，工作很开心，心中却一直都有律师梦想，希望有一天能在法庭上慷慨激昂，为客户维护权益。一日在深圳逛书店，在法律书籍一栏发现了朱妙春老师的知识产权专著，文字通俗易懂，案件娓娓道来，争议一波三折，见贤思齐，心向往之，遂鼓起勇气冒昧给朱老师写了邮件，打了电话，朱老师对从未谋面的后学小子不吝赐教，给了不少建议和指导。数月后，我毅然自深圳离职来到上海，第二天就在朱老师的上海天宏律师事务所开始了律师助理的工作。

虽然已经工作了几年，但律师和公司法务还是有很大的不同，对我而言，律师工作更有挑战。在公司时间一久，处理的事情大多都已经得心应手，各种工作类型早就耳熟能详。但是在律所，每天都有新事物，时时都有新面孔。朱老师是沪上名律师，客户多是慕名而来，有的甚至自外省市长途跋涉过来求助。知识产权侵权、名誉权侵权、调查取证、研讨论证，各种事务眼花缭乱，极富挑战，我一边读书学习，认真地系统学习知识产权有关的法律法规、司法解释、专家论著、期刊文章，一边紧跟朱老师身边观察体验，仔细观察、揣摩朱老师接待客户、团队讨论、访问专家、主持论坛、开庭辩论，用心比对朱老师修改的法律文件和文章，一时间收获巨大。

做好一位称职的律师助理不简单，首先必须是勤奋，大量的案卷和资料阅读，快速精准的法律检索和分析，高效撰写翔实的备忘录和报告，多任务的切换和时间管理，都极具挑战，如果不能适应快节奏的律师助理工作，就很难为后续成为专业律师形成良好的工作习惯，打下坚实的基础，和其他任何行业一样，业精于勤而荒于嬉，懒惰终将一事无成。

律师助理还需要靠谱，律师工作是一种负责任、重操守、容错率极低的严肃工作，需要对客户负责、对团队负责、对法律负责，需要事事有着落，需要注重细节，思维缜密，处乱不惊。漫不经心和粗心大意，是律师执业最大的敌人。

律师还需要创造力，消极被动、故步自封、不求精进的人做不好律师工作，律师需要积极思考、主动学习、克服困难、解决问题，以绩效为导向，帮助客户创造价值。

二、初生牛犊

现如今我主要从事中国企业境内外上市业务，不再经常出庭，但十几年间，也出庭代理了逾百案件，第一次出庭代理案件的记忆最为深刻。

第一次出庭是和朱老师一起，代表的客户是上海富克斯实业有限公司，一个瑞士人起诉客户使用"FOXTOWN"商标侵犯其创作在先的"FOXTOWN"图案的著作权，审理法院是上海市第一中级人民法院，审判长是黎淑兰法官。作为首次出庭的实习律师，是没有发言机会的，虽然如此，我也难掩内心激动，坐在朱老师旁边递送证据材料，一边欣赏朱老师和对方代理律师的对决，一边紧张做好庭审笔录，生怕漏掉了精彩的内容。

到了法庭调查阶段，黎法官突然问我们："被告，你们认为你方商标不侵犯原告作品著作权，你们认为你方商标图样与原告主张著作权作品是否存在不同？"朱老师有意不答，等待片刻后，朱老师微笑着转向我说："小詹，你来讲一下。"压根没有做好任何开庭发言准备的我顿时大脑一片空白，手脚冰凉，心脏狂跳不止。好在我们庭前在所里已经进行多次模拟开庭，那两张商标图样我已经看了无数遍，闭上眼睛都能画出来，我停顿了一下，大声向黎法官回答"审判长，有的"，然后从"写实与抽象""平面与立体""整体与局部"等几个不同的维度，足足花了十来分钟，讲了几十处不同，既不相同也不近似，两张如今回想起来的确挺像的图案，被我说的差异如此之大，换作今天我可能会有些汗颜，当时确实是义正词严。对方两位代理律师可能是觉得我脸皮太厚，后面也转变风格，对我不再客气，我也是初生牛犊不怕虎，针锋相对，辩论到底，双方唇枪舌剑，庭审画风突变。朱老师大概是看我辩得来劲，也没有太多失误，索性后面的庭审都交给我了，让我任性了一把。后来我才知朱老师是有意给我机会锻炼，并对我庭上的表现很满意。

等开完庭，我才知道到对方代理律师是上海另外一位大名鼎鼎的知识产权律师，时任上海大学知识产权学院的陶鑫良教授，以及另外一位资深的沙海淘律师，我顿时觉得很不好意思。好在陶老师谦谦君子，为人师表，不以为意，后来在某次研讨会上遇到，还特意对我予以勉励，让我很受鼓舞。若干年后，我又很荣幸和陶老师一起共事，在大成律师事务所工作，还一起合作了案件，陶老师对我亦是关照有加。另外一位沙律师后来也成为业界好友，我敬称他"沙师兄"。

三、几件小事

在后面十五年的律师执业生涯中，我遇到了很多的律师同行，也见到很多勤奋优秀的同人，我自忖也是比较勤奋的，但是回想起来，如同朱老师那样几十年如一日，全身心投入律师职业的还是不多见的，有几件小事至今铭记在心。

朱老师是业界有名的笔耕不辍、著作等身的学者型律师。但其实他并非科班出身，40多岁才开始自教师转做律师，短短十多年，即有大成就，成为沪上乃至全国有名的知识产权大律师。律师的时间都很宝贵，大家都好奇他的写作时间是从哪里来的呢？记得有一年上海律师协会评选优秀律师前往欧洲考察旅行，一路上名家汇聚，拍照购物，非常开心，唯有朱老师看书、写作不停，即使在往返的飞机上，都在奋笔疾书，物我两忘，让大家敬佩不已。平常在律师事务所，朱老师也经常是最早到办公室，最晚离开办公室的一位，白天接待客户，讨论案情，指导助理，晚上伏案阅读、撰写修改文稿，周六、周日也不休息，十数年如一日，非常人所能为。受朱老师影响，这么多年我也喜欢在周末加班，但与朱老师相比，差距巨大。

作为知名知识产权律师，多年来朱老师一直坚持对客户负责，亲自办案，亲自出庭的原则。其出庭风格是架构完整、逻辑缜密、义正词严、铿锵有力，尤其是朱老师发言，用词专业，妙语如珠，我们也曾多次请教，朱老师告诉我们一个秘诀，说他在律师执业早期，曾在案头长置一本成语词典，得空就会翻阅，还会收集国内知名大律师的精彩代理词、辩护记录，反复阅读揣摩，数年间，便形成出口成章、词汇丰富、言之有物的个人鲜明开庭风格。这个秘密我今天也分享出来，其实不管是诉讼律师还是非诉律师，从优秀的前辈工作成果中汲取经验，站在前人的肩膀上成长，才是进步最快的方式。

我听取了朱老师的建议，学习了不少优秀的辩词，还去法院旁听前辈律师的出庭，记得我还特意去旁听了朱老师另外一位助理顾惠民律师的出庭辩论，是一件专利侵权案件，顾律师准备充分、举证充足、思维缜密、反应迅捷、语言干练、重点突出……一场开庭下来酣畅淋漓，对方代理人理屈词穷，法官都被折服，坐在旁听席上的我忍不住为他击节叫好，这样的案件胜诉已经不是问题，只是大胜和小胜的差别，十几年过去了，当年的那场庭审我仍历历在目。朱老师的功夫我只学到几分，已受用不尽。记得若干年后的一次四川开庭，虽然是客场作战，但是我准备充分，证据充足，论述也清楚有力，终于在法庭辩论后，赢得了一次难得的当庭宣判胜诉判决。

还有一次经历也颇为难忘，为了留存日军侵华对中国妇女侵害的铁证，为中国幸存慰安妇维权，也为了不忘当年的苦难历史以警醒世人，朱老师和华东师范大学苏智良教授一起，做了大量的搜证、记录、研讨、维权工作，引起海内外广泛的关注。我们作为青年律师，有幸参与了这一有意义的事件，记得有一次去往崇明岛进行慰安妇幸存者访谈、公证，那时候去往崇明岛还没有高速隧道，需坐车前往石洞口，再等候换乘长江轮渡，靠岸再换车前往，炎炎酷暑，在崇明岛乡间辗转寻找幸存慰安妇及家属，朱老师那时候已经六十多岁，仍然和我们二十多岁的小年轻一样，在四十度的烈日高温下四处奔波，全身汗透，做好访谈笔录又连夜赶回市区整理文件，结束后已经快到凌晨，一场奔波下来，律师团队病倒了数人，朱老师亦毫无怨言。律师既为私人执业者，也是国家公器，通过这件小事，我们深有体会。

四、律师的两个朋友

朱老师常和我们说起，律师应该交好两个朋友：一个是专家，一个是记者。交专家朋友，是因为术业有专攻，分工越来越细致，律师执业中遇到种种专业问题，要虚心向专家请教。另外媒体的作用也特别重要，因为律师个人的声音有限，无论是发表有益的研究成果，还是前沿的立法建议，或是提高民众法律意识，都要善于通过媒体放大声音，增强影响力。这在当年自媒体还没有兴起的时代，朱老师在运用媒体传播上已经领先同行一大步，难能可贵。

朱老师在办案过程中，一直坚持出门办案，在早年知识产权理论和实务都在摸索的年代，朱老师曾经虚心求教诸多专家，既有大学教授，也有技术专家、海关官员、执法领导、出版老师，有时候为了解决某个专利技术特征，或者鉴定的技术问题，朱老师都要认真请教众多人员，最终才会形成熟悉产品、吃透技术、用准法律的代理思路和意见，正因为有了精心的准备，朱老师的代理词才会极具说服力，法官、专家都很认同。

朱老师的媒体意识非常超前，而且身体力行，为中国知识产权保护的发展进步做出了很大贡献，记得每年朱老师都要邀请业界专家、资深法官、政府代表、企业家代表、知识产权界同人召开知识产权论坛，就知识产权的前沿问题、实务难题一起研究讨论，就知识产权法律人的研究、实务、司法等工作做了很多有益的探讨，媒体广泛报道，我们作为律师助理参与筹备、撰写论文、接待贵宾、旁听发言、整理文稿，受益匪浅。后来因为有些进步，也有机会陪同朱老师一起参加一些论坛活动，我有时候也会做一些发言介绍，朱老师也很欣慰。

早年的学习经历，为后面的执业生涯打下了基础，后来我也很荣幸在上海广播电视台长期担任节目法律专家，做了多期节目，在美国留学期间也受邀做了多次演讲，并担任美国华人金融协会董事。回国执业后，也有机会荣幸受邀去日本东京给中日韩三国部长做英文演讲，受到包括东京大学教授在内的与会者的好评。近年来因为忙于团队事务，在外演讲日少，应该好好反省。应该牢记朱老师教诲，继续践行传播正能量。

五、桃李遍天下

现在律师都是团队合作，单打独斗的越来越少，单打独斗也难以处理重大复杂案件和项目。朱老师对于团队中律师助理的招录也很严格，因为盛名在外，每年都有很多领导、朋友推荐晚辈来实习就业，但是朱老师录用标准甚严，对年轻律师的要求很高，也培养了一大批青年律师，可谓桃李遍天下。

我在朱老师身边学习工作时，一大堆年龄相仿的年轻同事相处融洽，个性特点都很鲜明，相互之间你追我赶，相互激励促进。顾惠民、许峰、鲁灿、刘克峰、丁颖、李媚、胡佳、孙小青等众多师兄弟姐妹在朱老师的精心指导下，个个都身怀绝技。

我们中的杰出代表是许峰律师，许峰当年是浙江桐庐文科状元，才思敏捷，文笔流畅，少年稳重，年纪最轻却有大师兄风范。记得一次上海知识产权局举办大型知识产权论坛，国内专家云集，观点对撞激烈，精彩纷呈，许峰负责研讨会演讲嘉宾纪要记录拟定，论坛刚一结束，纪要同步完成，洋洋洒洒数万字，专家发言思想表达分毫不差，行文用语既专业流畅，又架构严密，俨然就是一部论文集，专家们读后都大为赞叹。许峰律师后来先是管理了一家上百人的律师事务所，成为上海最年轻的律所主任之一。后来协助一家企业成功在美国上市后，担任企业的法务总监和公司高管，带领几十人的法务部，全面负责公司金融、投资并购、海外上市、风控合规、争议解决。执业十多年来，我们师兄弟还经常交流，这篇小文许峰也提出了不少修改意见，在此表示感谢。

此外还有李媚师姐、丁颖、胡佳小师妹也都常常联系，丁颖最是精灵聪慧，记得有一个案件，朱老师接受了鲁迅后人周海婴先生和周令飞先生的委托，处理一些社会上盗用鲁迅名义的案件，丁颖进行电话录音取证，以家长身份给"鲁迅幼儿园"打电话询问幼儿园名称事宜，模仿得惟妙惟肖，让人拍案叫绝，那时她不过才20岁，大学还未毕业，如今已经是一家跨国公司的法务总监，同龄人中无出其右。大姐李媚自知识产权刑事案件起，专攻刑事案件，如今已经是沪上有名的刑事辩护律师，数年来，工作上、事业上给了我们师兄弟很多帮助，是我们一辈中的情感纽带。朱老师其他几位弟子也都非常出色，在法律界都有过人表现，篇幅所限，就不一一介绍了。

据了解，朱老师先后培养了数十名优秀的青年知识产权律师，活跃在国内知识产权一线，为社会培养了大量的优秀人才，可谓桃李满天下。

六、初入江湖

律师总有一天要独立执业，带着朱老师和众师兄妹的祝福，我也踏上了执业律师之路，凭借在企业积累的知识产权法务和在朱老师处学到的诉讼知识和技能，担任了一家外资律所理慈律师事务所（Lee, Tsai & Partners）上海办公室的知识产权业务负责人，从专利、商标、著作权保护，到涉外技术授权、技术合作、知识产权诉讼，处理了大量来自美国、日本、欧洲，以及我国台湾地区、香港地区的客户案件，同时，执业领域也逐步从知识产权业务，涉及外商直接投资、公司法、公司法律顾问业务等领域。

我时常想起执业的前几年做过的案件、写过的论文，早年的那些执业经历，慢慢地成为执业习惯，那些做过的案件、读过的专业书籍、写过的文章、完成的交易，都是宝贵的财富，都会成为职业生涯的一部分。

印象最深的两个案件：一个是软件著作权诉讼案件，另一个是上市收重组案件。著作权案件是代表我国台湾地区一家企业对抗美国软件巨头的上千万元著作权侵权索赔案件，原告方委托法院聘请技术专家对客户的电脑进行了证据保全，发现系统中安装有原告的软件信息，案件处于极为不利的情况，在审理过程中，经过与客户技术人员和外部专家顾问的仔细分析研究发现，所谓系统中的软件信息，其实是保全专家通过技术手段利用网络从客户关联公司的服务器调取的，而客户关联公司是经过美国公司授权的，为了形成完整的证据链，更好地代表客户，我花费了许多时间研读专业书籍、虚心求教外部专家、学习电信网络传播知识，并寻求海峡两岸的电信机关协助，做了大量的庭外准备工作，此外，还通过庭审发问，发现了保全专家不中立、不专业、不敬业的若干问题，最终在原本十分不利的情况下赢得了诉讼，成功维护了客户的利益。后来和师兄弟们交流案件情况，被谬赞有朱老师办案风范。的确，在诉讼案件中，律师的确不能落入俗套走过场，一定要大胆假设，小心求证，虚心学习，向专家求教，最大限度追寻还原案件真相，并能用翔实易懂、逻辑严密的证据材料，说服法庭。

另一个印象深刻的案件是某上市公司的资产重组案件，我们代表被收购方，协助客户作为上市公司定向增发收购的标的，通过反向并购模式借壳上市。记得在上海人民广场附近的办公室里各方沟通谈判细节，大楼灯火通明，要在短短两周内，完成全部的尽职调查，以及收购协议的谈判签订，那时候我还是二十多岁的青年律师，干劲十足，连续熬夜加班加点，与客户十多个业务部门一起努力，终于顺利圆满完成。这是一件典型的非诉讼业务，通过这个案件，对于资本市场与企业并购有了更深刻的认识和了解，也让我发现了商事律师的工作魅力。于我而言，商事交易涉及谈判、尽调、沟通、协作，以及创造性地提供解决方案，比诉讼律师的工作更有挑战性，也为我日后从事资本市场业务埋下了伏笔。

七、薪火相传

在国家发展改革委出版的《中国营商环境报告2020》中，上海是唯一一个以优良的法治环境上榜的国内城市。上海法官和律师的历史最早可以追溯到民国初年。当时的上海律师在国际上代表中国，在国内为民请命，"白色恐怖"时期为共产党员辩护，建立完善上海乃至全国的法制体系等领域作出了重大贡献。新中国成立后，又有大批的上海律师、法学专家成为法律老师，传承法律衣钵，保留了法律体系的血脉。正是一代又一代老律师对年轻律师的传帮带，薪火相传，造就了上海律师百年的历史，也为共和国的法治建设贡献了自己的力量。

上海律师协会在青年律师培养、律师专业研究、同行经验交流分享上做了很多工作，让我们自青年律师起就受益匪浅。刚开始执业的几年，业务相对没有现在这么忙，有比较多的时间去参加律协学习，也认识了一大帮业界贤达，比如徐天锡律师、斯伟江律师。

认识徐天锡律师是在一次律师协会的专业研讨会上，由于我认真听讲，又积极参与提问互动，提出了几个比较有见解的看法，给徐律师留下了比较好的印象。会后徐律师主动来和我聊天，和我交换了名片，彼时徐律师已经是沪上有名的大律师，上海汇业律师事务所主任律师，管理上百名律师，一时之间我受宠若惊。徐律师亲切地关怀我的学习和工作情况，又问我是否有海外留学计划，那时候海外自费留学也要数十万元的费用，我刚毕业数年，囊中羞涩，压根没有往留学上想。徐律师耐心地和我说，年轻律师一定要出去留学，增长一下见识，系统地学习一下西方国家，尤其是美国的法律体系，会对以后的执业，甚至塑造人生观、世界观都大有裨益。我那时候还不知所以，只是虚心接受，表示以后有机会一定考虑。没想到没过几天，徐律师居然打电话给我，这次没有和我谈留学的事情，居然是为我介绍一个业务，一家公司请他来做法律顾问，他却向客户极力推荐我，并谆谆教导该如何让客户建立信任、如何开拓客户，并表示我一定要接受他的推荐前去面谈，因为有徐律师的力荐，后来果然把客户谈了下来，事后我主动致电徐律师表示感谢，他却要我好好努力，不必挂怀。我与徐律师只有一面之缘，他却对晚辈关怀备至，在青年律师创业成长的初期，给予了莫大的帮助。时隔多年，我仍铭记在心。我后来认真思考徐律师的建议，终于顺利于工作数年后赴美留学，学习美国金融服务法，为后面的工作打下了新基础，两年的留学生活经历，也成为我人生中的宝贵经历。

　　一晃二十年快过去了，如今我也指导过很多助理，也带领自己的一个团队，俨然成了"老律师"，徐律师不求回报，这些年我也像徐律师一样，为青年律师做些力所能及的工作，尽量给予帮助，为不少同学提供了实习、工作的机会，也为不少青年律师推荐了律所职位和国外的法学院，在工作交流之余，对青年律师也是知无不言、言无不尽，尽量帮助他们成长。

　　另一位对我影响很大的是斯伟江律师。斯律师本也是知识产权律师出身，记得在一起涉及日本格力高品牌的反不正当竞争案件中，我还很荣幸和斯律师做对手律师。斯律师开庭幽默风趣，经常化斗争于无形，即使不利之处，也能轻松化解，记得那次案件虽然我最终代表客户确定了侵权事实，赢了诉讼，但是客户实际获赔的金额并不高，斯律师代表对方当事人成功降低了赔偿金额，也算是另一种"胜诉"。记得那时候斯律师经常上央视二套现身说法，常为我等青年律师羡慕，没想到斯律师后来急流勇退，辞去国浩律师事务所高级合伙人，放着已经大有名气的知识产权商事律师不做，却又去成立新律所，去挑战刑事律师业务领域，再到后来，又在媒体上经常能看到斯律师代理的刑事大案要案，为弱势群体疾呼，为老百姓维权，为权益受损的同行们奔走。十余年至今亦是如此，我后来也受到不少挫折，方能慢慢理解斯律师与一大批刑事律师的初衷与苦心，经过这些前辈师兄的努力，营商环境不断变好，法治建设日益改善。记得在美国留学期间，在美国大学的图书馆里，还偶然发现了一本斯律师介绍中国的英文著作，字里行间，能看出其对祖国的赤子之心。

八、留学海外

　　我国的现代法律体系，在很大程度上借鉴参考了西方发达国家的有益成果和经验,比如知识产权体系、现代金融体系、公司法体系、破产法及其他商法体系等,习近平总书记在 2020 年 11 月 16~17 日召开的中央全面依法治国工作会议上提出新时代要全面依法治国的要求,其中提到在传承中华优秀传统法律文化的同时,要借鉴国外法治有益成果,为全面建设社会主义现代化国家夯实法治基础。早年我在涉外法律服务执业的过程中,经常会遇到晦涩难懂的相关法律文件和条款,后来发现,这些文件都是美国来的舶来品,比如 PE/VC 领域的投融资法律文件,最早基本上都是照抄美国硅谷相关规定,包括中国的证券市场体系,很大程度上也借鉴了美国的证券制度,越来越强烈地想要全面系统地学习一下美国的法律体系,基于徐律师的"种草",2011 年,我终于踏上了赴美留学之路,前往芝加哥肯特法学院修习金融服务法。

关于选择金融服务法专业还有一段插曲,当时还有知识产权专业可选,肯特法学院的知识产权专业排名也非常靠前,但由于在知识产权领域已经浸淫十年了,非常渴望学习新的知识,再加上和鲁灿律师一起赴美同学,经过一番纠结,于是和他做好分工约定,他继续美国知识产权法领域的学习,我进入全新的金融法领域。鲁灿律师原本是我们师兄弟中的学霸,最后以 High Honor 的荣誉称号获美国知识产权法硕士学位,成绩名列前五(Top 5)。他性格沉稳,工作认真细心,爱好学习,喜欢阅读,写作下笔如有神,很有朱老师的风范。在华东政法大学读书时,他阅读了大量的法律专业书籍,我们笑称他把图书馆一半的书都读了。鲁灿律师后来又去美国进修深造知识产权。我特别荣幸的是,鲁灿律师这么多年一直和我在一个律师团队工作至今,已有十五年。

我学得也很辛苦,系统学习了美国证券法、资产管理法、金融机构合规、VC 创投、企业家法,还旁听了美国银行法、期货法,最终也完成了一篇数十页的硕士专业论文(*Uniform Fiduciary Duties on Broker - Dealers under the Dodd - Frank Act*;Thesis,Master Degree,2012),对美国的法律体系,尤其是金融法律体系有了一个完整的了解。

在美国学习期间,每门课程我都非常有兴趣,在度过了最初两个月的语言障碍期后，我一般都会积极参加课堂讨论，认真阅读书籍和资料。对美国的法学院教学方法、法学思辨方式、法律传统和习俗、证据和法律文件规则、判例法和成文法的约定，有了亲身感受和认识；也认识了一大批欧洲和美洲的同学，有的至今还在联系。

有一门比较典型的美式教学风格的课程，企业家法（Entrepreneurship Law），我对其印象颇深。教授完全不是演讲方式授课，也不是单纯的课堂发问、小组讨论模式，而是采用嘉宾分享、教授点评、师生互动的方式，生动地向学生展示活生生的企业法律顾问的日常。企业家法有12节课，每节课讲述一个主题，从创业者离职创业应当注意的法律问题，到后续的设立公司确定公司形式和股权架构、保护知识产权和商业模式、税法与公司合规、股权与债权融资、公司治理与控制权、员工持股计划（ESOP）、公司并购与收购、IPO等，基本上涵盖了一家创业公司从设立到上市的全部核心法律问题。每一堂课上，教授均会邀请两三位企业家现身说法，分享其在运营管理企业的过程中遇到的实际法律问题，有哪些成功的经验和失败的教训，并让企业家回顾他的律师当时是如何帮助他渡过难关的，让学生来评判律师的得与失。一堂课下来，会有很多的启发，收获颇大。回国后发现这样的书籍和课程都非常少，如果时间允许，我也很想写一本中国的企业家法，教授这样的一门课程。

我性格还算外向，在美国期间参与了大量的社交活动，做了一些演讲，也参与当地华人华侨的活动，在留学生团队中还算积极，认识了很多有趣的国内外朋友。芝加哥是美国排名前三的大城市，是美国中北部的经济、金融、艺术、教育中心，在这里近两年的生活，我如鱼得水，除了学习，还欣赏了很多的歌剧，参观了无数的艺术展，听了无数的演讲，参加了音乐节、读书会，学了一年的探戈，亲力亲为角色扮演参加了芝加哥万圣节大游行，最大的收获是参与美国华人金融协会（CFAA）的多次活动，最终荣幸地成为协会的董事，服务至今。

转眼回国也10年了，时常想念在美国单纯快乐的留学生活。正如徐天锡律师所说，美国留学经历是人生宝贵的财富，美国留学对我的影响很大，让我变得更加自信、更加开朗，归国之后，除了积极开拓金融服务法领域的律师执业领域外，我还和朋友们一起创办了一家读书会——相遇书社，办了一百多期读书分享活动，高峰时邀请到哈佛大学、哥伦比亚大学的教授来演讲，一场活动几百人参加；还创立了自己的乐队——撞马乐队，担任吉他手；养成了跑马拉松和越野跑的好习惯，成功登顶了多座高海拔雪山，2020年11月，我完成了太湖30公里越野跑，12月又参加了宁波的35公里越野跑，日子虽然节奏紧张，但非常充实。

九、艰苦转型

借美国留学学习金融服务法的契机，回国后工作的重心慢慢从知识产权转向了资本市场业务，一个年轻的律师，转入一个新的执业领域，不仅需要勇气，也需要付出很大的努力。留学毕业回国后，我也面临没有客户、没有市场、没有知名度的困境，资本市场领域又属于门槛相对较高的执业领域，如何开拓客户就面临一个较大的挑战。

2013年起，国内的科创企业投资正在兴起，一级市场的股权投资是整个资本市场的基础，由此衍生的其他资本市场活动，例如投融资、公司并购、股权争议、公司债券、公司上市辅导、公司股票上市发行、上市公司并购、上市公司增发、信托、ABS和金融衍生品等，都是建立在成千上万的成长型企业的基础上，无法直接进入资本市场的高端业务，我选择了从基础的创业投资、PE/VC领域进入。

为了迅速地寻找潜在客户，打开局面，我选择与张江高科技园区、各投融资协会、嘉定科技园区等众多协会和园区入手，进行了大量的公开演讲和论坛分享，首选了我最熟悉的知识产权领域主体为基础，再往资本市场领域延伸，主讲的是《科创企业的知识产权保护与股权融资》《高科技企业的法律问题》等题目。课程讲解的主要内容，从企业的创始人对前任职单位的商业秘密保密义务和竞业禁止义务开始，再延伸到科创企业的商标权、著作权、专利权保护，再通过打造优秀的品牌形象和较完善的公司股权架构、内部治理体系，吸引外部股权投资人和合作伙伴，处理好与投资人在谈判、签约、投后管理中的关系。前前后后应该有数十场的讲座，功夫不负有心人，经过不断的努力，积累了一批包括张江高科技园区客户在内的客户，业务模式也终于从科创企业日常服务和知识产权，转型到投融资、并购、上市辅导与境内外上市。以此为契机，除服务上海的客户外，还逐步覆盖宁波、杭州、苏州、南京、合肥、深圳、广州、西安、长沙等地。

十、再接再厉

五六年来，我的团队做了大量的企业并购与公司上市辅导业务，成功助力众多国内企业海内外上市，最近还荣幸获评 2021 年度大成中国区最佳 IPO 业务律师团队和最佳上市公司收并购业务律师团队。目前最大的愿望就是协助有远大理想和抱负的中国企业家做强做大，打造中国民族品牌，不仅成为资本市场的宠儿，也成为受消费者尊敬的良心企业。希望在后续的二三十年执业生涯中，能够辅导、助力几十家企业成功在海内外上市，任重而道远。

国内存在大量高速成长的企业，如果能够利用资本市场的资金、品牌、协同效果等资源，就将会给这些成功的企业插上翅膀，更好地在全球市场参与竞争。2020 年 10 月 17 日是一个里程碑式的日子，美股成交额前十的股票里面，就有五个（蔚来汽车、阿里巴巴、拼多多、理想汽车、小鹏汽车）是中国企业，排名第一的蔚来汽车日成交额达到 2000 亿元人民币，是苹果、亚马逊、微软成交额的总和，美国股市在网上被戏称为"中国科创板驻美办事处"。我毫不怀疑 21 世纪是属于中国的时代，随着科创板的全面发力，短短一年多时间就有 150 多家高科技企业成功上市，国家还在全力推进资本市场的全面注册制，创业板注册制推出后，预计将有更多的优秀中国企业成功上市，更加高效地利用社会金融资源，助力中国企业成长。

我们团队近年来的工作可以小结为"发现价值、提升价值、实现价值"，律师团队在持续学习最新的境内外资本市场专业知识的同时，还特别注重联合其他机构和专业中介组织协同工作，如上市发行承销商、投融资机构、财务顾问、会计师事务所、行业专家、管理专家、境外律所等，一起协助企业家做好企业的价值管理，通过帮助企业家掌握境内外资本市场的规则与要求，法务、财务、业务等领域的整合与提升，产业和管理的升级与赋能，帮助企业家实现从赚钱的公司到值钱的公司的转变，从而帮助企业家打造规范运营、可持续发展的优质企业，最终实现股东、公司、员工、投资人、社会效益的价值实现。这些年工作还算努力，成功地辅导一大批企业成为拟上市公司，也助力多家国内企业成功在纳斯达克和科创板成功上市。

2020年1月16日，受上海善达律师事务所、上海博拓律师事务所邀请，给两家律师事务所的同人们做主题为《律师资本市场业务专业化漫谈》的分享演讲，组织方特别要求除分享资本市场法律业务专业知识外，还要多和青年律师聊一聊职业成长和市场拓展的经验和心得，一下午的沟通，我倾囊相授，知无不言，把这二十来年的成长经验毫无保留地做了分享，希望能对年轻律师们有所助益。虽然离成功律师还差得很远，也算是践行朱老师和前辈律师提携后辈的一个举措。

往事不可追，往后将继续终身学习，以恩师为楷模，用心写作，勤勉执业。律师职业长路漫漫，吾将继续努力。

作者简介

詹锐律师，北京大成（上海）律师事务所资本市场部副主任、合伙人律师，中国致公党党员、致公党上海参政议政小组成员，美国华人金融协会（CFAA）董事，中国香港高等法院专家证人。主要从事高科技企业境内外上市发行、并购重组、知识产权法律服务。

服务客户包括欧普照明、嘉澳环保、长阳科技、东百集团、中通快递、精锐教育、澳托克、达芙妮、聚好商城、旭辉地产、特辰科技等国内外上市公司及大批科创企业。

詹锐律师毕业于美国伊利诺伊理工大学、华东政法大学及华中科技大学，分别获金融服务法硕士、民商法硕士，以及经济法学士、机械工程及自动化学士，著有《海外并购中的风险控制与公司治理》《美国华尔街金融改革法案下的证券公司统一信托责任》（英文论文）等专业著述。

求索律政

钱元春

我出生于1980年,是标准的"80后"律师,祖籍江苏泰州。2004年大学毕业后来上海工作,2006年通过司法考试,实习满一年后,于2007年成为执业律师。现为远闻(上海)律师事务所副主任律师,高级合伙人、管理合伙人。我律师生涯启蒙于朱妙春老师,现虽不能陪伴老师左右,但老师的谆谆教导一直萦绕脑海,不敢忘怀。值此老师门生有意撰写《青胜于蓝》一书之际述说这段难忘的师生之情,深感荣幸。

求　　学

我于1980年1月出生在江苏泰兴一个普通的家庭,父母文化程度不高,靠做点小生意供我和哥哥上学。青少年时代,我走过了一般孩子从小学、中学、高中的共性成长轨迹,顺应了那个时代家庭对孩子的强烈心愿——考上大学,找到一份收入稳定的工作。为此,收入不高的父母,靠勤劳的双手,倾尽全力,省吃俭用,毫无怨言地承担着养家糊口的重任。

1998年,我考取了江苏师范大学教育心理学专业。学成回泰兴做一名有编制的老师,有一份稳定的收入一直是父母的期待,也是我儿时的梦想。然知识海洋,书香拂面,眼界开阔,思想萌动,大一时,我便选修了第二专业——南京大学法律专业。"社会需要正义,未来需要法律"——彼时的选择,我尚无法预知这是成就未来人生和事业的重大选择,而只是缘于内心对社会正义的渴望和拥有法律知识是未来社会应该具备的一种能力的预感。

第二专业的开辟，要花费大量的时间背诵、理解法律条款和应对每年的课程考试。因此，同学中类似我这样怀着雄心报考的众多，但坚持到最后并学成者寥寥无几。

2004年，我大学毕业，喜获双学士。手捧辛勤努力的成果，即将推开社会这扇大门的我，踌躇满志，心潮澎湃，充满期待。

大学毕业后，受哥哥的影响，我没有如初心选择教育，而是来到上海闯荡，开始了无数大学生，尤其是没有上海关系背景的他乡毕业生，在上海的白手起家、艰苦奋斗之路。

初到上海，受哥嫂接济，我与哥嫂挤在一室一厅的房子里，同吃一锅饭菜，同顶一块屋檐。不宽敞的小窝，因为其乐融融而充满温馨和生机。不久，我在沪找到了步入社会后的第一份工作，在一家婚纱影楼培训机构担任销售——限于各种条件，销售是很多来沪大学生的第一份职业，我便是其中之一。入职一年，不善交流、性格内向的我业绩平平，自感前途渺茫和工作非己所愿、所长，于是，毅然辞别，凭借自己的第二专业——法律专业学历，在哥哥钱正生的帮助下进入上海郊区一家律师事务所见习。虽名为见习，但因没有参加司法考试，没有获得法律职业资格，我在该律师事务所的工作与普通行政人员无异，唯一不同的是行政人员有工资，而我没有。尽管如此，我在见习阶段结识了很多律师，与他们的沟通让我对律师这份职业有了初步的认知——严谨、负责、思路开阔、知识面广，遂萌发做律师的想法。现在想想，人生就是这样，每个人的选择很大程度取决于自己的圈子和认知。2005年中期，我毅然报名参加被誉为"天下第一考"的司法考试。为此，我重返母校，在母校江苏师范大学附近借租斗室，每天在学校图书馆研读12小时以上，在浩如烟海的法律书籍和案例中夜以继日地向目标彼岸泅渡。

半年后，我一考过关，在通过率仅为10%的中国司法考试中脱颖而出，成功迈出了律师执业生涯最关键的一步。

亲情如山，长兄如父。考试前夕，哥哥撂下手头工作，专程从上海赶来，为我考试加油助力，在我人生成长的关键时刻始终温暖地陪伴着我，成为父亲之外，影响我人生的第二人。每当想起这份深厚的手足之情，我十分动容。

考试结束后，我回到上海。作为长三角龙头的上海，此时加快了国际化步伐，各路人才云集，精英汇聚。我虽然手握"第一考"的金字招牌，但仅凭此闯荡上海，依然步履维艰。

结　　缘

从事法律工作，比如律师，除了要通过司法考试获得职业资格外，还需经过一段时间的实习期，通过实习后，方能进行律师执业，成为一名真正的法律工作者。我准备在上海从事律师工作，故需要在上海的律师事务所实习满一年。

2006年年初，当时互联网并不普遍，求职主要还是通过写信投简历。我花费了较长时间撰写自己的求职简历，突出自己的优点，精心编辑，彩色打印。同时，从邮局购买了几百个信封和几百张邮票，通过网络搜索了大量律所信息（不论律所是否有招聘计划，均作为投递简历的对象）。求职第一轮，我信心满满地发出了几百份求职信，但大都石沉大海，虽有零星几个面试，但因彼此不太适合或者非双方所期待而未果。没有气馁的我随即发出了第二轮求职信，为提升成功概率，还带着简历直接去我心目中的一些大所投递简历，但都因为自己毫无法律方面的实务经验而吃了闭门羹。

正当我感觉前途渺茫之际，六七月的时候，当时上海的天气已经较为炎热，我收到了一家律师事务所的面试通知，随即梳妆整理、穿上正装、打上领带，数次辗转地铁、公交至瑞金南路1号的海兴广场（当时属卢湾区，现属黄浦）。大概在下午3点的时候，我抵达了这家律师事务所，它就是上海市天宏律师事务所。天宏律师事务所给我的第一印象是律所比较小，人比较少，地段、办公场所也不算高端，甚至连前台接待都没有。当时我的心里就有一点小小的落差，它与我心目中的律师事务所差距较大。所以，一进门的所观所感即让我有了"既来之则安之，面试完就走"的想法。负责接待面试的是一位上了年纪的阿姨（后来才知道她是朱妙春律师的爱人黄悦恩老师），她向我了解了一些基本情况，也介绍了天宏所的情况。当时我们虽相聊甚欢，但那时我作为一名新人，对法律行业还不甚了解，所以我对她的介绍并未"长心"，反而先入为主，或者说我当时对此轮面试尚无感觉。

首轮面试结束后，黄老师对我的表现还算满意，并建议让朱妙春老师面试我一次。其实当时我虽极力配合，尽力表现，但并未有留下来的想法。同期面试的还有后来成为我师弟（我年龄稍长）的戴晓伟律师，当时他也有这样的看法。"既来之则安之"，反正也没有其他面试机会，就再面试一次吧，当时我和戴小伟都是这个意思。没想到，无心插柳柳成荫，再次的面试竟成了我五年学习的开端。

黄老师告诉我们，朱妙春老师在休息，要稍等一会儿。我当时纳闷：为何下午三四点还在休息？后来才知道，这和朱老师的作息习惯有关，下午休息片刻是他多年养成的习惯。因觉得晚上工作受外界打扰较少，效率最高，久而久之，便形成了晚上工作至两三点才上床睡觉的习惯（虽然我们弟子多次建议调整，以利身体健康，但未有效果），多年未变。为了恢复、保持体力，他一般下午都会小憩片刻。下午4点左右，朱老师休息好后，便让黄老师带我到他的办公室进行第二轮面试。我走进朱老师的办公室，首先映入眼帘的是"妙手回春"四个大字。我坐定后，发现面前的朱老师满面善意、清瘦，极富个性的灰白长眉、一副浅色镜片眼镜，是我心目中高级知识分子的形象。他说话十分儒雅，且知识渊博，座位后的整面墙书柜摆满了各式各样的法律书籍，令我震撼。朱老师问了我一些问题，我一一作答。由于当时比较紧张，且距今已有数年，很多题我已无法清晰记起，但有一个问题是尴尬且令我难忘的，那就是被问到是否读过他出版的书籍。我因没有法律行业的工作经验，而且初到上海，对上海的名律师更是一无所知，所以对朱妙春律师也的确不甚了解，更别提他写的一些知识产权方向的书籍了，所以只能诚实地回答：没有。

大约20分钟后，朱老师因有事需要外出片刻，就对我说，如果我们愿意，可以等他回来后再谈一谈。由于朱老师给我留下了较好的直观印象，我和戴师弟就商量好继续等他回来。在等待的过程中，我们了解到一些情况，此时我才知道，朱老师是全国知名律师，也是知识产权保护方面的专家，是中国最早从事知识产权维权的专家型律师。他出版过很多书，如《版权诉讼案代理纪实》《商标及专利纠纷案代理纪实》《反不正当竞争诉讼代理》《商业秘密诉讼案代理纪实》《我为鲁迅打官司》及《朱妙春律师知识产权名案精选》等，这些书籍中收录了很多他办理的知名案例。另外，我印象较深的就是他是鲁迅家族的法律顾问。当时我就非常明确地下定决心，无论如何，都要跟着这样的老师学习。下午6点钟左右，朱老师回所，我向他表达了要跟他学习的愿望，并表示我虽然没有太高学历、不是法学院校毕业、没有理工科背景，也非科班出身，但一定会努力学习，不辜负老师期望。朱老师看我直接表明了拜师学艺的想法，就说："这些都不是决定因素，都可以通过后天学习来补足，但需要你勤奋、努力，多做一些商标、版权、不正当竞争、商业秘密一类的案件来提升自己的专业能力。知识产权这个领域大有可为，会有大发展。"当晚，他就决定让我留下来学习，当然同时留下来的还有戴师弟。我激动不已，立刻向家人告知了我的情况，大家都为我能成为名师之徒而感到高兴。从那时起，我就开启了我的律师人生新篇章。

实习的过程是痛并快乐着的，虽然当时通勤时间较长（我住在松江，当时地铁九号线未开通，需要先坐沪松线，至万体馆后再转公交车至天宏所，一般需要两个半小时左右），工资也不高，只有800元。但我仍心甘情愿：一是因为我已下定决心要好好实习，掌握本领，一切以学习为主；二是求职时我也了解到有些律师事务所是不支付实习人员工资的，我现在有工资，还有免费的午餐，已心满意足。

后来从和黄老师的闲聊中得知，她觉得我能来律所实习是缘分，也是上天的安排。黄老师和蔼可亲，心有大爱。她是虔诚的基督教徒，相信一切都是上帝的安排。黄老师曾对我说："小钱，你来所里是上帝的旨意，我前后收到你两封信件，第一次对你就有印象，但考虑到你住得比较远，就没联系。过段时间又收到你的简历，我认为是上天的旨意，便安排了面试。没想到你真可以跟着朱老师学习。"在长达五年的学习期间，黄老师对我帮助很大，视我如己出，不管工作上还是生活上都对我照顾有加，对黄老师我也是心怀感激。

成　　长

由于对知识产权不甚了解，我开始夜以继日地研究知识产权的法律、案例、司法解释等，以弥补知识上的空缺。实习期间，我一边做助理工作，一边学习，对有疑问的问题都积极研究，做了大量笔记。学而知不足，知不足而学，我就是在这样的循环中，不断前进。在这个阶段，我学到了很多终身受用的经验。

第一，大事记。从开始实习，我们便被要求把案件的事实脉络通过大事记的形式展现，并且要根据事实的变化不断更新大事记的内容。有了大事记，不论是在讨论案件的时候，还是在法院开庭的时候，哪怕脱离了案件的全部材料，也可以对整个案件一目了然。我虽然之前见习过，但一直不知道有这种巧妙的方法。虽然刚开始比较烦琐，但一段时间后，也就逐渐习惯了。现在我办理案件，一直都保持着写大事记的习惯，同时我也要求我的助理们，办理案件的时候同样要整理案件的大事记。可以说，如果案件不整理出大事记，我心里就空荡荡的，没有底。

第二，过案子。在实习阶段，我们都会全程参与处理每一起案件（这与一些律师事务所的实习人员只能从事案件的一部分辅助性工作有很大区别）。由于各自处理不同的案件，为了便于及时掌握每个案件的进展，了解各弟子负责案件的处理情况，每周我们都要在朱老师的召集下把手头的案件向其汇报（俗称"过案子"），再由他统一安排，并提出解决实际问题的方案。过案子也能起到督促作用，可避免发生遗忘或者疏忽导致某件事情得不到及时解决的情况，这也是对当事人负责。故至今，我都一直保留这样的操作习惯，在案件处理上我很少再出现任何纰漏，也再未受到过一起客户投诉，这都得益于案件的不停循环滚动，并进行及时处理。

第三，写作能力。在学习时间，我的写作能力、写作技巧都有了很大的提高和长足的进步。我虽是文科出身，但从未进行过任何创作，写作水平可想而知。做律师首先需要的不是口才，而是写作。只有写作，才能体现思路，不会写作的律师，不是合格的律师，只有擅长写作的律师，思维才是最清晰的。在这段时间，我尝试去写各种法律文书。每一个案件，不管是原告、被告，不管是代理词、答辩状还是辩护词，都会认真去写、去锻炼。经过一段时间的训练，我写的法律文书基本无须过多修改，即可使用。

一年实习，我如愿申领到律师执业资格，但我没有跟其他实习生一样选择离开，而是选择了留下。第二年、第三年、第四年、第五年……整整五个春秋，我跟随朱老师走南闯北，参与了诸多重大、疑难案件的办理，积累了丰富的办案经验，并在诸多复杂、疑难案例实践中，形成自己的办案理念和特点。五年中，我还参与了多场以律所名义举办的知识产权论坛。每年4月26日国际知识产权日，天宏所都会主办或协办知识产权专业论坛，多年来，举办了二十余次专家研讨会及大型论坛，例如，鲁迅稿酬案相关法律问题研讨会、WTO与反不正当竞争法研讨会、商业秘密保护研讨会、中医药知识产权论坛、如何应对跨国知识产权诉讼等，取得了较高的学术理论成果和广泛的社会影响。每次论坛，知识产权领域的各方专家、学者、法官都会来开坛设讲。我作为法律行业的后辈，也有幸一睹部分大咖的宣讲，比如最高人民法院知识产权庭原副庭长孔祥俊博士、北京务实知识产权研究发展中心原主任程永顺教授、上海市高级人民法院知识产权庭原审判长张晓都博士，等等。

多年过去，我感慨万千，五年的实习经历，我学会了严谨、细心、尽责。知识产权的案件，一般材料非常多，稍有不慎，就会出差错。曾经有个复杂、疑难的知识产权案件，令我至今难忘。办案过程中，当事人一股脑把所有的证据材料给我，由我向法院递交。由于当时自己没有仔细核实，我向法院提供了一份对对方有利的证据文件，被对方发现并大肆渲染。当时，当事人公司的老板在现场旁听，见此状况就在庭后责问我，为何提交那份材料。面对责难，我当时觉得很委屈，为了此案，我付出了大量的时间和精力，而且该案件整体效果还可以。后来我逐渐明白，我们是代理律师，并没有还原现场的能力，所以需要证据来还原，因此凡事要和当事人确认好，材料要从左上角看到右下角，要做好大事记，不要遗漏任何细节。从那以后，我处理案件时会更加谨慎，每份材料都会跟当事人充分沟通、确认，并分析材料是否有必要提交给法院，以及提交后是否会有意想不到的法律后果。正是这样的谨慎，我至今未有第二次因疏忽导致材料误提。

独　　立

五年的打磨、历练（2006～2011年），使我羽翼渐丰，当时虽未完全学透，但也算学有所长，所谓"师父领进门，修行在个人"，我也到了该独立的时候。2011年我辞别师父，步入职业生涯的新台阶——加盟远闻（上海）律师事务所。

远闻律师事务所是江苏省名气较高的律师事务所，起家江阴，后总部挥师上海。发展迄今，获"全国优秀律师事务所"荣誉称号，在浦东数百家律师事务所中，数年来创收能力稳居前十，是正处于快速发展时期的中大型律师事务所。

加入远闻律所后，我创建了知识产权部，凭借一贯倡导和秉持的"将委托人案件当作自家案件办理"的理念，率领团队，很快开创出新局面，业务量也由较大幅度提高。但这些都不那么重要，重要的是，自己在新的平台学到了知识，学到了如何领导、管理团队，等等。同时，我也学会了如何对团队负责、对助理负责，以及在有助理协办案件的情形下如何对客户负责。经过多年的努力建设，我领导的专业团队具备了较高的实战能力，既能单兵作战，又可合作处理案件。在远闻律师事务所，我调整了开拓市场的方向，很短时间内，便依次完成了由合伙人、执行合伙人、高级合伙人、管理合伙人到副主任的蜕变，这一系列成绩的取得都与在朱老师处学习打下的基础是分不开的。

我一直给自己的定位或者目标是"一专多长"，目前在处理知识产权案件的同时，还会处理一些民商事案件以及重大疑难的刑事案件，从案件的处理结果来看，整体效果还是不错的。一系列成绩、成就的取得，皆因我是站在巨人的肩上，我永远都不会忘记自己的来处。对于师恩，我永远铭记，永远感恩，也愿自己能将知识产权事业发扬光大，传承老师衣钵。

在律师执业生涯中，我亦带教了数位徒弟，我的带教方式和方法沿袭了当初朱老师对我的带教。我对他们均严格要求，并将自己所学倾囊相授，我亦尤其注重他们在大事记、书写水平及能力等方面的提升，而且每周坚持"过案子"，对其各自负责的案件进行梳理。我也会亲自对他们写的法律文书认真批改，延续了我当初跟随朱老师学习时的高标准、高质量。这一系列措施均取得了不错的实际效果，所带教的徒弟都已成为执业律师，大都已成为律所的中坚力量和顶梁柱，有的也同在上海律协各委员会任职。

办　案

律师在接案之初要像一个医生，"望闻问切"，把握案情；分析案情时则要像哲学家，懂得矛盾的相互转换；最后，又要像军事家，明白胜败乃兵家常事，大将之才不能为一时的胜负所困。换言之，律师对待案件，既要能静下心来钻进去，又要能跳出来，不拘泥于一字一句而不能自拔，要有全局观。

掐指一算，我执业至今已有十三载余。在这十三年的律师执业生涯中，我代理了上千起案件，涉及知识产权的达50%，其中不乏大案、疑案、难案，而一些重大疑难的知识产权案件，很多都是在朱老师门下学习时参与所办。一些成功代理的轰动全国的重大知识产权案，不但让我的执业能力与日俱增，也使我逐步小有名气。

我处理的案件中最棘手的，当属世界著名工业控制及仪器仪表生产企业——英国罗托克（Rotork）公司与温州一家民营企业发生的涉及专利权、商标权、版权等多项关于阀门控制器的法律诉讼的知识产权保护案。该案亦是上海高院首次采用网络直播庭审实况的案件。涉外案件关系错综复杂，这起跨国诉讼案拉锯三年之久。在这漫长的三年中，我们不分昼夜，对高达一米多的涉案材料进行逐页逐行的消化和分析，对材料涉及的每个重要环节和细节做到了了如指掌。庭审历时四天，作为被告代理律师，我在每天长达七八个小时的庭审过程中，除了全神贯注、一字不落地听取对方律师的辩词和法官的意见外，还要在最短时间内，调整思路、严密逻辑、缜密应对，力避任何疏漏和大意。四天庭审结束，我心悬三年的石头落地，但因体力透支，我扶着楼梯精疲力竭地离开法院。

回忆这起旷日持久的跨国诉讼案，在事隔十余年后仍历历在目、记忆犹新和感慨万分，在这场体力与智慧的消耗战中，双方最终平局收兵。这"平局"对于委托方是最好的结果，它使委托方获得喘息，并使其及时调整经营思路和模式，补软肋，强筋骨，赢得了用时间换空间的凤凰涅槃般的重生，由此发展成为有内生动力和创造能力的实力雄厚的民营企业。

在我参与代理的重大案件中，还有一起是在法律界饱受争议的电子地图著作权纠纷案。这起案件历经十次开庭、耗时三年才审理终结。朱老师凭借自己的法律知识和清晰的逻辑推理以及创新的思维开拓，提出对电子地图应该作为"测绘成果权纠纷"而不能归为"著作权"的界定。此案被列为2007年"上海高院十大经典案例"。

比三年更长的,是一起长达十年的"避风塘"标识申诉案。这个案例被列为2009年"最高人民法院50大经典案例"。

简单过程如下:20世纪90年代末,港商叶锡铭来沪创办上海避风塘美食有限公司(以下简称"避风塘公司"),他用"避风塘"为字号,在上海长乐路开出第一家港式茶餐厅,产品、服务、品牌至上的经营理念,以及美味精致的品质菜肴、风情独特的用餐环境、自营连锁的经营模式,给上海的餐饮业送来一缕清风而深受消费者喜爱。翌年,"避风塘"在上海多地开花。由于没有及时注册商标,就有急功近利者刻意抢注和模仿,由此引起避风塘公司的法律诉讼。两家"避风塘"对簿公堂。一审,避风塘公司败诉。二审,维持原判。申诉到上海市高级人民法院,依旧维持原判。2007年,屡败屡战的避风塘公司向最高人民法院呈递了再审申请,我在后期担任代理律师,接手此案。我对整个诉讼环节进行缜密梳理,并进行了大量的研究分析,在朱老师的指导下提出新的代理方案。两年过去,2009年12月31日,最高人民法院作出民事裁定,认定上海避风塘有限公司的"避风塘"标识属上海地区"知名服务特有名称",受法律保护。至此,一场鏖战十年的法律纠纷案终于一锤定音。而最高人民法院对避风塘公司"知名服务特有名称"的认定,从此赫然出现在避风塘公司所有自营连锁店的菜单扉页上。另外,让避风塘创始者欣慰不已的是,避风塘公司终于获得商标局核准的"避风塘"文字加图形在餐饮服务类的商标注册。

此"避风塘"标识申诉案,是我参与接手的第一起来自最高人民法院的知识产权诉讼案。此案的胜诉主要源自四方面:其一,最高人民法院审慎务实、一丝不苟的办案作风和专业精湛的办案能力。此案申诉到最高人民法院后,最高人民法院专门派员来沪"微服私访",在对上海多家避风塘餐饮店进行实地摸底、调查和集中办案后才作出裁决,体现了其对法律的敬畏和尊重,这是中国司法环境得以不断净化和进步的重要基础。其二,所有参与此案的法律前辈和同人的共同努力,大家一路走来不气不馁，坚持真理。其三，委托人"十年磨一剑"的过人毅力和恒心。每次走进避风塘公司CEO办公室，总会看到他在深入研读各方面的法律书籍，并提出自己的建议。可以说，委托人对自身案件如此高度关注和积极参与，是以往办案中未有所见的，令我备受鞭策。其四，受人之托，忠人之事。办案中，我始终坚持"无论钱多少，无论关系亲疏，无论案件大小，都要将委托人案件当作自家案件办理"的理念。此案尘埃落定后，此理念更加坚定。

经过大量知识产权案件的办理，我不禁感慨：一个国家只有拥有公正、良好的法治环境，才能吸引先进技术、雄厚资金进入市场，推动经济实现可持续发展。中国加入WTO后，花样繁多的"学习""模仿"等知识产权侵权案件频发，从某种程度上，呼唤并推进了中国知识产权法律体系的不断完善，也唤醒了中国企业走"自主创新、自主创造"的紧迫感，"中国创造"已刻不容缓。华为技术，一鸣惊世，若无知识产权外框的保护，恐怕难有今朝这种不可遏制的繁荣和强盛。

求　　索

回忆起首次独立出庭的情景，那是2007年，具体案情已经记不太清了，但非常清晰地记得初次出庭辩护时的窘境：面对庄严的法庭和威严的法官，作为辩护律师的我忐忑不安、神情紧张，整个庭审过程口干舌燥和语无伦次……这种尴尬场景，延续了近两年才得以改观。

后来，央视《奋斗》栏目著名主持人阿丘对我进行过专访。对着摄像机和观众，我已能做到神态自若、侃侃而谈，这是一种久经法庭的沉稳从容。难以想象，2007年年初上法庭时的青涩。但这就是我，十年磨一剑，努力使自己成为一柄利剑。"从未遇到过如此细致认真的律师。"许多与我在法庭上"打过交道"的法官，对我作出上述评价。

我认为，一名优秀的律师，除了应具备认真、敬业、专业的基本潜质和素养，还应该具有如下品质和特点：第一，坚持自己的职业理念，排除各种干扰和诱惑，不改初心，坚持操守和底线。第二，涉及法律关系比较复杂、材料疑难有争议的大案，不以利益作为标的，敢于直言，敢于较真，敢于纠错。对于具有挑战性的案件，要在挑战中不断提高自己的办案水平和能力。第三，无论案件输赢，都能赢得委托人对律师职业操守和办案能力的赞誉。

律师，不是学院派的教授和专门从事研究的理论家，而是冲在法律制度建设前线的发现者。发现法律方面的问题，促使制度的完善，促使国家司法体系的不断完善，便于国家司法机构依法治理社会，推进社会不断走向公平和正义。我很欣赏那种敢于叫板的律师，即被行业称为"死磕派"的律师。当然我不赞成胡搅蛮缠式的死磕，那种合情合法、有理有节的"死磕"才能发现诸多界限模糊的法律概念和法律条款，才能激浊扬清、泾渭分明、水落石出，从而推动法治的进步。

"以法律力量维护权利，以实践案例成就法治中国"是我在接受阿丘专访时所写。这句话既是对自己未来的鼓励，也表达了我对中国法治建设的信心。

作为一名律师，常态工作之外，我还热衷于社会公益活动，运用法律武器，义务帮助弱势群体维权，为中国法治贡献自己的绵薄之力，这也是律师职业的应有之义。我曾写下如下文字，并作为我践行公益的鞭笞：

帮你喊出心中的愤怒

霸王条款、拖薪欠薪、劳动纠纷、家庭暴力、政府不作为、非法拆迁……如此不幸你我皆可能遇到

我们四处求助，却一再碰壁

或者我们根本伸张无门

谁叫我们是——弱势群体

我们的锐气被消磨，我们的愤怒被压抑

难道我们就自认倒霉

难道我们要忍气吞声

不！

请相信

你还有最后一顶保护伞

——法律

那是彰显正义和良知的利器

那是捍卫权利和公平的砝码

在她面前

没有强弱之分

在她面前

只有公平和平等

曾经

多少强权在她面前俯首

曾经

多少你我平民百姓在她面前高高昂起了头

向她喊出你心中的愤怒吧

勇敢地跟你的对立面说出

"我要告你！！！"

未　来

　　我内心早已将法律作为自己奋斗终生的事业，并矢志不渝地践行。未来，我会跟随中国法治的脚步，把握行业脉搏，继续秉持"将委托人案件当作自家案件办理"的理念，更加侧重案件办理的质量，把每一个案件做精、做透，赢得当事人的赞同与满意。我认为，若对案件来者不拒，廉价揽案，接案前拍胸脯保证，接案后无法或不愿投入太多精力，应付了事，对案件成功办理没有强烈追求，极易对委托人雪上加霜，使其损失重大。同时，我亦重视团队的建设，领导、组织好团队，发挥好协作、协同效应。随着经济的发展，现实中经常出现重大、疑难案件，这类案件消耗的时间和精力巨大，仅凭一人之力难以完成，为此，必须建立起团队分工协作的体制或机制，发挥好协同、协作效应，将案件处理好，不负当事人所托。

身为律所的管理合伙人，不仅要顾及自己、顾及自己的团队，也要领导、管理好律所。目前法律服务市场的竞争日益激烈，如何在竞争激烈的市场中求生存、求发展是我未来需要进一步考虑的问题。律所需要开拓新的市场，寻找新的增长点，更要能够为客户提供优质的服务。

此外，有着教师从业资格的我还有一个心愿，希望退休后有机会走上大学讲台，将多年的办案经历、经验和感悟，通过自己编写的系统课程，在课堂上与学生们分享。律师与医生其实有着某种相似之处，有些内容属于经验积累，难以通过书面形式保留和传播，但可以通过教育实践活动实现。同时，法律本就是实践的学科，在学校学到的"法条"和司法机关实际适用中理解的"法条"，经常会有明显的不同。通过讲课，跟同学们分享自己的实战经验、经历，不照本宣科，有助于加深学生体会，架起理论和实践之间的桥梁，帮助学生顺利实现日后由理论到实践的过渡。"授之以渔"，我愿意如朱老师一般，培养更多的法律人才，为中国的法治建设添砖加瓦、贡献余热。

作者简介

钱元春，执业律师，师从我国知识产权泰斗朱妙春先生，原执业于上海市天宏律师事务所，现为全国优秀律师事务所——远闻（上海）律师事务所副主任律师、高级合伙人、管理合伙人，中央电视台《奋斗》特邀嘉宾律师、上海律师协会知识产权委员会委员、上海消费者权益委员会律师、上海市浦东新区人民法院特邀调解律师、上海市浦东新区教育局教育系统法律顾问和兼任多家企业法律顾问。

主要代表性案件：全国首起留学生特大伪造金融票证案、全国首例"电子地图"系列纠纷上诉案（入选"上海高院十大经典案例"案件)、上海首起最大信用卡团伙诈骗案、"避风塘"商标最高人民法院申诉案(入选"最高人民法院50大经典案例"案件)、上海P2P债权转让平台非法吸收公众存款第一案、电视剧《长征》片尾曲《十送红军》著作权申诉案、红色经典芭蕾舞剧《白毛女》系列纠纷案、《1937南京大屠杀纪念单曲》著作权纠纷案等。

另外,还代理过大量富商、政要复杂疑难离婚纠纷案件,累计涉及财产金额数十亿元人民币。

曾接受中央电视台、《解放日报》、《法治中国》、新民网、网易财经等知名媒体的采访和报道,并多次应邀参加国际性学术论坛,撰写了《网络知识产权诉讼中存在的问题与对策》《版权登记制度利弊探析》《知名商品特有名称包装装潢若干法律问题研究》等学术理论研究论文。

领导着一支专业的律师团队,他们均毕业于国内知名法学院,获法律(学)硕士以上学位,拥有多年诉讼和非诉讼从业经历,具有较高的实战经验。

与法结缘二十年

原素雨

前　言

2019年9月25日，收到朱老师的微信，了解到朱老师正在策划编辑一本《青胜于蓝》文集。朱老师问我是否有意愿写一篇，一来总结成长发展历程，二来可以为法律新人提供一些职业参考。收到老师的消息后，深感荣幸。平时与朱老师联系较少，但仍被老师惦记在心，倍感温暖。同时，又有一丝犹豫。一则担心不够优秀，不是适合人选；二则本人较为懒惰，很少写文章，担心会影响文集质量。转念一想，2020年恰好40周岁，人生不惑之年，难得有此机会，便不再犹豫。

其后，在朱老师的安排下，与其他同门小聚两次，商定了具体方案。其中，有些同门较为熟悉，有些师兄则多年未见。在朱老师的召集下，大家相谈甚欢，聊书籍，谈人生，乃至法律圈内的各种八卦趣闻，其乐融融。

知易行难。确定了时间表，却一直未能下笔。数年前，曾有出版社约稿，写一本关于知识产权领域诉讼的实务类书籍。提纲已经列好，但迟迟没能下笔，总担心写不出干货，误人子弟，也为同行所耻笑，最后不了了之。本次不同，回顾从事法律职业的历程，不涉及具体知识，不用担心是否会误导新人，但真正下笔还是很难，本质上还是心怯。不过，再难产，答应了，就必须做到。

2020年春节，七天假期，但碰上新型冠状病毒肺炎疫情，假期延长，七天之后又十天。借此机会，在小书房熬了几个晚上，成文。回顾既往，考研、读研、司考、实习、执业，一路走来，历历在目。从2001年第一次正式触摸法律这道门至今，恰好20年。人生也正好步入不惑之年，一半时间与法相伴。在大多数国人眼中，整年，尤其是逢十的倍数，似乎很有分量、意义。四十，是个门槛，古时称为不惑之年，来源于孔子对自己人生的评价，所谓：

> 吾十有五而志于学。
> 三十而立。四十而不惑。
> 五十而知天命。六十而耳顺。
> 七十而从心所欲，不逾矩。

古人的不惑，是一个可以洞察世间万物，一个成熟的年龄。而现在，在有些行业中，四十则是所谓的"中年危机"之年、困惑之年。幸好，法律这个职业，"越老越吃香"，暂无生计之忧；幸好，执业道路上，碰到诸多如朱老师一样的良师，少走了不少弯路；幸好，加入了极其给力的团队，无办公室政治之扰；最后，身边还有家人、挚友相伴，拌拌嘴，打打球，再小酌几杯，足矣。

无论困惑还是不惑，终归是到了这个阶段。借此机会，回顾一下这20年与法律相关的路程，一方面总结（反省、感恩），一方面若能对法律新人有一丝借鉴意义，则是本文的最大价值。

一、"误入"法律圈

理工男改行学法律

我出生、成长在中原大地的一座美丽小城——鹤壁，其因"鹤栖南山峭壁"而得名。因其小（曾经是河南最小的地级市，现在倒数第二)，相信大多数国人不知其名，但又因其历史悠久，绝大多数国人知晓其另一个名称——朝歌（商朝的都城）！

吾本理工男。本科就读于洛阳工学院（现河南科技大学），专业是热能与动力工程。一般人听起来可能会觉得有点拗口，通俗来讲，就是关于汽车的发动机、空调的压缩机等动力学方面的传统专业，所以大多数本科同学毕业之后首先去汽车厂、空调厂和造船厂等相关单位。此后则因各自的机遇不同而差别巨大，有改做生意的、做公务员的，还有去保险公司的。但总体而言，大多数还是在本专业相关领域内。洛阳工学院是一所普通院校，但热能与动力工程是学校的传统专业，在业内评价不错。传统专业通常收入不会很高，但也不用担心就业问题。现在由于电动汽车的兴起，传统汽车行业受到极大冲击，有些做发动机相关工作的同学面临中年转型，可谓世事难料。

大学的前三年主要是学习工科专业的通用课程及一些专业课，谈不上讨厌，但也说不上喜欢。时间过得很快，有几件事至今记忆尤深。其一是到校办工厂实习。具体实习内容记不清了，但对两门课程印象颇深。一个是组装收音机，用一堆电子零部件，如二极管、喇叭、电路板等，通过锡焊等方式，组装成一个收音机。记得最后组装完成，收听到电台的那一刻，大家都兴奋地跳起来了。另一个是金工实习，老师给每人一块铁，经过锻造、切削、滚花、开槽、钻孔、倒角等一系列工序后，做成一把榔头。这个过程，对日后处理有些技术类案件，如专利、技术类的商业秘密纠纷案件还是很有帮助的，感性认知比纯书本上的知识更令人印象深刻。

其二是大学四年的考试中从未作弊。每个人都有自己的底线，从事法律职业后，一直有一个执业底线：不做伪证。平时功课压力不大，通常临考前，突击复习一下，基本都能通过。大概是到了大二下学期，材料力学这门课挂科了（印象中该门课程好像有一半同学不及格），打破了"不败金身"，记得同寝室的兄弟还特别兴奋，调侃我："老五也挂科了！"（寝室是六人间，我从年龄上排名第五，故被称为"老五"，该昵称至今未变）。

在大二暑假时，偶然从一个高中学姐的口中得知了法律硕士这个专业。或许是内心对本专业确实兴趣不大，恰好学校也有法律专业，未多想就直接报名辅修了法律专业。印象中，好像是每周一两次课，三个学期，毕业时可以多个辅修学位。记不清是第一次上课还是某次讲座中，有同学问老师，如果明知一个人有罪，还替他辩护，是否属于助纣为虐。老师回答的大意是未经审判，每个人都是无罪的，律师也不是当事人自己，不知道其是否真的犯罪。后来从事律师这个职业后，经常看到有人问这个问题，有不同的答案。如此看来，这是普通民众对法律人的普遍疑惑，或者误解。

从此与法律结缘，理工男跳进了法律这座围城。

北京 or 上海

既然踏进了法律这座城，自然想要考研。法律硕士在当时是新兴的专业硕士学位，设置的目的是为国家培养应用型法律人才，只有本科为非法律专业的人才能报考，法律专业的学生则应报考法学硕士。

在选择具体院校时，曾经和同学吹牛要报北大，但最后选了位于上海的华东政法学院（现为华东政法大学）。毕竟在大多数考生眼中，北大、清华远在云端，是只有学霸才能读的学校。华东政法学院是老牌政法院校，坐落在中国第一大城市——上海，也是不错的选择。成绩出来后，进入复试名单。当时的复试基本上是走过场，顺利通过。后来看了一下北大的录取线，我当时的成绩还是可以进入复试的，只不过按照成绩排名的话，不能进入位于北京的法学院本院就读，而是要到深圳分院去读。

当然，如果去了深圳，人生的所有轨迹都要重来。但人生，没有假设。

泥腿子进沪

上海，对初来乍到的新人的冲击还是挺大的。印象颇深的是

"贵"，尤其对我这个从农村出来，假期要经常下田干农活的"泥腿子"而言。在洛阳时，一个月生活费 300 元就可以过得比较宽裕，但到了上海，远远不够。另一个印象是很多高楼。记得那时的诉讼法老师叶青教授（华东政法大学现任校长）上课时讲过一个笑话：如果戴着帽子去陆家嘴的话，抬头时一定要记住用手扶好帽子。为何？楼太高了，抬头时帽子会掉下来！

研究生的生活总体上平淡无奇，三年时间眨眼就过去了。我们那时的法律硕士在研一时主要是一些法律基础课，研二才开始分配导师。很幸运，成了陈康华教授的弟子。陈老师是华东政法大学在 1979 年复校后的第一届学生，而"79 级"亦是上海乃至全国法律圈内的一个传说，出了很多重量级人物。陈老师在外界没有显赫的身份，但专注教学工作，对学生非常关心，从工作到生活，只要有问题，其总是第一时间帮忙解决。

回头再看，应该花更多的时间把外语学好。毕竟学校坐落于上海，有很多对外交流的机会，法律英语的任教老师就是一个美国律师。可惜没有利用好这段时间把英语学好，遗憾至今。印象中较为深刻的是去蹭戴永盛老师的民法课程，其见解独到、逻辑严谨，让我第一次感受到民法的博大精深，至今受益匪浅。再就是王迁老师的知识产权课程，王老师那时刚刚作为优秀人才被引进华东政法大学，聘为副教授（随后几年时间内就升为教授、博导）。当时学校也在探索如何个性化地培养法律硕士，专门成立了一个知识产权研修班，主要由一些具备理工科背景的同学参加。王老师为我们讲述著作权法，其课程贴近生活，联系实务，幽默生动，印象颇深。直至今日，我们碰到疑难案件时，还会向王老师请教，有时也会请王老师为我们讲解最新的案例。其温文尔雅的待人方式、严谨的治学态度，受到学生乃至同事的追捧。

生活中偶尔还是有浪花的。或许是命运，或许是经济发展的必然规律，人总是往发达城市流动，许多同学因各种缘由陆续到上海学习、工作。好兄弟张凯杰本科就在上海，后在同济大学读研，找了份兼职工作，每月有两三千元的收入，几乎每个月发了工资后，都会来华东政法大学请我和另一位高中同学马宏伟及钱建民、盛少伟等好友喝酒、聊天，畅想人生，为略显枯燥的生活增添了不少乐趣。

毕业后大家都留在了上海，现在还几乎每周都聚。友情如美酒，越久越醇。

跨过"中国第一考"

法律人绕不开的一个考试就是司法考试（2018年改名为国家统一法律职业资格考试），被称为"中国第一考"。司法考试脱胎于原先的"律考"，2002年改制为司法考试，此后如果要从事法律职业（法官、检察官、律师及公证员等），都需要通过该考试。当然是否是第一考，自然是有争议的，但也不无道理。据统计，2002年第一届司法考试的通过率为6.68%，2003年为8.75%，我参加的2004年的通过率为11.22%。不过个人感觉，对于受过正式法律教育的在校生而言不应该很难，个人猜测是很多未受过法律专业教育的人报名参加而降低了通过率。

我们班一次性通过率好像在90%左右，二次通过率接近100%。当然，大家能顺利通过都是花费了一番功夫的。考试是在每年的9月，对学生而言，正好可以利用两个月的暑假准备，这应该也是在校生通过率高的主要原因。华东政法大学在上海高校里面是比较穷的，记得那时教室里没有空调，只有几个吊扇，而那年的夏天还很热。好在绝大多数同学都顺利通过，付出终归是有回报的。

通过司法考试仅证明考生具备了基本的法律知识，是否能胜任法律职业，还需要许多其他技能。同样，没通过司法考试，也并不代表其法律素养必然不好。曾经有个同事，没有参加高考，被学校直接保送到清华大学，足见其优秀。人非常聪明，思辨能力极强，但法学院毕业后数次参加司法考试，均折戟，非常遗憾。后来离开律所，换了个领域，工作游刃有余、生活快乐滋润。不做律师，也挺好，适合自己的，就是好的。

二、实习路上遇贵人

法　　院

通过司考后，自然要准备实习。第一份实习是在法院，陈老师推荐的。记得向老师表达实习意愿后，陈老师直接问想去哪里实习，法院？律所？检察院？他来安排！最后选择了法院。带教老师是梁枚法官，资深优秀法官。实习时间虽然短，只有两个月左右，但仍对梁老师记忆深刻：对案件严谨，待当事人平和，与同事友善。至今仍然认为，好的法官就应该是梁老师这种风格，对一些在庭审中过于强势，经常训斥各方的法官（虽然除先天性格外，其背后的原因可能是法官工作压力大、有些当事人/律师不专业），内心始终无法认同。

由于具有理工科背景，自然而然地想到了执业于知识产权方向。随后，经梁老师介绍，认识了中国知识产权界极具知名度的前辈朱妙春律师。

律　　所

经过电话预约，到朱老师的律所（上海市天宏律师事务所）面试。虽然是梁老师介绍的，但因为朱老师的名气极大，担心不能被朱老师认可，心中有点忐忑不安。很幸运，朱老师接纳了我，这次实习经历也成为我日后进入律师界大门的钥匙。

朱老师那时已经是知识产权界的泰斗级律师，近距离接触后，却发现其待人特别谦和。无论是对学生，对客户，还是在庭审中对待对手，几乎从未见过其有咄咄逼人之态，总是心平气和，不慌不忙地阐述其观点。有理不在声高，而在于逻辑和事实。朱老师对学生很关心，尤其是尽量给学生提供各种直接接触案件核心的机会，而非"打杂"，相信这是所有实习生的共识。有件事至今印象深刻。有一次朱老师去杭州开庭，出庭律师是朱老师和另外一名已经毕业的师兄。我作为助理，帮助准备了一些材料。因为是在外地开庭，也未奢望能有机会到法庭旁听。朱老师却安排我一起去！客户在当地的一家五星级酒店为律师订了房间，但没想到朱老师会带实习生一起去。房间是套间，朱老师为了节省当事人的费用，让我睡在客厅的沙发上。临睡前，朱老师怕我冷，还特意把其大衣拿出来，让我盖上。见微知著，从此细节，足见其对学生的关心、照顾。

对待案件，朱老师又很较真。对每一个新案件，朱老师都会要求学生写"大事记"，即将与该案件相关的事实记流水账。知识产权案件的周期往往较长，很多都超过一年，甚至不乏七八年的案件。俗话说，好记性不如烂笔头。如果没有"大事记"，仅凭记忆和案件档案，很容易遗忘一些事实，可能某个细节就会对案件的最终结局产生重大影响。记"大事记"的习惯保留至今。我现在办理新的案件时，第一件事就是建一个新的"大事记"文档。我想，"大事记"也应算是朱老师弟子的标识之一吧。此外，朱老师还有开模拟法庭的习惯。每个重要案件开庭前，朱老师都会让学生分成正反双方，模拟庭审，各方发表意见，从中发现问题。这种扎实的准备，或许是朱老师成为大律师的背后秘密之一。朱老师在办案之余，笔耕不辍，将其办案经验无私分享给年轻律师，至今出版了十几本办案手记。早期都是朱老师亲自撰写，后期则由其提供大纲，让学生撰写草稿后，再逐句修改、审核定稿。这种方式培养了很多学生动笔写文章，乃至著书的好习惯。惭愧的是，我在这方面实在愚笨，没能养成这个好习惯。

专利商标事务所

因为有理工科背景，对专利案件自然产生了兴趣，想要熟悉一下专利的申请流程。由于朱老师的律所没有专利代理资质，经同学郭桂峰的介绍，到了一家专利商标事务所实习。记得撰写的第一个专利文件是关于火车刹车的装置，根据当事人的技术交底书，参照模板就直接动手撰写权利要求书、发明书等文件。但显然徒有虚表，老师修改了很多。

这个阶段的实习，收获颇多，让我对专利申请、无效，乃至后期的行政诉讼程序有了直观的感性认识，但也出了不少丑。人生第一次坐飞机就是在此期间去北京参加专利复审委员会的口审，其后还参加了一次北京高院的开庭（当时还可以以公民身份出庭）。第一次坐到代理人座位上参加庭审时，双腿似乎还在抖。后来实习快结束时，陆续收到专利局的一些补正通知，有些是很低级的错误，如外观设计的名称居然超过字数限制！惭愧，惭愧！从中学到两个词：细心，再细心！但知易行难，性格使然，其后在这方面还是吃过亏。所以到现在，对需要发给外部的文件，除非特别急，我都要在第二天再看一遍，并请助理帮忙再校对一遍。

三、一路风雨律师路

错失华为

毕业时，对公务员兴趣不大，但也随大流参加了公务员考试。没有准备，自然未能进入面试。记得春节刚过，华为公司来学校招聘，需要的是复合型法律人才（本科是理工科的法律硕士），这种要求还让一些法学专业的同学羡慕。那时候华为已经很有名气，本科毕业时就听过这个公司的名字，传说待遇很好，每个人都配笔记本，出差住星级宾馆，很牛。我恰好去北京开庭（当时还在实习），晚上回来后第一轮已经结束，还是从同学口中得知招聘信息。华为要求应聘者本科学的是与电子相关的专业，但我本科属于机械领域，不符合要求。

或许是在外面实习过的原因，胆子也大了起来，死马当活马医，晚上直接打电话联系招聘的人，居然给了面试机会。但还是太嫩，没做太多准备。面试官并没有问技术类的专业问题，而是问了几个涉及专利复审、行政诉讼的期限问题。印象中我好像将其与商标程序中的期限混淆了，虽然进入了下一轮，但最终未被录取，擦肩而过。如果稍微准备一下，或许会有不同的结局。最后，同班有三个同学被录取，至今仍在华为工作。毕业这么多年，没有跳槽经历的同学很罕见（公务员除外）。这也印证了华为对员工确实不错。

但上帝给你关上了一扇门，通常还会打开另外一扇门，风雨之后必然是晴天。

律界新兵

开始找律所。很幸运，第一份简历投出后，当天就收到了面试电话。面试是在第二天，周六。记得地点是在中山东一路8号，外滩。面试我的是老板本人，上海徐伟奇律师事务所的徐伟奇主任。当时一看到办公环境：窗口直接对着黄浦江，对面就是东方明珠，风景极美，马上就心动了。有人说办公环境是律所实力的象征，虽然不能绝对化，但确有道理。徐老师问了几个问题后，就直接录取了我。后来得知，在朱老师那里的实习经历以及具有理工科背景是徐老师录取我的主要原因。

刚毕业的人，大多是一张白纸，所以第一份工作，第一个老师很重要，对新人的影响最大，日后身上或多或少都会带有第一个老师的烙印。在徐老师所里工作了三年多，学到很多东西，受益至今。律师界的圈子其实很小。后来得知，徐老师和朱老师也相识多年，最早都是从事知识产权方向工作，改革开放后的第一代专利代理人，还曾经合作过案件。但两位老师最后选择了不同的执业方向。朱老师一直专注于知识产权领域，成为该领域最具知名度的律师之一。而徐老师则在保留部分知识产权业务的同时，做了许多其他商事领域的案件，如房地产、民间借贷、公司诉讼等，更具有商业敏感性。

说起来，在此期间还与朱老师有过交集。我们代理一家英国公司起诉温州一家公司侵犯了客户的专利权、商标权及版权，被告慕名找到了朱老师为其代理。我作为学生，进一步从两位老师身上学到了更多的诉讼策略和办案技巧。最终，双方各有输赢，本案还被全国律协评为当年度的十大案例。

此外，徐老师一直与英国路伟律师事务所（Lovells）保持合作，代理了许多知名外企在中国的诉讼案件，如中国第一件印刷电路板案件。而我也有幸参与了其中的一些案件，并因此与路伟律所结缘，成为日后加盟的缘由。

成长的烦恼

跟着老师学了几年，就想独立办案。恰逢北京盈科律师事务所在上海开分所，大规模招兵买马，对年轻律师很有吸引力。经朋友介绍，和同事兼好友李宏根律师一起加盟。

知易行难。做助理时，看到大律师们赚钱似乎很容易，但真正独立执业时方知其中之艰辛，冷暖自知。二八定律在律师界更明显，尤其是对很多刚刚独立执业的年轻律师而言。绝大多数的中国律师事务所都是提成制，律师如果没有案源，不仅没有收入，还需要垫付自己的社保、办公费用等，是负收入。此外，执业中会碰到各色各样的人，不被当事人理解及同行恶性竞争更是不可避免的。

记得办过一个商标权属纠纷案件。几个股东有矛盾，其中一个小股东利用公司管理漏洞，瞒着大股东偷偷把公司的核心商标转让到了其控制的其他公司名下。接受委托后，仔细分析案情，精心制定策略，收集各种证据，并坚持申请法院责令对方当事人出庭接受各方询问，最终胜诉。二审期间，客户含蓄地询问我是否与法院有关系，坦然告知：与很多二审法官打过交道，但没有私交，而且我认为在上海，尤其是知识产权案件，不用过多担心。当时客户只是笑了笑。没过多久，就突然被客户告知另行委托了他人代理！后来得知，被告更换了一审律师，号称能"搞定"二审法院，客户着急，在得知我没有"关系"时，也花大价钱请了个能"搞定"法院的所谓"老法师"。事实上，我曾经与二审法官在其他涉及更大利益的案件中打过交道，完全相信法官的品行。这种现象或许也是现实中有些律师在法官群体中评价不高的原因之一。

幸运的是，专业方向一直很明确。慢慢地为周围的同事所接受、认可，业务也逐渐走上正轨。但知识产权毕竟是小众业务领域，难以有较大的突破。

踏上巨轮

2015年，中国上海自贸区成立。上海市司法局探索法律领域的对外开放，首次出台了允许外国律师事务所与中国律师事务所在自贸区范围内联营的政策。国际知名律所霍金路伟律师事务所（Hogan Lovells）顺势而为，与福建联合信实律师事务所在上海自贸区内组建了联营办公室，成为该政策颁布后的第三家联营所。

如前所述，之前一直与霍金路伟律师事务所合作，双方较为熟悉，受其合伙人凯蒂（Katie）邀请，正式加盟联营所。依托霍金路伟律师事务所平台，我们团队处理了诸多跨国公司在中国境内的法律纠纷，从诉讼到非诉，从知识产权到其他法律领域，为客户提供全方位的、全球一站式的法律服务。

律所、律师和客户是相互依存关系。优秀的律师能给客户提供更有价值的法律服务，而好的客户也更有可能给律师提供处理复杂、前沿、有影响力的所谓大案件的机会。例如，我们代表暴雪公司就其《魔兽世界》游戏被国内游戏公司抄袭案向广州知识产权法院起诉维权，不仅获得一审、二审的胜诉，还获得了法院的首个诉中禁令，被最高人民法院评选为年度十大案例。

我相信，如果没有这个平台，很难有机会代理本案。踏上巨轮，会走得更稳。

四、不成熟的感悟

时光如梭。从2001年第一次接触法律至今二十年；从2005年取得法律职业资格开始实习至今恰好十五年。如果没有收到朱老师的"集结号",还从未认真想过这些年是怎么走过来的,有何得失。现在总结,或许太早。虽然年龄上到了不惑之年,但思想上远未成熟,经验积累更需夯实。有些东西可以随着时间改变,如经验、能力,但有些东西则很难改变,如性格。既然本文是撰写成长历程,有些心得,或是经验,或是教训,还是可以与读者分享的。

要感恩。人是社会动物,从出生,到长大成人,求学、工作,都要与人打交道。成长,离不开父母的养育、兄弟姐妹的照顾;求学,离不开师长的关心、同学的帮助;工作,离不开前辈的指引、同事的协助;生活,离不开老人的照顾、妻女的支持。回想起来,一路上有陈老师、朱老师、徐老师等恩师及诸多朋友、同事的帮助,少走了很多弯路。记得有次被老师批评,心里很不服气,甚至一怒之下写了辞职报告,幸好被同事劝阻。年轻时,总觉得自己是对的,所谓"一瓶子不满,半瓶子晃荡",一知半解时最容易固执。但现在回头想来,前辈的教导基本上都是对的。律师行业从本质上最适合师徒传承制,有助于新人养成良好的执业习惯。但现实往往是骨感的,并非每个新人都有机会找到老师带教。很多人考过司法考试后,因各种缘由没有老师带,只能靠自己摸索。这种情形下,就容易走弯路,甚至个别人还走上了邪路。感慨之余,又心存侥幸,感谢一路上的各位师友。

要坚持。很多人都知道"一万小时定律",其来源于美国作家格拉德威尔的畅销书《异类》,大意是要成为某个领域的专家,需要10000个小时。按照每天八小时,一周五天计算,大概是五年。所以职场上跳槽,往往是五年、十年一个门槛。坚持下去,大概率会有回报。回头看看周围的同龄人,无论从事各个职业,只要坚持下去的,都不差,在单位不是领导,也是核心骨干。做律师,外表光鲜,实则辛苦,也是个围城,冷暖自知。但只要在某领域坚持下去,必然成为专家,无论是做提成律师还是做授薪律师,乃至做公司法务,总有适合你的位子。

要学习。俗话说,"活到老,学到老"。我理解这里的学习不仅仅是指专业知识,应该是更大的范畴。生活中处处都是学问,向书本学,更要向身边的人学。中国的法治进程尚未完成，2019年年底，从全国人大常委会公布民法典草案开始，最高人民法院、最高人民检察院等先后密集出台了一系列重要法规、解释。大家惊呼，2020年春节是个学习的春节！专业知识的学习固然重要，其他知识也同样重要。有件小事记忆尤深。记得一次开完庭后，朱老师开车送客户，并顺路捎我一起走。客户坐在前排，先下了车。我还傻乎乎地继续坐在后排，朱老师教导我，这时应该坐到前面来（否则，朱老师岂非成了我的司机？很不礼貌）。汗颜，当时真不懂。有些道理，有人教你，是幸运。没人教你，则需要自己领悟。

要平和。有理不在声高，应该据理力争，更要注意方式、方法。人是感情动物，冲动是魔鬼，一时的较真可能会起到反作用，无论是工作还是生活。朱老师在这方面是我辈的楷模，印象中从未见其发过火，无论是对学生，还是在法庭上，总是很平和地表达自己的观点。这方面，我做得不好，还要继续修行。多年以前，有一次在法庭上发现对方律师很明显在撒谎，但仍表现得理直气壮，道义凛然，我忍不住流露出嗤之以鼻的表情，对方马上被激怒了，认为我是在嘲笑他（说实话，我当时内心确实是在嘲讽）。当时还年轻，你来我往，当场就争吵起来，被法官制止。庭后书记员表示，见过当事人吵架的，两个律师吵架的还真不多见。事后回想，确实不对。对方撒谎，依据事实和逻辑反驳即可，这种争吵毫无必要，与案件无益，与同行交恶。

结　　语

本文撰写时，恰逢新型冠状病毒肺炎在神州大地肆虐。千万人口的武汉封城，新中国成立以来第一次，举世罕见。2003年"非典"的场景还历历在目，满屏的疫情信息令人窒息。自媒体时代，信息爆炸。惊慌、疑虑、不安的情绪蔓延。每个人都在问：怎么办，为什么？

《你的热血不要冷》，这是在朋友圈里看到的一篇文章，作者是

"假装在纽约"。大意是疫情总归会过去的，没人知道期限，但知道一定会过去。特别认同作者的一句话："请不要让这一刻的失望转化为日后的冷漠，不要让这一刻的苦闷催生出将来的麻木，不要让热血冷下来。"

律师是个职业，普通又特殊，不可避免地会碰到各种困扰、诱惑、迷茫，但既然选择了，就要坚持，不被一时的困惑所改变，冷静但不冷血。人生是场马拉松，感恩，坚持，学习，平和地对待身边的每一个人，或许才能走得更远、更稳。

作者简介

原素雨，霍金路伟·联合信实联营办公室（Hogan Lovells Fidelity Association Office）/福建联合信实（上海）律师事务所合伙人，副主任。2005年在上海市天宏律师事务所（上海朱妙春律师事务所前身）实习，师从朱妙春律师，后执业于上海徐伟奇律师事务所、北京盈科（上海）律师事务所，其间与英国路伟律师事务所（2010年英国Lovells与美国Hogan & Hartson合并为Hogan Lovells，即霍金路伟国际律师事务所）长期合作，2016年作为第一个律师加入霍金路伟与福建联合信实律师事务设立的联营办公室。

主要从事争议解决，擅长涉外知识产权（包括专利权、商业秘密、著作权、商标权等）及商事领域的疑难案件。曾经或正在为苹果公司、暴雪娱乐有限公司、乐高集团、埃克森美孚公司、德国朗盛公司、日本西铁城公司、美国米高梅公司、中国进出口开发银行等诸多世界知名企业提供法律服务。

代理的案件曾多次入选最高人民法院及部分省高院评选的年度十大案例、典型案例及全国律协知识产权专业委员会十大案例等。

热爱成就精彩　专业开创未来
——我的律师职业成长之路
王小兵

青春芳华　拼搏逐梦

"知之者不如好之者，好之者不如乐之者。""其为人也，发愤忘食，乐以忘忧，不知老之将至云尔。""安其居，乐其业。"我想，我就是这样一类人。

1999年9月，我考入青岛科技大学高分子材料与工程专业，因为对专业不是特别喜欢，我一直在考虑职业出路。一次偶然的机会，我在大学里接触到《法律基础》公共课，竟然对法律产生了学习兴趣。大三那年，我决定往法律方向发展，把理工科优势和法律服务结合起来，做一名专业的知识产权律师。

方向对了，就不怕路远。我购买了中国政法大学法学本科教材，在学习本科专业之余开始自学法律。那时候，我还会按时收听中央人民广播电台播放的案件庭审纪实，并认真做笔记，总结案件事实、庭审焦点、双方的辩论观点，还会把自己想象成法官来预测案件的判决结果，可惜常常不准确，但那段日子令我难忘。

2003年，我准备报考上海交通大学法学院研究生。当时上海交通大学法学院刚刚成立两年，在全国属于一所年轻的法学院，第一次招收法律硕士，而且75个名额中35个是知识产权方向，这简直就是为我"量身定做"。

2004年9月，我如愿以偿地进入上海交通大学法学院。在这里，我真正感受到法律的魅力，接受了系统的法学教育，我每天挤出时间听取大量的讲座，并深入图书馆攻读各类法律书籍。基于自己的兴趣和职业发展方向，我将更多的精力放在研究知识产权实务方面的法律和判例。我的硕士研究生导师是国内信息网络法和知识产权法方面的知名教授寿步老师，寿老师也具有理工科背景，无论是科研还是教学都非常严谨，作为他的学生，我受益匪浅。在研究生二年级下半学期，我跟导师商量，想找一个地方实习，锻炼自己，为自己将来的律师职业做准备。2006年下半年，寿步老师看到我国著名律师朱妙春正好要招聘一批具有理工科背景的律师，就让我到朱妙春律师的事务所试试。

那一天我记得很清楚，同学说有一位朱妙春律师想见我，我非常激动，想着自己一个无名小辈，这么大牌的律师来见我，心里非常忐忑。当时，朱妙春老师亲自开着车来到上海交通大学校园，"面试"包括我在内的三位同学。其间，我们谈兴甚欢，并在学院餐厅共进午餐，朱老师鼓励我要确定一个专业方向。午餐后，我和另外两个同学坐着朱老师的车去了他的办公室，并进行了座谈，沟通了细节，约定第二天来实习。

那时，我住在上海交通大学闵行校区，由于距离较远，我每天骑自行车坐地铁5号线，转1号线，再坐公交车前往朱妙春律师事务所实习。实习期间，由于各种原因，另外两位同学先后离开，只有我自己坚持了下来。看到我的认真和执着，朱老师非常信任，亲自带教我，把自己办案的经验毫不保留地教给我。2007年，我从上海交通大学法学院毕业后，就留在朱老师的律所继续工作。

就这样，得益于名师指点，我在知识产权法律服务领域的经验逐步积累成熟。从2006年到2010年，我办理了一百余起有关知识产权方面的诉讼案例，积累了宝贵的经验。朱老师也经常带我出席各种高规格学术会议，让我开阔眼界，结识高朋。这样的师带徒模式为我后来的发展插上了有力的翅膀。我时常感叹，没有朱老师当年的提携和教诲，就没有我今天的成绩，朱老师是我知识产权律师实务工作的启蒙老师，是值得一生尊重和感激的。

2011 年，出于发展的需要，我离开了恩师朱妙春，来到盈科律师事务所，成为一名知识产权专业律师。盈科律师事务所是一个综合性大所，我与很多律师合作，努力开拓业务，不断扩充案源，在行业内建立自己的知名度。在盈科律师事务所执业期间，我曾作为"法律谈判"项目课程讲师为上海交通大学凯原法学院和浙江大学光华法学院的硕士研究生讲授"知识产权诉讼实务""商业秘密法律实务"等课程。同时，基于自己在知识产权领域的不断钻研，连续多年受邀在上海市知识产权培训中心讲授"知识产权法律基础"和"商标法"课程。2011 年 5 月，我当选为上海律师协会知识产权业务研究委员会委员。2013 年 11 月，在中华全国律师协会知识产权专业委员会温州年会上，我办理的"毕加索书写工具不正当竞争案"获得"十佳案例奖"，所撰写的两篇论文分别被评为"十佳论文奖"和"优秀论文奖"。2014 年 3 月，我又被上海市原闸北区司法局评为"2013 年度闸北区优秀青年律师"。我想，这些都是我不断坚持律师专业化道路所带来的成果。

随着中国知识产权法律服务市场的专业化、规模化、一体化要求，从事知识产权法律服务，团队作战愈加重要。2015 年 3 月，基于对知识产权法律服务专业化、精细化、团队化的追求，我离开盈科律所，以合伙人身份加盟上海隆天律师事务所，并担任副主任一职，负责隆天律师事务所知识产权诉讼业务及其他与知识产权相关业务的拓展工作。隆天律师事务所是一家以知识产权法律业务为核心和特色的专业性律师事务所，也是一家具有专利、商标双重代理资质的法律服务机构。隆天律师事务所通过与隆天知识产权代理有限公司的紧密战略合作，能够为客户提供一站式、全方位、精细化的知识产权法律服务，这正是我所期望加入的专业知识产权团队。

2016 年 9 月，我晋升为执行主任，负责整个律所的管理运营工作。这对我来说既是机遇又是挑战，这意味着我将从一名专业律师向团队管理者、律所管理者迈进，我不仅要考虑自己的职业发展，还要竭尽全力为团队每一位成员的发展提供支持，不仅自己要成为专业化的律师，还要让团队成为一支专业化团队，任重而道远。

业精于勤　术业专攻

要做一名好律师，要求很多，如渊博的知识积累、敏锐的思维、深厚的法律功底、高超的庭辩技巧与应变能力、严谨的思维习惯、精湛的书面表达能力、干练的仪表、敢于担当的魄力、锲而不舍的精神、忠于法律的品质、推动法治进步的理想信念，等等。在律师的所有品质中，努力承担社会责任，是一名有社会良知的律师首先应具备的品质。

从业多年来，我先后代理了多起重大疑难案件，让我记忆犹新的有两件，其一就是"毕加索商标使用许可合同纠纷案"。

毕加索国际企业股份有限公司（以下简称"毕加索公司"）是商标的权利人。2008年9月，毕加索公司授予帕弗洛公司在中国大陆地区独家使用该商标，期限为2008年9月至2013年12月。2010年2月，毕加索公司与帕弗洛公司约定商标使用许可期限在原基础上再延展十年。但是，2012年2月，毕加索公司又与帕弗洛公司的竞争对手上海艺想文化用品有限公司（以下简称"艺想公司"，该公司此前因仿冒帕弗洛公司的产品被判构成不正当竞争）签订《商标使用许可合同书》，约定艺想公司在2012年1月至2017年8月期间独占使用该商标。艺想公司获得授权后，针对帕弗洛公司及其经销商发起了二十余起商标侵权诉讼、数起商标侵权行政投诉和刑事举报，涉及全国十几个城市，对帕弗洛公司的生产经营造成严重影响。

为对抗艺想公司的商标侵权诉讼和投诉，帕弗洛公司一方面积极进行应诉，另一方面向法院提起诉讼，要求宣告毕加索公司与艺想公司之间的商标许可合同无效。帕弗洛公司向法院起诉称：毕加索公司与艺想公司均明知帕弗洛公司与毕加索公司之前的商标许可关系未终止，又擅自签订系争合同，使用系争商标，并向工商管理部门投诉帕弗洛公司侵权，向法院提起商标侵权诉讼，艺想公司获得商标授权后进行全方位的仿冒，此行为系"恶意串通，损害第三人合法利益，违反法律、行政法规的强制性规定"，请求法院判令系争合同无效，两被告赔偿帕弗洛公司损失100万元。

上海市第一中级人民法院经审理认为，帕弗洛公司享有系争商标的独占许可使用权，但系争商标使用许可合同系双方当事人真实意思表示，目的在于获取涉案商标的独占许可使用权，难以认定其有损害帕弗洛公司合法利益的主观恶意，系争合同的订立并未违反强制性规定。遂判决驳回帕弗洛公司的全部诉讼请求，并认为艺想公司基于商标许可合同具有独占许可使用权。对于重复授权行为，帕弗洛公司可以向毕加索公司主张违约责任。一审判决后，帕弗洛公司、艺想公司均不服，提起上诉。帕弗洛公司认为，一件商标不可能存在两个独占许可使用权，帕弗洛公司在先已拥有独占许可使用权，可以对抗艺想公司在后取得的独占许可使用权，且毕加索公司与艺想公司的确存在"恶意串通"的情形。

上海市高级人民法院审理后认为，毕加索公司与艺想公司签订系争商标使用许可合同时均知晓帕弗洛公司与毕加索公司之间存在涉案商标独占使用许可关系，因而艺想公司并不属于善意第三人。虽然难以认定帕弗洛公司所主张的毕加索公司与艺想公司恶意串通损害第三人利益之行为，但由于帕弗洛公司在先享有对涉案商标的独占许可使用权，可以对抗在后的系争商标使用许可合同关系，故艺想公司不能据此系争合同获得涉案商标的使用权。二审法院虽认定系争合同有效，但在判决书中采纳了我的意见，对商标重复授权进行了评价，纠正了一审判决的不足之处，支持帕弗洛公司享有在先的独占许可使用权，艺想公司不享有对该商标的任何权利。本案判决后，艺想公司在全国各地提起的商标侵权诉讼案件陆续被判决驳回诉请或裁定撤诉。

本案案情复杂，所涉事实跨度十年之久，涉案商标的使用权归属涉及国内数十家销售商的商标侵权认定。我作为代理律师对证据进行了大量甄选和收集，对相关疑难法律问题进行了深入细致的研究，最终促使二审判决弥补了一审判决的不足。这起因商标多重独占许可引起的使用权许可纠纷，最终经过我们团队律师的不懈努力和辛勤付出，成功帮助帕弗洛公司确保了在先取得的独占许可使用权，并维护了其合法权益。

该案判决结果为上海法院四起超长审限案件及全国各地数十起商标侵权关联案件的审理奠定了基础。案件宣判后，上海法院知识产权司法保护网对本案作了专门报道。同时，本案判决明确在先的商标独占许可使用权可以对抗在后非善意的商标使用许可合同关系，对于明确商标许可交易市场规则、营造诚信透明的商标市场环境具有积极示范意义。本案的代理工作也充分体现了我们团队在处理疑难、复杂案件方面的驾驭能力。本案亦入选 2015 年中国法院"十大知识产权案件"、2015 年度上海法院知识产权司法保护"十大典型案例"，在知识产权案件审理中具有十分典型的代表意义。

另一起印象深刻的案件，是我和朱妙春老师共同代理的上海艺术研究所研究员、古籍研究专家周某山就其编校的《金圣叹批评本西厢记》维权案例。2012 年，原告周某山起诉上海某图书公司、江苏某出版社、江苏某高校陆某，认为自己编校的《金圣叹批评本西厢记》中所有标点均由其独立完成，是前所未有的。同时，原告还对《西厢记》原文和金圣叹的批文做了校勘，具有独创性，应受我国著作权法的保护。被告三陆某未经原告周某山同意，剽窃了《金圣叹批评本西厢记》的所有标点及原文校勘成果，显然侵犯了原告的著作权；被告二江苏某出版社的出版、发行行为，以及被告一上海某图书公司的销售行为也均侵犯了原告的著作权。因此，三被告均应依法承担侵权责任。该案经过最高人民法院再审认定，古籍点校成果在具备独创性的条件下，应当受到著作权法保护。

这起古籍整理作品方面的案件判决，对未来古籍点校成果的知识产权保护是一个非常好的案例，必定会推动古籍整理方面的法制进步，鉴于该案对古籍点校作品是否能够适用著作权法保护，以及如何认定古籍点校作品的抄袭等问题的特殊性，这在全国是独一无二的案件。

荡尽迷雾见天日，彩虹总在风雨后。就这样，凭借一个个独到的专业见解、一场场激烈的法庭交锋，深刻地挖掘出法律与事实是如何结合在一起的真谛。

在我看来，律师不仅是一种职业，更是一项神圣的事业。因此，我从组建律师事务所团队伊始，就非常注重坚持信义为本、阳光执业的服务理念，高起点、专业化，从管理到服务，严格按照各项规章制度，实行规范化、专业化发展模式，用实际行动践行着知识产权律师的使命和社会责任。

潜心钻研　笔耕不辍

熟悉我的人都知道，相对于办理案件，我更喜欢研究问题，通过查找资料，深入思考，将问题解决，并通过归纳总结，形成文字，分享给客户和同行。早在2016年4月，我的第一本专著《知识产权案件办案策略与技巧》一书由中国法制出版社出版。这本书对各种类型的知识产权纠纷案件进行了梳理和介绍，也是我从事知识产权律师实务工作近十年的总结。2016年11月，在西安举行的中华全国律师协会知识产权专业委员会年会上，该书被评为年度"优秀著作"。2019年3月，该书又获得第二届上海律师学术大赛"著作类"三等奖。能得到行业同人的认可，对我而言是一种鼓励，更是一种鞭策。

早在《知识产权案件办案策略与技巧》一书出版前夕，中国法制出版社马金风编辑就约我创作第二本书，从律师的角度谈谈有关企业知识产权管理问题。我深知这是一项新的挑战。我查阅了市面上出版发行的一些企业知识产权管理著作，发现这些著作主要是由一些学者、法官、企业知识产权管理工作者撰写，很少有律师从知识产权法律风险防范的角度来审视企业知识产权管理工作的得失。我想，这大概是自己能够"投机取巧"的地方，我从事知识产权律师工作十余年，其间办理了几百起大大小小的知识产权诉讼和仲裁案件，也担任多家企业的知识产权法律顾问，可以说对知识产权纠纷的发生和解决有一定经验，对企业知识产权日常管理工作中存在的问题有一定的敏感性。从知识产权诉讼律师的角度来审查企业知识产权管理工作中的疏漏，并给出一些法律风险防范的建议，应该对企业有所帮助。为此，我欣然接受了中国法制出版社的约稿。

该书正式动笔写作是从 2016 年 4 月开始的。因为要忙于律师事务所的管理、品牌宣传、市场开拓，还要办理案件，所以，留给自己写作的时间所剩无几，我主要利用下班时间、假期来完成书稿。对我来说，写作也要看心情，如果心情愉快，则可以沉下心来思考，文思泉涌。如果心情糟糕，则难以静心写作，索性搁置一段时间再拾起来。就这样，原定 2017 年年底交稿的时限，一直拖到 2019 年才完成，我如释重负。

回想这两年多的时间，办公室、家里的书桌、咖啡馆、茶馆成了我写作的主要场所。这些地方适合静思和总结，每当完成阶段性的写作任务，我知道我离解脱又近了一步。如今书稿已经付梓，终于可以对自己说，过去的时光没有虚度，一切的努力和付出都是值得的，也希望此书能够为企业知识产权管理工作贡献一点点力量。

2019 年 7 月，我精心撰写的专著《企业知识产权管理：操作实务与法律风险防范》一书由中国法制出版社出版，这也是我继《知识产权案件办案策略与技巧》一书之后，再次出版知识产权法律实务著作。

该书是我十多年知识产权类案件办案经验与法律理论相融合的智慧成果。我以律师处理知识产权案件的敏感度及把握案件细节的准确度，详细阐述了企业知识产权管理工作中的操作实务和常见法律风险防范措施。全书分为七章三十四节，共 31 万余字。该书从企业知识产权战略管理体系建设谈起，涉及企业知识产权管理的各个方面，如企业专利管理、企业商标管理、企业著作权管理、企业商业秘密管理、商业技术合同管理、企业反不正当竞争管理等专题，全面展现了企业知识产权管理和风险防范方面的理论依据、工作思路和工作方法，并且就企业知识产权管理工作中常见的、高发的法律纠纷点进行剖析，给企业以警示。

该书同时由我的恩师朱妙春律师和原 FICPI 中国分会副会长、现中国知识产权研究会常务理事、隆天集团董事长郑泰强先生作序。两位知识产权界前辈均对该书的出版给予了高度评价。他们认为，该书的出版是知识产权律师专业价值的充分体现，不但能够帮助企业进行法律纠纷的化解，更能从深层意义上帮助企业对知识产权风险做好前瞻性预防。

我的第一本书主要突出知识产权纠纷发生后如何应对，而第二本则突出事前知识产权法律风险的预防。曾有人问我会不会一直写下去，我想，作为专业的知识产权律师，我会一直注重自己的专业积累，办理案件和做法律研究是我的兴趣所在。尽管自己在这两方面还有很多不足，但未来很长一段时间，这两项工作依然会是我的主业。当然，培养团队，让团队成员感受到自己的进步，提高他们的专业技能，成为独当一面的知识产权专业律师，也是我义不容辞的责任。因为我知道，一个人走，会走得更快，但一群人走，会走得更远。倾听和分享是团队建设中非常重要的内容，我们应当鼓励每一个人将自己擅长的技能贡献出来，分享给大家。

2019 年年底，我们又汇编了隆天律师事务所知识产权团队撰写的 30 余篇实务文章，集结成册，分享给我们的客户和同行。我很欣慰地看到，自己的写作习惯在团队成员身上得到体现，我相信只要坚持下去，团队每一位成员都会成为优秀的知识产权律师和专利代理师。

专业发展　拥抱未来

《周易》曰："天行健，君子以自强不息；地势坤，君子以厚德载物。"面对国家和企业对知识产权的重视，我深深地感受到肩头责任之重，无时无刻不在思考着如何做好法律服务，为企业知识产权管理和保护工作贡献一份力量。我深知，律师行业就是一个日积月累、厚积薄发的职业，今天所做的一切努力皆为明天而准备，没有一点一滴的付出，没有专业技能的不断积累，就不可能轻松地拥有一个五彩缤纷的明天。

过去十年我做的是知识产权诉讼，专注于风险发生后化解纠纷，最近我更加关注如何去防范知识产权风险。从攻读知识产权方向法律硕士开始，我慢慢走进知识产权法律服务行业。如今，我已经专注知识产权法律服务十余年。在我的印象中，十年前，知识产权案件量少，许多人没有机会成为专业化的知识产权律师。而如今，随着市场竞争的激烈化，坚持做专业化的知识产权律师将比"万金油"型的律师更容易获得客户的认可。

知识产权是企业的核心资产，应该花大力气去把它保护好。对于知识产权律师而言，专业化代表着行业的未来，做专业律师才是出路。我越来越感觉到，律师一定要走专业化道路，因为未来客户对专业化服务的要求越来越高，如果不走专业化道路，很难适应客户需求。律师事务所不一定完全走单一领域专业化道路，所以现阶段有两种发展模式：一种是专业化精品所，聚焦某一个领域，把专业做精，肯定有市场竞争力；另一种是综合性律所，其中各个团队带头人也一定要把某个领域打造成专业化团队。不是专业化团队，肯定没有市场，所以未来只有这两种律师事务所能强劲地走下去。

尽快确定专业化方向，对于想做知识产权业务的律师非常重要。中国的知识产权事业发展到现在已经发生了很大的变化，一些大企业的知识产权部门已经非常专业，对知识产权的专业化服务水平提出了更高的要求，这也将如今的知识产权律师推向更加激烈的竞争环境。

之前我是做诉讼业务的，但是有很多客户问我，是否提供专利、商标代理方面的服务。我感觉仅是向客户提供诉讼服务的话，是有专业短板的。隆天律所恰好在知识产权申请代理方面有优势，这样就可以和诉讼业务互补。对客户来讲，把知识产权的申请和维权全部交给一个服务机构做，可以有效节约沟通成本。早在2015年，我进入上海隆天律师事务所，通过知识产权代理与诉讼团队优势互补，构建闭环，为企业提供更加专业化和精细化的知识产权服务。现在的竞争很激烈，大家的服务方式已经转变。以前律师们可能会有点清高，很少主动上门服务。但是现在服务意识比以前好很多，大家都主动争取客户，客户也会对服务进行比较。我觉得律师不能单纯为了诉讼而诉讼，一定要结合客户的商业目的，通过法律工具，实现客户的商业价值最大化。

现在的大中型企业，尤其是高科技企业、互联网公司，对知识产权的需求逐渐增多，很多民营企业知识产权保护意识越来越强。同时，国家不断出台知识产权方面的法律法规，法院审理了很多知识产权方面的经典案例，让企业认识到知识产权非常重要，大大提升了它们对知识产权方面的投入。所以，未来的知识产权法律服务市场肯定会越来越好。

律师在执业过程中，也要注重打造自己的品牌。打造自己的品牌肯定要通过全方位的"包装"：第一要树立专业化的目标，并且坚定地走下去；第二要找一个好的老师，能够带着自己少走很多弯路；第三，要经常通过演讲和文章，把自己的专业化表达出来。作为律师，必须有好的文笔和良好的口头表达能力。恩师朱妙春在这方面给我树立了很好的榜样。最重要的是要有专业的能力，做好每个案子，形成自己良好的口碑，这样才会成功。

同时，单打独斗的模式已经不适合现在的法律服务市场，律师必须融入一个更加专业化的团队，才能赢得客户。律师事务所是一个团队的形象展示，也是一个团队能力的汇集，不能过分强调某个人，让团队每个人都要成长，让客户感受到每个成员都很强。哪怕领头人离开了，团队每个人都能立即接手，这才是律师事务所专业化的目标。

未来，我仍坚持朝着知识产权律师方向走下去，把更多的精力放在团队管理和典型案例办理方面。同时，要带领团队每一位成员成为能够独当一面的、有行业影响力的专业律师和专利代理师。深耕知识产权领域，并延伸到和知识产权相关的领域，与志同道合的人合作，让隆天律师事务所的规模不断壮大，把它建设成在国内甚至国际都有影响力的知识产权专业律所。

我曾在《企业知识产权管理：操作实务与法律风险防范》一书的后记中提到："我们也许没有生活在一个最好的时代，但我们却处在一个社会转型和法制变迁的时代，只要朝着每一个法律人的共同目标阔步向前，每个人都能贡献出自己的一份力量，法律人心中的那个梦就一定能够实现。"我将自己的成长经历分享给那些即将进入律师行业或已经在律师行业打拼的同行，希望你们坚守心中的那个律师梦，虽然每个人的成长之路无法复制，但只要心中有梦，并脚踏实地地走下去，我相信这个梦终究会实现！

作者简介

王小兵，上海隆天律师事务所执行主任、合伙人，兼任最高人民检察院民事行政案件咨询专家、上海交通大学凯原法学院校友会理事、大连国际仲裁院仲裁员、西安仲裁委员会仲裁研究院高级研究员、上海律师协会竞争与反垄断业务委员会委员、上海技术交易所专家智库专家等社会职务。毕业于青岛科技大学高分子科学与工程学院和上海交通大学法学院，获工学学士和知识产权法律硕士学位，执业领域包括知识产权诉讼与仲裁，专利、商标无效宣告，知识产权行政执法案件代理，知识产权专项法律顾问，反不正当竞争及反垄断业务，代理的案件曾多次入选最高人民法院指导性案例、公报案例、最高人民法院和上海法院知识产权司法保护典型案件和十大案件，曾多次就知识产权热点话题接受第一财经、《中国知识产权报》、央广网、香港"AsiaIP"杂志、知产力、北京交通广播电台等媒体采访，荣获全国律协知识产权专业委员会"十佳案例""十佳论文"和"优秀著作"奖，还曾受邀为知名企业和多所大学法学院讲授知识产权法律保护实务。

逐梦知识产权

郭国中

怀梦三尺讲台　结缘知识产权

2000年9月13日，我怀揣着青春梦想，踏上轰隆隆的绿皮火车，历经30个多小时跨越大半个中国，从江苏南通到达北国春城长春。对于出生农村，且是单亲加贫困家庭的学生而言，就读师范大学毕业后当一名人民教师是一个不错的选择，所以在填报志愿时，我义无反顾地选择了人民教师的摇篮、国家部属师范院校、211重点大学——东北师范大学，并且选择了一门基础性学科——物理学。师者，传道授业解惑也！这句话在我成长的道路上一直深深地影响着我，虽出身贫寒，但在学生时代多位老师对我更为关注，让我坚信知识改变命运，更让我收获了成长的自信，所以在大学期间，为了成为一名合格的人民教师，一边钻研学习，一边勤工俭学，一周兼职家教三四次，帮助十多名学生将学习成绩从中等进步为优异，通过高频率的家教，不仅进一步提升了我的自信，更让我感受到了师者传道授业解惑的力量！

2004年7月从东北师范大学毕业后，我顺利地在上海一所高中担任物理老师兼科技指导老师。校领导在我进校之初对我提出的要求是：教好物理，当好班主任，带好科技竞赛，三年之内拿一个上海市科技竞赛一等奖。虽然领导给的压力比较大，但怀着对教育事业的热爱，花了近三个月时间精心准备，首次带领学生参加机器人大赛就获得了一等奖，随后三年中带领学生参加各类科技创新大赛，收获了众多的大赛荣誉奖项，多次获评优秀科技指导老师，并帮助学校成功创建上海市科技特色学校。

在带领学生参加科技创新大赛收获荣誉的同时，我将学生的创新成果在学校的支持下申请了专利，我也逐渐意识到，创新过程的艰难，知识产权保护的重要。正是在帮助学生创新成果进行专利申请过程中，我接触到一个新的职业"专利代理人"，既需要理工科背景，又需要文字处理及沟通表达能力。于是我开始收集多方信息，而越深入了解"专利代理人"的职业特点，越觉得中国知识产权事业任重道远、布满荆棘。我虽然怀梦三尺讲台，但左宗棠的一句名言也一直深深影响着我，那就是"择高处立、寻平处住、向宽处行"，经过深思熟虑，考虑到中国知识产权基础虽然相对薄弱，但从人生规划而言，应该"择高处立"，在行业发展过程中"寻平处住"，但相信未来一定"向宽处行"，因此我义无反顾地放弃了稳定的教师工作，2017年3月向学校提出了辞职。

进入知识产权行业，虽是潇洒纵身一跃，但也深知需要面对生活的艰难。求职面试的过程比较顺利，2017年4月被上海交达专利事务所录用，事务所主任王锡麟是资深专利代理人，也是上海专利代理人协会会长，在我入职之初就提醒我"要做好一切归零的心理准备"。褪去教师的光环，领着不到教师收入三分之一的薪资，扛着沉重的房贷压力，开启了知识产权苦行僧之旅。白天阅读技术文档、起草专利文件，晚上静心学习、备战行业考试，摒弃一切杂念，潜心工作和学习，功夫不负有心人，历经两年，分别于2007年、2008年先后顺利通过专利代理人考试和司法考试。

拜师知产泰斗　筑剑法律天地

先后顺利通过专利代理人考试和司法考试之后，我开始重新思考知识产权服务的重点。摆在我面前的职业方向有两个：一个是专利代理人，侧重专利申请的代理服务；另一个是律师，侧重维权保护的法律服务。在近两年的专利代理人工作中，我为当事人撰写了近150项发明专利的申请文件，涵盖通信、电子、机械、软件等技术方向，并重点服务上海交通大学的老师和学生，结合《专利审查指南》已能较好地帮助客户做好专利挖掘与布局，并能与专利局做好往返答辩工作，但我也深知知识产权的价值在于保护，而专利申请代理只是知识产权中的基础性工作，因此我再次作出抉择，投身知识产权法律服务。

虽然顶着"双证"律师的头衔，但对于理工科出身没有法律背景的我而言，要进入一家律师事务所实习，专攻知识产权法律服务，是一件非常困难的事情。机缘巧合的是，参加中华专利代理人协会组织的专利代理人培训班结缘了来自上海交通大学的张晓东博士。张晓东博士同样是理工科出身又致力于知识产权行业，并在华东理工大学担任法学院老师，因为有着上海交通大学的渊源，张老师了解我投身知识产权法律服务的想法后，告知可以帮忙推荐中国知识产权界泰斗、重量级资深大律师朱妙春老师，但能否通过朱妙春老师的考核，就要看我自己的努力了。

怀着的忐忑心情，在一个冬日傍晚按约来到上海朱妙春律师事务所，进入律所办公室，首先映入眼帘的是律师们忙碌的身影，耳边听到律师们回答客户问题铿锵有力的声音，这些场景和我作为专利代理人每天处理技术性文件形成了鲜明的反差，我暗暗下定决心，一定要尽全力拜到朱妙春律师的门下。在一名律师助理的带领下，我来到朱妙春律师所在的会议室，看到一位长者端坐在会议桌旁，正在给一名律师助理讲解案件，看到我进来，朱妙春律师抬头微笑着对我说"小郭，你过来啦，坐坐坐"，我原有的紧张情绪马上平复下来，没想到全国知名的大律师竟然如此平易近人。就这样，我参与到朱律师和助理的案件讨论中，刚好讨论的是一个专利侵权案件，朱律师时不时地停顿下来，询问我对专利技术方案的理解，这刚好是我做专利代理人工作时比较熟悉的内容，因此做了比较清晰的回答。在一个多小时的案件讨论中，朱妙春律师带领助理将专利侵权的焦点做了极为精辟的归纳，并将制定了后续应对策略，让我大开眼界、极为钦佩。这既是一场面试，更是一场学习的饕餮盛宴，在会议结束后朱妙春律师说："你可以过来学习，但一定要记住，我这边的一年相当于其他律师事务所的三年。"

从2008年年底开始，我的工作角色很快由专利代理人转变为实习律师，节奏更快，思路需要更为清晰。在朱妙春律师的带领下，开始参与一些专利无效案件、商标秘密侵权案件，其中对我律师生涯影响最为重要的有如下三个案件。

1. 港湾软地基专利无效案

发明专利"快速'高真空击密法'软地基处理方法"是软地基处理行业的一项基础核心专利，该专利技术可以广泛应用于沿海滩涂改造、机场跑道建设等重大工程中，在该技术公开使用后出现了大量的侵权模仿者，严重侵犯了专利权人的权益。因此，专利权人开始提起维权工作，但遭遇了侵权方提起的专利无效请求。本案中，因为是涉及一项基础核心专利，保护范围相对宽泛，在朱老师的带领下，召集多方专家进行技术讨论，深挖技术创新点，与发明人就每个技术细节进行深入分析，在无效口审前一天晚上，更是演习排练至凌晨近1点钟，第二天无效口审中，虽然我是第一次参加口审，但朱老师给予了我充分的信任，给了很多发言机会，庭审中，朱老师将需要提醒我陈述的重点，写在便条贴上递给我，正是因为提前准备充分，以及朱老师在庭审中的运筹帷幄，最终成功维持该专利有效。港湾软地基专利无效案给了我两点重要启发：（1）专利案件一定要深究技术细节，反复推演；（2）庭审中定要做到沉着冷静，随机应变。

2. "游星轮"商业秘密侵权纠纷案

"游星轮"是硅片加工过程中使用的关键设备，浙江开化某模具厂研制出比市场已有产品性能更优越的游星轮，经过多年苦心经营，其生产的游星轮占据了全国绝大部分市场份额。开化某模具厂创始人胡总的同母异父的弟弟周某，原本下岗在家，胡总为了帮周某，安排周某到开化某模具厂负责销售，并接触到客户资料和游星轮生产技术秘密等商业秘密。后来周某提出离职，以他人名义开办浙江某模具科技公司，并将游星轮销往多家原开化某模具厂的客户，同时用多种手段挖走开化某模具厂人才。此案焦点问题比较多，重点围绕"技术秘密点在哪里""涉及商业秘密价值如何""周某是否有保密义务""周某侵犯商业秘密的行为是什么"，等等，在朱老师的带领下，我有幸跟随司法鉴定专家、无形资产评估专家深入开化某模具厂进行调查取证，并深入分析，最终举报投诉至开化县工商行政管理局，开化县工商行政管理局对周某以及浙江某模具科技公司进行了相应的行政处罚。游星轮商业秘密侵权纠纷案给了我两点重要启发：（1）企业应选择恰当的保密措施保护商业秘密；（2）技术秘密侵权案件中，鉴定与评估是极其重要的环节，可为成功维权提供充分的证据保障。

3. 上海世博会喷雾装置专利纠纷案

上海世博会期间，专利权人韩某以世博局使用的喷雾降温装置侵犯其专利权为由，将世博局起诉至上海市第一中级人民法院。朱老师作为浦东新区知识产权人民调解委员会主任接受委托负责调解工作，由最初双方的剑拔弩张到最后的一笑释嫌，朱老师发挥了统筹全局的作用，一方面组织安排细致技术比对，另一方面动之以情、晓之以理向韩某及其律师说明利害关系，最终韩某无条件撤诉，双方握手言和，化干戈为玉帛。此案中，我根据朱老师的安排，进行了细致技术比对，首先将涉案专利主权项分解为7个技术特征，通过分析比对认为世博局喷雾降温系统与韩某的专利有3个技术特征既不相同也不等同。虽然我只参与了技术比对工作，但看到朱老师胸怀大局，调解过程更是运筹帷幄。朱妙春律师在案后总结的三点办案策略，更是让我受益终身：第一，分清是非，查明事实，坚守原则；第二，把握重点，循序渐进，多管齐下；第三，乐于奉献，坚持不懈，不偏不倚。

打造知产团队　深耕客户服务

在跟随朱老师办案的过程，也逐渐了解到企业知识产权维权的艰难，而背后的原因是当时国内尚未形成良好的知识产权法律维权环境，专利侵权问题比较突出，法院判处的赔偿金额相对较低。经过深思熟虑后，我考虑在此法律环境下，需要同时发挥专利代理人与律师的特点，即先以专利代理人角色帮助企业做好专利挖掘布局，再以律师角色帮助企业做好维权、保护和运营。因此，2009年下半年向朱老师提出此想法，朱老师支持了我的选择，给予我调整发展方向的机会。从而进入上海汉声知识产权代理有限公司，先以专利代理人角色积累知识产权申请注册需求的客户，为后续知识产权法律服务需求打下客户基础。

2009年年底开始，考虑到专利挖掘布局靠单枪匹马很难做专做精，我开始动员、召集身边的朋友组建团队，并成为上海汉声知识产权代理有限公司的独立团队，为了对专利事务进行精细化管理，我招聘的第一个团队成员就是流程专员，而这名流程专员正是我当教师时的第一届学生。组建团队的同时，还要找到有专利申请需求的客户，为解决团队生存发展问题，我多次到工业博览会等大型展会上发送印有专利申请小知识的单张广告，向参展企业挨个介绍专利申请的重要性，以争取客户的委托。随着李佳俊律师等同事的加入，团队逐渐扩大，业务也逐渐增多。同时，以上海闵行区为重点，面向科技型园区坚持举办公益知识产权普法讲座。功夫不负有心人，越来越多的企业选择相信由我组建的年轻知识产权团队，客户不断增多，发展也逐步走上正轨。为规范发展，先后组建了流程部、专代部、商标部、项目部，明确各个部门职能，调动各个部门成员的积极性，以客户委托为使命，视服务质量为生命，与此同时，邀请我提供知识产权讲座的园区和企业日益增多，年均知识产权讲座超过50场，也因此，我成功入选全国知识产权师资成员、全国第一期专利信息实务人才。

在后续的发展中，我带领团队逐步明晰客户类型，根据客户特点提供专项服务，主要包括高校、科研院所及中小企业等。

（1）高校。以上海交通大学为例，2011年上海交通大学开始面向社会招标服务机构，我带领团队全力以赴，凭借专业的服务能力及诚挚的服务态度脱颖而出，成功成为上海交通大学指定的服务机构之一。在团队的专业服务和细致努力下，至今已代理上海交通大学万余项专利申请。因上海交通大学的专利申请数量比较稳定，专利技术含量比较高，也打造出一支优秀的专利代理人团队，在服务上海交通大学过程中，我也有幸被聘为上海交通大学知识产权学堂特聘专家、技术转移特聘专家。

（2）科研院所。以上海航天集团为例，航天技术是中国的骄傲，是国之重器，因其八院坐落于闵行区，在航天专家的推荐下，结合国家航天使命，组建专门团队深入航天科研小组，配合航天项目研发进度，做好知识产权全过程管理，做好专利挖掘与布局，先后服务上海航天设备制造总厂、上海卫星工程研究所、上海航天精密机械研究所、上海空间推进研究所等在内的十余家航天研究所。

（3）中小型企业。中小型企业是创新极为活跃的群体，但也是知识产权保护意识相对薄弱的群体，在为中小型企业服务的过程中，一方面开展大量的公益培训，提高研发人员的知识产权保护意识；另一方面加强知识产权风险管控，为企业发展壮大保驾护航。近十年来，已服务2000余家中小企业，十余家上市公司。其中让我印象最深刻的是一家路由器公司，2017年11月11日，在上交所大厅，随着一声洪亮的鸣锣声，该路由器公司正式在A股主板上市。而敲锣的人中除了该科技公司的董事长、企业高管之外，我也受邀成为该企业上市的敲锣嘉宾。原来该路由器公司上市前受到某公司的恶意阻挠，恶意阻挠方式是对该公司的若干项实用新型专利提起无效，并以此为理由反映至证监会，从而企图影响该科技公司上市。在接受客户委托后，我带领团队细致挖掘专利技术内容，最终成功维持所有实用新型专利有效，助力客户成功在主板上市。

通过近十年努力，团队成员也从几个人发展至 50 余人，上海汉声知识产权代理有限公司在 2015 年也被评为中国三星级专利代理机构，我也在 2016 年被评为中国三星级专利代理人。在团队发展的过程中，我也急迫地意识到要给自己充电，尤其学习企业管理相关的知识，于是在 2013 年参加全国研究生统考，考入上海交通大学安泰管理学院攻读 MBA，在 MBA 学习中我一直在关注和思考专利代理人未来发展的方向，以及知识产权律师在整个经济发展中的位置等问题。通过对企业管理的系统学习，企业自身如同航空母舰，知识产权律师是一艘护卫舰，而企业发展的舰队需要更多的资源整合。因此，我的 MBA 论文重点研究上海汉声知识产权代理有限公司的发展战略，历时一年多的研究结论是：将团队发展方向由知识产权代理服务向知识产权综合法律服务转变。就在我论文完成之时，刚好全国知名律师事务所上海段和段律师事务所主动找到我，邀请我带领团队加盟，以填补段和段所在知识产权方面尤其是专利方面的空白。考虑到团队发展，我欣然接受邀请，并于 2017 年中秋之时正式加入段和段。段和段律师事务所作为全球性律所，在全球有 27 家分所，成立于 1993 年，是全国第一家海归回国创办的律师事务所，为我实现"知识产权综合法律服务"目标提供了一个更为宽广的舞台。

加入段和段之后，我带领团队优化了知识产权法律服务产品，包括申请注册、项目申报、分析评议、托管服务、战略制定、维权保护等全流程服务。同时，优化团队内的部门建设，设立了 8 个子部门，具体包括：法律维权部、专利代理部、商标版权代理部、专利流程部、检索信息部、涉外服务部、政府项目部、商务服务部。团队成员中既有专业律师，又有专业专利代理师、商标版权代理人、技术经纪人、项目顾问等，其中共有十余名律师同时拥有专利代理师资格，可为客户提供更深度的"战略制定 + 挖掘布局 + 交易许可 + 政府扶持 + 诉讼维权 + 贯标认证"全过程知识产权服务。我也深度参与到企业的知识产权贯标工作中，即帮助企业通过我国有关知识产权工作的国家标准《企业知识产权管理规范》（GB/T 29490—2013），作为企业知识产权管理体系内审员、国家注册 IPMS 审核员，并受邀担任中国首家贯标认证机构——中知（北京）认证有限公司的特聘专家。

为了进一步提升团队竞争力，成立专门的软件开发团队，通过开发功能软件、建设平台等方式加强对知识产权的运营管理。2018 年 11 月 10 日世博会公共开放日当天，团队开发的"知鸽"专利信息互通系统（www.ipbird.com）正式上线。这是中国第一个实现"申请人""事务所""专利局"三方信息互通的平台，为专利申请人提供了高效、便利的申请服务。此外，借助段和段这个大平台，积极参与国家重点产业知识产权战略实施，如与各地办公室及其当地产业园区、当地知名高校合作举办专题研讨论坛，为相关企业发展提供优质的知识产权法律服务，为国家战略建言献策。

十年间，我带领团队服务近 2000 家客户、20 余家科技园区，办理 2 万余项专利申请、3000 余项商标版权申请、数百项知识产权转让与许可、百余项涉外专利申请、百余项企业客户政府科技项目申报、百余项知识产权维权案件，举办了数百场知识产权讲座等，服务地域涵盖上海、北京、广东、浙江、江苏等 28 个省市，已协助服务的主要客户包括上海航天集团、中科院、中国电子科技集团、中国船舶重工、上海交通大学、美国华尔推剪、美国美室馨公司、日本思考电机、韩国爱茉莉、罗莱家纺集团、剑桥集团、广为集团、南大电缆集团、双钱集团等国内外千余家各类大中小型企业。目前建立战略合作关系的园区包括上海交大科技园有限公司、上海淦湾创业孵化器有限公司、上海山谷优帮众创空间管理有限公司、慧高光创园、上海八六三软件孵化器有限公司、上海孵源科技发展有限公司、Vanke 万科·星商汇，等等。

热衷公益普法　　逐梦知识产权

跟随朱老师期间，除了学习办案思路、诉讼策略之外，也有幸参与公益普法活动的举办，深切感受到朱老师无私大爱、乐于分享的精神。我先后协助朱老师筹备与华东理工大学、华谊集团等单位联合举办的知识产权如何产业化论坛、与上海市经济团体联合会等单位联合举办的金融危机和企业知识产权论坛，在论坛筹备的过程中，负责论坛活动方案的起草、演讲嘉宾的协调安排等，感受到参会企业对知识产权法律知识的迫切需求。

在朱老师的熏陶下，我带领团队一方面为客户提供知识产权法律有偿服务，另一方面热衷于公益普法活动，通过专业知识服务政府、服务企业、服务社会，举办各类公益知识产权培训与论坛，充分发挥法律人的桥梁、纽带作用，在推动区域创新和知识产权事业发展中尽力而为。先后受聘担任了较多的公益职务，包括上海市科技创业导师、上海企业发展服务专家志愿团特聘专家、上海市闵行区中小企业协会副会长、上海市闵行区青年就业创业促进会副会长、上海市闵行区科委特聘科技创业导师、上海市闵行区七宝镇特聘创业导师、上海市闵行区知识产权协会秘书长兼常务副会长等。

在各类社会职务中，我最引以为豪的是担任上海市闵行区知识产权协会秘书长。我在担任上海市闵行区知识产权协会副会长六年多后，于2018年12月28日通过换届选举，当选为上海市闵行区知识产权协会秘书长兼常务副会长，同时作为协会的法定代表人，在闵行区市场监督管理局、闵行区知识产权局、闵行区科协、闵行区社团局等指导及全体会员的支持下，开展了众多的知识产权公益普法活动，下面简要介绍一下2019年的主要活动。

1. 参政议政，努力发挥桥梁、纽带作用

我向闵行区"两会"提交知识产权相关提案，涉及"政府采购知识产权法律服务""开展青少年知识产权教育""建设闵行区知识产权公共服务平台"三项提案，全部获得立项；制定并实施"会员走访计划"，深入了解企业需求，为企业会员量身打造专业且形式多样的定制服务；通过在各项活动中发放调查问卷，及时了解企业的服务需求及其在知识产权管理工作中的难点，从而制定有的放矢的活动计划和服务项目。

2. 举办各类知识产权普法论坛或沙龙活动

（1）邀请国家知识产权局原局长田力普莅临闵行参加"4·26"世界知识产权日主题活动。

2019年4月18日，协助闵行区政府协办闵行区"4·26"世界知识产权日主题宣传活动，邀请到国家知识产权局原局长田力普做主题为"新时代的挑战：知识产权价值实现与创新驱动发展"的专题报告，从IP（知识产权）在市场、政府、文化三个层面上阐述了高价值知识产权。另外，由我作为圆桌会议环节的主持人，邀请田局长以及上海市知识产权局原副局长洪涌清，与中航光电子知识产权总监、新浪知识产权总监等七位企业高层就2019年世界知识产权主题"严格知识产权保护，营造一流营商环境"向与会者呈现了一场精彩纷呈的头脑风暴，为优化闵行营商环境建言献策。来自行政司法主管部门领导、产学研各界专家学者、企业负责人、市场管理人员、知识产权管理人员等近300人参加活动。活动中，协会有幸获得田力普局长为协会的亲笔题词：尊重知识产权、服务地方经济、营造良好营商环境。协会将不负重托，砥砺前行，完成使命。本次活动中，帮助闵行区政府组建了"闵行区知识产权维权保护专家顾问团"，聘请朱妙春、洪涌清、孔祥俊、许春明等十位上海知识产权领域知名专家作为首批专家，为闵行区创新发展出谋划策、保驾护航。

（2）举办"2019知识产权维权与保护研讨会暨知识产权护航中国进博会研讨会"。

2019年9月19日，在中国专利保护协会、上海市闵行区市场监督管理局、闵行区知识产权局、闵行区科学技术协会的指导下，举办"2019知识产权维权与保护研讨会暨知识产权护航中国进博会研讨会"。

活动邀请市知识产权局、区市场监督管理局领导莅临致辞，闵行区知识产权维权保护专家顾问团中的4位专家，上海知识产权法院、徐汇区人民法院、国家知识产权局专利局专利审查协作江苏中心、华东政法大学知识产权学院、中国航发商用航空发动机有限责任公司等的13位嘉宾，从各自专业领域围绕"企业商标、版权、专利、技术秘密的维权保护"建言献策并结合经典案例阐述观点，助力塑造闵行区一流营商环境。近300人参加本次活动。第一财经"财经早班车"栏目播报此次研讨会，重点关注知识产权护航进博会。

（3）其他各类普法论坛活动或沙龙。

围绕企业实际需求以及热点事件，举办近30场论坛或沙龙活动，培训3000多人次，其中比较有代表性的活动包括："《广告法》解读及区长质量奖政策宣讲""就业创业享补贴、知识产权创价值""上海市专利示范单位申报工作培训会""美国专利申请策略""科创板企业知识产权战略研讨会""企业法律风险管控必修课培训讲座""企业知识产权管理体系内审员培训""技术秘密价值评估研讨会""第二届上海·闵行'品牌与质量'主题论坛""闵行区企业知识产权管理实务培""2019年上海专利代理师资格考试强化冲刺培训班""企业高价值专利实务培训""青少年知识产权与创客教育专题讲座"。其中"2019年上海专利代理师资格考试强化冲刺培训班"邀请到全国专利代理师考试培训专家吴观乐老师以及国家知识产权局两名专家，共同为上海市参加专利代理师考试的考生提供为期3天的培训，大大提高了考生的通过率。

（4）组织考察团考察学习，促进企业交流沟通。

2019年6月26日，组织会员单位代表参加"2019年MIP全球知识产权及创新峰会"，本次峰会围绕近期专利产权许可、诉讼和执法的挑战，人工智能物联网和互联技术，互联网造假现象，中国新《专利法》修改的解构，商业秘密战略，以及专利和商标的组合战略等一系列相关问题进行深入探讨和剖析，为知识产权管理、保护和风险防控提供了良好的策略和措施。

2019年8月9~10日，组织会员单位代表赴国家知识产权局专利局审查协作江苏中心学习交流，在交流过程中协会会员代表们纷纷提出了各自在专利申报中的问题与思考，审协江苏中心的专家们从各自的领域，深入浅出地详细回答了大家的问题。

2019年9月2~3日，组织闵行区企业代表赴杭州国际博览中心参加以"知识产权与时代同行"为主题的第十届中国知识产权年会，通过此次活动，为闵行区企业创造更多的交流、学习机会，促进企业彼此深入了解、携手合作、共同发展。我受邀在本次年会上作为演讲嘉宾，与华为、腾讯、京东等知识产权专家同台就"知识产权法制与法务实践新变更"进行知识产权主题演讲，并与中科院、九阳等知识产权专家同台就"高质量知识产权认证助力创新发展"进行深度对话讨论。

2019年11月20日，组织20位会员单位代表赴上海知识产权法院考察学习。本次考察学习之旅得到了上海知识产权法院三级高级法官商建刚的大力支持和热情接待。历时一天的考察学习，会员代表们通过上午预备庭和下午正式庭的全天庭审旁听，领略了法官专业细致的审判风采，双方律师你来我往的精彩辩论，现场感受了专利侵权案件兼顾技术与法律的特点。

如前所述，在朱老师的熏陶下，我立志不仅要当好一名律师，同时要做好知识产权公益普法工作，坚持做一名知识产权逐梦人，致力于提高企业知识产权创造、运用、保护和管理能力，汇聚整合资源，充分发挥政府与企业之间的纽带作用，为建成区域"严保护、大保护、快保护、同保护"知识产权保护格局而努力，积极参与将上海建成具有全球影响力科创中心的工作。

首届中国国际进口博览会在上海举行期间，我有幸作为主题演讲嘉宾参加上海进博会知识产权主论坛——全球知识产权保护和创新发展大会"国际贸易规则与知识产权保护论坛"，我在主题演讲中引用了《孙子兵法》的开篇之句来表达我所认为的知识产权重要性，"兵者，国之大事，生死之地，存亡之道，不可不察也！对于企业而言，我认为：兵者，知识产权也！"这句话引发了参会中外嘉宾的极大关注与热烈掌声！随着经济的发展，知识产权的重要性日益突出，感谢朱老师作为中国知识产权界的泰斗，几十年来为优化中国知识产权法制而作出的努力，而我们作为朱老师的学生，定会砥砺前行、再接再厉。《孙子兵法·谋攻》中云"上下同欲者胜"。未来，我所带领的知识产权团队将继续团结一致，在专利挖掘布局、侵权规避、专利人才培养等方面不断发力，开展知识产权普法活动，努力做好新时代下企业发展的"护卫舰"，为企业健康快速发展保驾护航！

作者简介

郭国中，上海知名知识产权律师，上海段和段律师事务所知识产权研究中心主任、上海凯创知识产权代理有限公司创始人，精业于知识产权法律服务，积累了丰富的国内专利申请文件的撰写、申请、答辩实务经验，以及PCT国际阶段专利申请、国外专利申请经验，至今，已代理近2万项专利申请、百余项涉外专利申请、千余项商标申请、近百项商标复审案、近百项知识产权诉讼维权案件，举办五百余场讲座。全国知识产权师资成员、全国第一期专利信息实务人才、中国三星级专利代理人、中国强国知识产权论坛2019年"十佳"专利律师、中知（北京）认证有限公司特聘专家、首届中国国际进口博览会知识产权论坛演讲专家、上海市知识产权服务之星、上海市知识产权服务领域杰出人物、上海市科技创业导师、上海企业发展服务专家志愿团特聘专家、上海交通大学知识产权学堂特聘专家、上海市闵行区科委特聘科技创业导师、上海市闵行区知识产权保护协会秘书长及常务副会长、上海市闵行区中小企业协会副会长、长三角知识产权发展联盟秘书长、上海市律师协会知识产权专业委员会委员、上海交通大学知识产权学堂特聘专家、同济大学国际知识产权学院研究生特聘实务导师、上海政法学院兼职教授、南通大学兼职教授、上海市知识产权民事纠纷调解员、上海市首批专利运营特派员、上海技术交易所特聘专家、华创法商学院院长。

志存高远

张 兵

律师，在当今社会越来越受到诸多正面评价，法学院毕业生选择从事律师行业的人数也在不断增加，从上海市律师协会官网实时公布的律师人数可见一斑。"师徒制"是律师行业的一大特色，通过师父的言传身教，法学生从实习律师逐步成长为一名合格的执业律师。非常有幸，我曾于2011~2013年跟随朱妙春律师学习，正式进入律师行业。朱老师自20世纪80年代开始从事律师行业，几十年来已培养了近百名学生，这些学生遍布全国，绝大部分都在从事律师行业。2018年年底，朱老师与部分学生面谈，大家交流感情，分别介绍了各自近况，每人变化颇大，朱老师颇为欣慰。为此，朱老师提议大家共同出版一部书籍，每人介绍自身经历，以期为法学生进入律师行业提供参考或借鉴。

弃理从文

我出生于山东省德州市，自幼在家乡读书，2005年进入大学，修读化学专业。大学期间，学业不像高中时那样繁重，有很多的空余时间，恰逢学校推出了两门辅修专业——计算机和法学，高中及大学均学习理科，化学专业的日常实验及学习略显枯燥，我便想尝试一下文科专业，报名参加了法学辅修专业的学习。印象最深的是授课老师曾经在课堂上播放了一部电影，就是现在被称为法律电影神作的《肖申克的救赎》，相信很多法学生都对这部电影深有感触，我也不例外，授课老师介绍说非法学专业学生可以报考法律硕士专业研究生，我意识到这可能是改变我未来就业和人生方向的一个机会。当年的网络并不像如今这般方便，信息传播的广度和深度也颇有局限，我去图书馆查阅了相关书籍，了解到全国招收法律硕士专业的学校屈指可数，作为一名理科生，我萌生了考取法律硕士的想法，内心充满了对未来的向往。转眼到了大四，身边的同学都在准备考取本专业的研究生，对于我跨专业考研的想法，多数人都不理解，父母也不太支持，但我还是坚持了自己的选择。经过四个月的备考，最终我被上海大学法学院录取为2009级法律硕士研究生。

相比本科专业来看，我由理科转入文科，未来就业方向发生了改变，也确实改变了我的人生轨迹，我决定将来从事律师工作。要想从事律师职业，必须通过司法考试这一难关。2010年5月，我开始着手准备参加当年的司法考试。司法考试被称为"中华第一考"，所涉内容之多，通过率之低，是任何其他考试都无法比拟的，备考过程非常辛苦和煎熬。好在我坚持了下来，经过四个多月的准备，我于当年顺利通过，并取得了416分的成绩，这样更坚定了我要从事律师职业的信心。

读书期间，同学们也都在议论律师职业的艰苦，特别是起初几年的生存状态堪忧，逐渐有人打退堂鼓，并将律师职业作为就业的最后选择，公务员、银行、证券机构等都成了香饽饽。对于我来说，律师职业一直是我的理想，也是我孜孜以求的目标，不论多么艰难困苦，我都会坚持努力，相信总会柳暗花明。因此，对于就业，我没有做任何第二选择，司法考试通过后即着手进入律师事务所实习。当时，对于律师职业了解不多，也不明白律师执业方向的区别与优势，考虑到大学学习理科专业，执业知识产权领域有很大优势，我便决定从知识产权方向入手，找寻相关领域的律师事务所进行实习。

幸遇良师

上海的律师事务所数量很多，规模大小不一，主业各有不同，选择实习律所尤为重要。通过投递简历，以及导师推荐，2011年春节返校后，我面试了几家律所，逐渐对律所和律师行业有所了解，有一家律所与众不同，也与我的初步方向一致。

2011年2月16日下午，我来到海兴广场8楼上海朱妙春律师事务所参加面试，首次与朱老师见面。面试过程很轻松，朱老师给我的印象是温文尔雅，让人有种很亲切的感觉。朱老师介绍了助理的工作内容、律所的情况，了解到我大学所学的专业，鼓励我选择知识产权行业。2月21日开始，我正式进入律所工作，跟随朱老师学习，开始真正了解律师工作，以及整个行业。现在想来，那天的事情仍历历在目，我拿到了几本厚厚的卷宗，是一起侵犯商业秘密诉讼案件，我要负责研究案卷，参照现有的模板，整理出一份大事记。现在我们同门之间聊天，也会经常说起朱老师当年培养我们整理大事记的办案习惯，这是朱老师特有的工作方式，简单来说就是在研究案卷及案情的过程中，律师需要将整个事件的来龙去脉剖析妥当，并按照时间顺序，将每个节点发生的重大事项进行简要罗列，形成数页纸的记录，从这份记录中可以明了地看出整个案件发生的过程，并可从中提炼出矛盾焦点以及办案思路等。认真、细致，这是实习当天我对朱老师的印象，以及对律师工作的认识，内心非常激动，感觉终于离自己的目标更进一步了。

上下求索

进入律所实习后，我慢慢地进入了律师工作的状态，加之学校课时不多，我便开启了一周四天甚至五天的实习工作之路。当时同批入所实习的有另外三名同事，我们一起跟随朱老师学习。平时，朱老师会分配不同的案件给每个人，但是每次大家会一起开会讨论案情，由朱老师提出办案思路，大家一起查阅资料、研究案情、发表意见，最终形成统一的代理意见。在整个过程中，每个人都学到了真正的法律实务，学习效率也实现了最大化，每个人的实务水平都快速提高，就像朱老师当初所说的，在这里实习一年相当于在其他地方三年，此话对于我们经历过的学生来说绝对属实，想想我的同学们在律所实习时大都是在做些打印、复印等辅助性工作，很难直接参与案件的办理，以及法律文件的起草，我们真是幸运的。

有了学习的机会，自己的努力也非常重要。拿到老师布置的工作任务后，我们必须尽快处理完毕，形成法律意见或代理思路等，打印完毕交由老师修订。朱老师习惯了用笔在纸质文件上进行修改，第一次拿到修订后的文件，我有两点感触：一是修订的地方太多，我需要更加努力地学习和改进；二是修订得十分细致，大到语句是否通顺、是否做到了法言法语，小到标点是否正解、段落分布是否合理。经过了差不多两个月的实习，我感觉工作能力有了很大提升，文案也慢慢地达到了老师的要求。

2011年4月，在实习两个月之后，我与同事一起在长宁区法院出庭代理了公司解散案件，第一次对律师参加庭审有了实战经验。之后，我更多地参与到案件的讨论、出庭等环节，充实自己的实习工作。

实习期间印象最深的一个案件是香港地区"超群"商标最高人民法院再审案。这个案件前期经历了商标驳回、驳回复审、行政诉讼一审、行政诉讼二审等流程，最高人民法院再审是最后一个流程。案件委托人是香港地区人士，早年创办了超群西饼店，以"超群"作为企业字号和商标品牌，后与内地企业在合作过程中发生纠纷，认为商标遭到"抢注"，便委托香港律师及内地律师共同办理注册及维权事宜，整个过程经历七八年之久。香港律师驻北京代表处的商标代理人负责处理本案，慕名找到朱老师参与代理最高院再审阶段的诉讼工作。接受委托后，朱老师指派我担任助手，共同参与该案的诉讼工作。由于该案历经多次诉讼程序，有大量证据来源于香港地区，且多数形成于20世纪八九十年代，故卷宗材料非常复杂，对律师来讲确实是比较大的挑战。在朱老师的指导下，我们有条不紊地启动了诉讼准备工作，并多次与香港律师开会沟通。

2012年7月9日,这是一个特殊的日子,这一天最高人民法院开庭审理超群商标案,也是我硕士毕业典礼举行的日期。参加不了毕业典礼虽有遗憾,但能有机会去最高人民法院参与庭审是我更大的荣幸。庭审时,两再审申请方共有四位律师出席,我与朱老师一起作为再审申请人一的代理人。为了让我得到更多的锻炼,朱老师庭前安排我作为庭审的主要发言人,发表我方观点,出示再审证据,由朱老师做相应补充。开庭时,有朱老师坐镇,我内心有了底气,逐渐消除了紧张情绪,审判长是一位资深女法官,开庭过程中认真且言语温和,所以整个庭审进展十分顺利。庭后,朱老师对我在开庭的表现做了点评,指出了不足之处,更多的是鼓励与赞许。最高人民法院,多么神圣的地方,中国顶级审判机关,中国的绝大多数律师在整个职业生涯中都没有机会能在这里开庭,我作为一名在校的学生,能有机会以代理人的身份出庭,这是我接下来整个律师生涯都会铭记的亮点。更值得铭记的是,该案最终入选了当年最高人民法院保护知识产权十大经典案例。

回想起那段实习经历,我们每个学生都觉得很幸运,朱老师培养徒弟的方式以及初心是令人敬佩的,他毫无保留地传授自己的经验,给我们提供历练的机会,并通过各种方式教授我们做人的道理,尤其是作为一名律师的职责。现在,我也开始培养学生,教授徒弟,每每想起自己的实习之路,总感觉自己没有尽力地成为一个好师父,像朱老师那样的好师父,去帮带自己的学生,这一点有待继续努力和提高。

日就月将

经过一年的实习期,我顺利拿到律师执业证,成为一名正式的执业律师,屈指算来从大学二年级学习法律开始,到此已过六年,想想过程艰辛,但是结果欣慰。由于平时经常接触知识产权类案件,尤其是专利诉讼案件居多,我们的专利知识水平尤其重要,在朱老师的鼓励下,我报名参加了专利代理人资格考试并顺利通过,成为专利代理人,即我们通常所说的"双证律师",这也更加有利于办理专利诉讼案件。

正所谓"师父领进门,修行在个人",成为执业律师后,我需要更加严格地要求自己,提升专业能力和服务水平。在跟随朱老师办理知识产权案件的同时,我也开始接触和学习其他类型诉讼案件实务内容,处理了很多非知识产权案件。

2012年年底的一天,客户杜先生一行从广东赶来,经当地律师同行介绍,前来拜访朱老师,我也参与了接待工作。看得出来,杜先生此行是有紧急案件委托,简单寒暄过后,大家便进入正题。珠海某知名科技公司主要从事打印机耗材的研发、生产及销售业务,在行内业绩遥遥领先,杜先生的爱人李某曾任职于此,担任市场销售人员。该科技公司早就制订了国内上市计划,2012年是最关键的一年,不料从第二季度开始,公司业绩出现严重下滑。公司经过调查及评估,认为已离职的市场总监刘某、技术总监罗某以及销售人员李某等有重大侵权嫌疑,便收集大量证据,矛头直指三人新设立的中山市某科技公司,向珠海当地公安机关报案,当时前述人员均已被羁押,案件已准备排期开庭。该案被告人涉及中山市某科技公司以及刘某等共五名,李某尚未找到合适的律师作为辩护人,杜先生经由当地律师介绍,前来上海请朱老师出山。

一直以来,朱老师办案有个特点,就是经常代理重大疑难案件,尤其在商业秘密领域代理的案件在全国均有知名度及影响力。这个案件涉及商业秘密中的经营信息,尤其是客户名单、价格体系等,也是珠海当地首例侵犯经营信息商业秘密罪刑事案件,朱老师很感兴趣,也有信心代理此案,遂决定接受杜先生的委托,作为李某的辩护人,同时指定由我担任助手,协助共同代理此案。

2013年年初,我跟随朱老师来到珠海市香洲区人民法院调取案件所有卷宗,并在中山市温泉酒店进行案件分析及准备工作,整整一周的时间,我们将案件梳理完毕,并制订了初步辩护方案。回沪后,我们又花费了大量时间,不断修订和完善辩护方案至开庭日期临近。

开庭当天,五名被告人共委托了来自珠海、中山、广州、柳州、上海、新余、长沙等地十位律师作为辩护人,这些律师有专业从事知识产权领域的,也有从事刑事辩护领域的。法庭比较小,十名律师分三排前后落座,每个人的桌上都摆满了厚厚的卷宗。庭审中,控辩双方举证质证,各自充分发表了法律意见。我与朱老师将质证及发问的重点放在了商业秘密是否构成,即涉案经营信息是否含有秘密点,以及李某的行为是否侵权。庭审最激烈的法庭辩论环节,法院本来安排了一天的时间,没想到所有律师依次发表首轮辩论即耗时一天半,可知庭审精彩之处。庭审结束后,我们又起草并提交了书面的辩护意见,对庭审辩论进行了完善及补充。最终,该案入选当年保护知识产权八大经典案例。这个案件引起我们诸多思考,知识产权保护是国家的重大战略,刑事手段的介入应当谨慎。于是,我们起草了商业秘密刑事保护相关论文,并于当年的全国律协知识产权专业委员会年会上获奖。

既然选择了远方,就要风雨兼程。一名律师总有一天会离开师父的指导和关照,独立面对职业的风风雨雨。2013年3月,我离开师父,开始独立执业。律师独立执业要想生存和发展,必须有持续稳定的客户和案源,否则不仅每月没有稳定的薪资,还无力承担基本的执业成本,如社保费用、交通费用等,这就是很多应届毕业生无法坚持律师这条道路的原因。案源问题是我面临的第一个难题,作为刚刚毕业不到一年的外地人,没有人脉关系,便没有任何客户。通过向其他同行请教,我慢慢地开始有了自己的方法,用了两个月左右的时间,我才慢慢地有了自己的客户,案件数量也逐渐增多。现在想想,我在那段时间的心理压力特别大,感觉每天都很紧张,好在我从未想过放弃,最终坚持看到了曙光。我面临的第二个难题是普通民商事诉讼实务知识及经验不够丰富,而知识产权诉讼业务开拓比较难。经过考虑之后,我决定以知识产权诉讼为优势,逐步学习和开展普通民商事诉讼及刑事辩护业务,尤其是企业法律风险管理领域涉猎颇多。

一年以后,随着业务量的逐步增多,我意识到企业法律顾问服务市场前景很好,但是自己一个人的力量和精力有限,这需要团队协作,因为法律顾问业务，对律师不仅要求时效高，还要求专业精，我需要将不同专长的律师、助理以及商务人员整合，组成一个团队，进行优质、高效的企业法律服务，并以法律顾问业务为亮点，拓展其他类型服务内容。事实证明，我迈出这一步，是非常正确的选择。有了组建团队的想法，以及业务方向，我便找到了上海九星市场这一最大的小微企业集中地，据统计当时九星市场从事各类产品销售的商家近万家。我们在市场服务中心承租了一间办公室，招聘相关人员从事业务的开拓工作，成为第一家在市场设立办公室的律师团队，之后竞争最激烈的时候，市场里有将近十家法律服务单位。2014年年底，我的团队有了长足的发展，业务方向更加明确，也得到了广大客户的认可与支持。2015年年初，随着业务的稳定与发展，拓展法律顾问团队，组建自己的律所平台便迅速提上日程。

平台初创

正当我与团队准备创办自己的律所平台时，出现了一段机缘。2015年7月的一天，上海双友律师事务所负责人通过东方律师网查询到我的名字，并辗转找到了我的联系方式，约定时间面谈合作事宜。见面后得知，在十多年前，曾有一位与我同名的律师在这里实习过，我并非他们要找的那位律师。但这种巧合让我们都很意外，也很惊喜，我们对于双方合作初步交换了意见，后又经过两次面谈，两个月之内便顺利确定了正式合作方案。

时光追溯到2004年2月，由华东政法大学几位退休教授领衔创立了上海双友律师事务所。该所是兼具法律研究与法律实战特色的合伙制律师事务所。经过十多年的稳健发展，它已形成以房地产和民商事争议诉讼案件为核心业务的综合性律师事务所。

根据双方的合作协议，我率团队正式加入双友律师事务所，担任律所负责人，并将律所更名为"申如"。该名字取自《论语·述而篇》

"子之燕居，申申如也，夭夭如也"，从法律服务的角度，我更愿意将其解释为"申请均能如愿"。同时，我们在律所附近找到了更好的办公室，装修过后便整体搬迁。自此，我的律师团队终于发展成为一家律师事务所，我也完成了由团队负责人到律所掌舵人的身份转变。

身份的转变，让我肩上的责任加重，压力也越来越大，有压力才有动力。经过一段时间的学习与摸索，律所的整体创收有了稳步提升，办公面积也随之增加。慢慢地，现有的团队协作已经不能满足服务的要求，我们需要更加合理的运作方式。2017年年初开始，我将团队进行拆分，新组建顾问部和律师部两大主体部门，并进行了详细分工，顾问部负责律师业务承接、客服等工作，下辖顾问一部、二部、三部；律师部负责诉讼业务的办理、法律顾问的维护等工作，每个人各司其职，如此团结协作，大大提升了服务效率。

为了提高律所整体理论水平及实务经验，我们与上海大学法学院和华东政法大学经济法学院分别建立合作关系，同时，我们聘请法学教授和退休法官担任专家顾问，法学教授定期为律所开展理论讲座，退休法官每周固定坐班提供实务咨询和辅导工作。如此一来，律师的专业水平有了很大的提高。

稳 步 发 展

律所的发展离不开我们的坚持，以及高校和专家顾问的支持。能从事自己喜欢的工作与职业，我觉得是幸运的，尤其离不开母校对我的培养。2017年5月，我与上海大学法学院沟通，在建立法学院教学实践基地的基础上，签署了捐赠协议，捐赠10万元，用于设立"尚法·申如奖学金"，以及资助师生文娱活动等，希望通过设立奖学金，帮助到学弟、学妹们，帮助到那些坚持梦想的人们。

"不谋全局者，不足谋一域。"一直以来，我始终认为律师事务所对内对外都应是服务机构，对外，律所运用法律知识服务广大客户；对内，按照规章制度为各位律师提供后勤服务。一家有温度的律所，首先应该做到的就是让员工感受到温暖，至少让员工在舒适的办公环境中、和谐的人际关系下工作；律所应该在坚持原则的前提下，减少对律师工作的干预。

申如律所发展至今并不是一帆风顺的。回忆起刚刚过去的2020年，有许多感触。律所搬迁到环球港，其实在2019年年初，我曾在申如律所成立十五周年庆典上，当着全体同人与嘉宾的面，作出了承诺，"五年之内，将律所的办公地点搬至环球港"。环球港是我们办公楼周边最高档的写字楼，也是普陀区，乃至上海浦西地区的地标性建筑。

当时的申如在发展上遇到瓶颈，如果能再进一步，说不定就能遇上更优质的客户和案子。但搬到环球港要付出高一倍的租金成本，如果安于现状其实也还过得去，搬去后若发展得不理想，律所就可能关门。毕竟律所有那么多成员，这个决定是很难做的。

谁曾想"计划，赶不上变化"，仅仅半年过后，我们即面临办公环境亟待改善的挑战。律所同事及客户普遍反映现有办公楼的硬件设施简陋，与律所形象有较大差距。经过考虑，我们便决定在周边寻找合适的办公地点，也许是将目标定在了环球港，看了几栋大楼后，我们都不太满意。处于而立之年的我，应该好好拼搏一下事业，所以最终选择了带着团队登上环球港，让申如能够更上一层楼。8月初，我们与环球港写字楼某单位达成了初步租赁意向，后经历一波三折，最终于8月底确定了正式的租赁协议。

经过近两个月的装修工作，10月底，申如律师事务所整体搬迁到环球港B座29层，办公环境有了质的提升，我们开始以更加良好的形象服务客户。

然而，在律所团队刚刚适应新环境，准备大干一番时，却遭遇了意料之外的变故——2020年年初新型冠状病毒肺炎疫情暴发。实话说，在疫情暴发居家隔离期间，我心里并没有什么底气，甚至担心会不会熬不下去。

遭遇到这样始料未及的情况，着实让我焦虑了好一阵子，面对高额办公楼租金以及员工工资成本，让当时的我倍感压力。其实在当时的环境下，很多企业都选择了居家办公，对员工实行降薪。但我咬了咬牙，做了个决定——在防疫期间，照常发放工资，不打一点折扣。实话说，我也很没底，因为不知道疫情什么时候结束，也不知道什么时候能恢复正常办公。如果长期下去，可能律所就撑不下去了。

终于，在居家办公一个多月后有了转机，政府宣布可以恢复正常办公了。疫情期间空无一人的办公室，又恢复往日的活力。我的团队在恢复办公后就个个充满干劲，每个人都非常努力。一方面是非常感谢在疫情困难期间公司还正常发放工资；另一方面希望能在新的一年里好好地大干一场，弥补这两个月的亏空。此时的我觉得，当时没有做错决定，这一场疫情使得我们的团队更加有冲劲了，也让我和团队成员之间的距离更近了，能够理解彼此，将心比心。

其实自从我创办申如律师事务所以来，除了专业方面，我更加专注于学习如何管理好自己的团队。一个律所能够长久地发展，是需要团队支撑的。让团队拥有凝聚力，让每个人能够发挥自己的特长，是我一直思考的问题。进入新阶段后，我们整体的业务创收翻了一番，案件数量也增多了，人员做了一定的精简，调整了律所的模式。随着运营成本的增加，我们也引入了几位优秀的合伙人，扩大律所的服务范围；同时，我们将律师部的服务律师进行专业细分，在保留原有诉讼律师及法律顾问律师的基础上，吸纳了优秀的刑辩律师，专门从事团队的刑事辩护业务。

现在是公司化的管理，与传统的提成制律所有一定的区别，与完全公司化的律所也有一定区别，我将两者结合起来。在提成律师方面，目前有 30 余位律师，律所对他们是相对松散的管理，主要为他们做好服务工作，这样更有利于合理分配公共资源。

我们的运营主力是授薪团队，包括前端的助理人员和后端处理案件的律师。当前，助理人员有将近 20 人，协助律师进行案件业务接洽。

助理人员也均拥有法律专业背景，一半以上有硕士学历。截至 2021 年 12 月，律所后端负责业务办理的持证律师有 18 人，他们八成以上有硕士或博士学历，一半人执业年限在五年以上，甚至十年以上，我将这些律师分为两组：一组是民商事诉讼律师 6 人，一组是刑事辩护律师 12 人，每位律师都可以发挥自己的专长，并符合自身的喜好。以刑事辩护律师来说，我们组建了几个不同领域的辩护小组，每个小组主攻某个或某几个辩护领域，每个小组均由执业五年以上或十年以上的律师带领，如涉税犯罪案件或职务犯罪案件均交由某一小组办理，使我们的律师更专注，服务更专业。由此一来，我们的办案律师在参与同行竞争中更具优势，也更能得到客户的信任和认可，以此形成良性循环。

现在律所的年轻人越来越多，不喜欢被太多的条条框框束缚，所以我就没有建立太多的管理制度，只要把事做好就行，总体来讲氛围很好。我们也不提倡加班，到点了大家都回去休息，在节假日期间，安排轮流值班，这样可以保证客户随时可以做初步的沟通。其实在业余时间，团队的很多成员都在默默付出，可能是钻研案例，也可能在为案子准备辩护词。目前我们已经形成民商事诉讼、刑事辩护，以及法律顾问业务齐头并进的良好发展态势。

前路漫漫

经历了两年多的疫情，我们感受颇多，作为一家律所的当家人，考虑长远的出路是律所如何持续稳步发展。区别于以前的扩张思维，我们不再追求盲目增长式发展，我们要努力走精英路线，即执业律师人数少而精，未来三至五年，全所执业律师人数控制在 60 人以内，律师助理 20 人左右，行政及后勤人员 5 人左右；服务方向做到"一专多能"，形成两三个优势品牌专业，辅以其他专业内容。由此，我们可以细分客户类型，有针对性地细化服务内容，提高律师专业素质，真正做到专注、专业。

可喜的是，申如律所的整体业务创收近三年来保持每年40%以上的增长率，回首一想，能站在现在的高度，一路走来非常不易。但同时我们也看到了更多优秀的律所站在更高的地方，这是我们的目标和榜样。我们争取在接下来的三到五年，申如律师事务所的整体创收、律师人均创收再有显著提高。

看向前方，我们的步伐越来越稳健，心态也越来越坚定。前路漫漫，行则将至，星光不负赶路人，时光不负有心人。

作者简介

张兵，上海申如律师事务所创始人、管理合伙人，法律硕士，上海大学法学院兼职硕士导师。2010年通过国家司法考试，进入上海朱妙春律师事务所跟随朱妙春律师实习，后创办上海申如律师事务所。

张兵律师拥有专利代理师资质，在朱妙春律师事务所主要从事知识产权领域，拥有丰富的实务经验和理论水平；创办申如律师事务所后，主要执业于企业法律风险管理、刑事辩护等领域，尤其擅长经济类或知识产权领域的刑事辩护案件，承办过大量在上海乃至全国有影响力的案件。

钩深致远

周 超

前 言

  青年律师的成长总会遇到难以预料的困难和挫折，成功的道路必然要跨越很多的障碍。作为一名青年律师，朱妙春老师是我进入律师行业的第一位老师，是我的授业恩师，跟随朱老师学习的经历对我以后的执业生涯影响深远。相比其他一些刚刚出道的律师，我的实习经历还是很幸运的。当很多实习律师还在往返于起诉立案、工商调档的路上，或者与打印机为伴，打印整理案件材料的时候，我已经在跟随朱老师参与学习分析和办理案件了。

  跟随朱老师学习近三年后，我加入现在所在的博睿律师事务所，并执业至今。其间我独立承办了不少知识产权诉讼和非诉案件，并开拓了不少案件，体会到律师执业的艰辛，也感受到作为律师的荣誉感。

  近日受到朱老师邀请，有幸与各位师兄弟相聚一堂，分享成长的经验，内心无比喜悦。其间有师兄提议大家可以分别写一篇文章，讲述自己从求学到执业的成长经历。能够作为其中一员，深感荣幸。

  本文主要讲述我从求学到结缘朱老师，再到离开朱老师后的成长经历，以及办案的心得体会和对未来的展望。作为一名青年律师，需要学习的实在太多，心得体会或许也比较浅薄，还望海涵。

行远自迩

我出生在苏北的一个县城,家乡是典型的鱼米之乡,河流湖泊众多,果树农田遍布。我们生产队和其他十来个生产队同属一个农场,以种果树为业。如果只谈风景的话,环境确实优美,尤其当苹果树、桃树、杏树等果树开花的季节,一片花的海洋,真是美不胜收。风景秀丽之外,我们那里比较贫困,虽然交通还算便利,但是工业落后,除了农业,没有其他发展起来的产业。当地人收入来源少,生活相对拮据。

我们家所在的生产队不算大,百十来户左右,都是老住户,彼此之间非常熟悉。关于上学,那时候没有所谓的学区,村里的孩子主要在三所小学上学,学生也不多,我记得我读小学一年级时,整个年级才52个人。大体上家长们都会让孩子去读小学,但是初中和高中就不一定了。大部分孩子的求学之路止步于初中或者高中,接着便外出打工或者学一份可以谋生的手艺。

造成大多数孩子过早辍学的主要原因还是农村对于学生的素质教育不是很重视,很多人觉得读书是件无所谓的事,读得好就继续,读不好就去打工。家长就没有认识到知识的重要性,也不会认真思考和关心孩子的成绩。老师也大多是民办教师,有的家里还种田。从老师到学生,基本上大多数人都是很随意的,从态度上也不重视。

我父母文化程度不算高,父亲初中未毕业,母亲只上过小学,认识一些字,但认不全。她常常教导我如何做人,但对于我文化教育这块也基本是抱着散养的态度,她常跟我说:"只要你愿意读书,我们就一直供你读下去。"如果我不愿意读书了,那也就无所谓了,大概就是这个态度吧。

学生更是随意了,要求他们一天坐在学校就不容易了。平时作业都是能赖就赖,能抄就抄。即使成绩不好,也绝对不多花钱搞其他的培训之类的。在我印象中,跟我一般大的小伙伴,包括我在内,只有三个人最终顺利上了大学。其实我上学的时候也没有什么目标和理想，就知道要把老师教的知识学会，其他的根本没想过。

我大学读的是轻化工程专业，主要学习的内容是染整，这个专业属于化工专业大类。其实读这个专业也不是我的本意，当初高考填志愿，我全程浑浑噩噩，稀里糊涂地就填报了这个专业，甚至填志愿的时候都不知道这个专业是干什么的。直到收到大学录取通知书，才知道自己即将读的专业是轻化工程。收到大学录取通知书，家里着实高兴了一番，爷爷奶奶还专门给我包了红包，奶奶佝偻着腰，把红包塞给我，说家里出了个大学生，还鼓励我好好学习，给家里争光。

2007年9月，在爸妈的陪同下，到南京工业大学报到，正式开始了我的轻化工程专业学习之旅，其间一切学习生活都平淡如水。大三那年我认识了隔壁江苏警官学院法学专业的一个女生，那天她和同学一起到我们学校听司法考试培训班的宣讲课程，恰巧我闲来无事，陪同我一位同学也去旁听，就这样我们认识了，互相留了手机号码，最后她成了我的女朋友。

在和她谈恋爱期间，我时常陪她备考司法考试。当然，基本上是她备考司法考试，我做我专业的事情，不过在她的影响下，我对法律有了一定的了解。司法考试结束，她顺利通过司考，接着她又开始准备读法律研究生。而且她一直建议我也读法律研究生，但那个时候我还没有从事法律行业的想法。大学四年毕业后，她考上了江苏某地法院，从一名书记员开始，慢慢成为一名法官。而我在毕业后怀揣着无比的憧憬，进入江苏无锡的一家化工厂工作。

在化工厂工作期间，每天接触各种化学制剂，跟各种大小反应釜、化学仪器打交道，干着一线生产工作，慢慢地，我感觉这样的生活越来越没有奔头。于是在工作三个月后，2011年9月我不顾领导的挽留，毅然决然地递交了辞职报告，然后买了一套法律专业的书籍，带着工作期间的积蓄，准备考法律硕士。那段时间，我从无锡回到南京的母校附近租了一套房子，在大学的自习教室学习。每天早上七点起床，晚上十点回去，两点一线，简单枯燥，压力巨大。经过四个月的备考，我考上了上海海事大学的法律硕士。

2012 年 9 月，我再次怀揣着憧憬，来到国际大都市上海。经历过在化工厂工作的那段经历，读研期间，我对未来的工作方向无比坚定，我要在毕业后成为一名执业律师。带着对未来无比坚定的信念，2014 年 9 月，我参加了司法考试。

葵藿倾阳

2014 年 9 月中下旬，刚刚参加完司法考试，考试成绩还没有公布，我就迫不及待地开始寻找实习单位。早在考取法律硕士和读研期间，以及备考司法考试期间，我心头就一直有一个疑问，法律专业涵盖的内容如此浩瀚，律师如何能够对于每一个部门法都了如指掌呢？如果不能够对每一个部门法都做到了如指掌、深耕细作，又如何能够服务好每一个当事人？

带着这样的疑问，我上网看了一些执业律师写的文章，还前往上海海事大学图书馆看了不少执业律师写的书。影响比较深的是朱老师写的《朱妙春律师知识产权名案精选》，里面都是朱老师代理的一些知识产权复杂疑难案件，看完才知道有"律师专业化道路"这一概念。知道律师专业化这一概念和趋势后，之前萦绕心头的疑问也就迎刃而解了。人的精力是有限的，不可能对于任何法律问题都了如指掌，只有走专业化道路，才可能将有限的精力投入某一个法律领域，才能够具备深厚的专业功底。

作为一个半路出家的法律硕士，放弃本科的专业优势无疑是可惜的，如何将理工科的专业背景与法律专业知识结合，打造自身的专业优势，是我当时一直思考的问题。一个偶然的机会，我从一个同学处了解到考取专利代理人是需要具备理工科背景的，而我正好符合报考条件。于是我便将未来的执业方向定位于知识产权律师，并计划考取专利代理人资质，这样可以更好地利用我的理工科背景优势。

基于上述认知，我与其他一些有志成为执业律师的法律专业学生不同，在司法考试结束后投简历的时候就是带有针对性的。我只投那些有意招聘具有理工科背景的法学生的律所，而且会详细了解发布招聘信息的律所的专业领域及专业能力。我印象中，当时投的简历不是很多，大概投了七八份简历。一天下午，我看到了上海朱妙春律师事务所发布的招聘信息，因为我看过朱老师写的书，也通过网络等途径对朱老师有一定的了解，知道朱老师是国内最早从事知识产权专业维权的大律师，办理过大量知识产权复杂疑难诉讼，而且著作等身。看到朱老师律所在招聘，便毫不犹豫地投了自己的简历。不过发送简历后我也没有期待会有回复，毕竟自己各方面的条件算不上出类拔萃，估计难以入朱老师法眼。

就在2014年国庆节前几天的一个下午，我记得那天下午秋高气爽，天空蓝得透人心脾，刚刚经历完司考、闲来无事的我在学校的操场上散步，突然手机显示一个陌生号码，接通后是一位中年女性的声音，她自称姓黄，是朱老师律所的行政，邀请我下周一下午一点到所初试。朱老师是国内著名的知识产权大律师，接到初试邀请，我很意外，也很惊喜，赶紧应承了下来。那天下午，我的心情也和天气一样，格外晴朗。

到了初试那天，我穿戴整齐到了朱老师律所。一进律所，我就感觉朱老师律所的风格和想象中的律师事务所不太一样，律所面积两百多平，都是木质地板。律所分为里外两间，里面的一间是一张巨大的会议桌，靠墙是一面巨大的投影仪。外面是朱老师的办公桌，办公桌后面是一排很大的书架，摆满了各种法律类书籍。办公桌旁边是律师助理的办公桌以及接待处，清一色的实木家具，古色古香，陈设简单而低调，风格更像是一个艺术家的工作室。

那天下午我和黄老师面对面坐着聊了很久，聊天内容不涉及专业知识，更像是和一位阿姨拉家常，从我的教育背景到黄老师的信仰再到朱老师和律所的背景，我们一直聊了三四个小时，出门时已近五点。那天下午，黄老师对我的评价是"人比较实在"，并让我国庆节后到律所由朱老师复试。当时我觉得很诧异，面试不应该谈一谈专业知识以及对律师执业道路的认识吗？现在回想起来，黄老师更加关注实习生的为人，这无疑是正确的，因为知识可以学习，但人的本性是难改的。

怀着期待的心情，国庆节很快就过去了，复试那天我起了个大早，到律所的时候，朱老师早已在办公桌伏案办公了，柔和的阳光透过玻璃窗照射着朱老师和办公桌，有种朦胧感。见我进来，朱老师微笑着招呼我坐到他办公桌对面，简单了解了一下我的情况，着重问了一些我的职业规划以及应聘目的。我就把我对于律师执业专业化道路的认识，以及拜读朱老师大作的情况向朱老师做了汇报。初见朱老师，感觉和书封面的照片差不多，风度翩翩，很有大律师的风采。言谈举止也很随和，相比律师而言，朱老师的形象和举止更像是一名学者。这是朱老师留给我的第一印象，在随后的实习过程中，我发现朱老师在随和的外表下，其实是一名非常严格的老师。

那天朱老师和我交谈了一个小时左右，黄老师初试的时候我还是比较轻松的。到了复试，面对大律师，我的内心不免有点激动，也有点拘束，所以感觉复试表现并不是很理想。朱老师估计也看出我这个涉世未深的毛头小子心内的局促，对我说律师的成长不仅是法律知识和经验的积累，更是对执业者内心的磨炼，没有强大的内心难以成为大律师。交谈完毕，朱老师对我基本还算满意，让我次日到律所正式开始实习。复试结束，朱老师还赠送了我一本《朱妙春律师知识产权名案精选》，并亲笔签名盖章，勉励我能够脚踏实地、勤学苦练。回去的路上，阳光明媚，心情愉悦。

就这样，我正式成为朱老师律所的实习生，开始了继小学、初中、高中、大学、硕士之后的第六段求学经历，也是人生中最有意义的一段学习经历。

口传心授

在第一次见到朱老师的时候,他就对我说过,跟着他实习的过程会很辛苦,但是成长的速度也会很快。朱老师一直采取小班授课的教学模式,律师助理数量不多。在开始跟随朱老师学习的时候我还没有毕业,当时律所还有一位刚刚休完产假的师姐,于是我这个小师弟就跟着师姐一起开始了跟随朱老师学习的历程。临近毕业,我以在朱老师律所接触的一个关于古籍校点本的著作权争议问题作为毕业论文研究方向。毕业后我继续跟随朱老师学习。随着实习的深入,我越发觉得跟随朱老师学习,学习的不仅是专业知识,更是朱老师的办案态度和办案的思维方式。

记得刚实习不久,朱老师给我安排了一个任务,让我将一个案例作成PPT,限定第二天早上交给他检查。当晚我蜻蜓点水般随便应付了一下就交差了,本以为朱老师只是大概看看,不会很认真地审阅。没想到第二天一早,朱老师带着我和师姐,通过投影仪大屏幕一字一句地仔细审阅我制作的PPT,发现我态度不端正,内容粗糙、敷衍了事,气得当场拂袖而去。在学校的时候,老师并不会如此严格,因此当时我满脸羞愧,无地自容,并暗暗发誓今后再不允许出现此类情形。在此后的实习过程中,对于朱老师交办的每一件事,我都不敢随便应付了事,这对于我今后的执业道路具有非常重要的影响。直至今日,我对待任何一个客户都认真负责,决不敷衍了事。

朱老师擅长办理知识产权复杂疑难诉讼,案件量不是很多,但是办案精细、分析深入。作为朱老师的助理,在接到每一起案件材料后,首先将案件事实整理为大事记,以便清晰明了地了解整个案件事实。其次将整个案件的关键时间和重要的案件事实重点标注,并多次研读分析,直至对于整个案件事实做到烂熟于胸,朱老师的庭审资料往往如同作战地图,满是各种标注。朱老师常说,只有将案件事实牢记于心,才不会在开庭的时候出洋相。法庭是律师的战场，庭审表现不仅体现律师法律知识的储备和经验积累的多少，更是检验律师庭前准备工作的充分与否，对待案件态度严谨与否的考场。律师作为法律工作者，肩负当事人重托，最需要工匠精神。

在实习的前期，我主要负责了解案件事实，并向朱老师汇报，由朱老师教导我如何分析案件，提出代理思路。与一般的执业律师不同，朱老师的代理思路不循常路、不拘常理，往往能够做到剑走偏锋、绝处逢生。这种超常思维能力的具备不是一朝一夕的事情，而是长期日积月累的成果。这样的案例在朱老师身上非常多，本文篇幅有限，仅举两例。

1. 朱某、罗某侵犯软件著作权罪案，该案最终判决朱某、罗某无罪

朱某系浙江 Y 自动化公司（以下简称"Y 公司"）的法定代表人，罗某系该公司技术人员。几年前，Y 公司曾向内蒙古 M 公司（以下简称"M 公司"）销售了一批自动售书机，后因 M 公司拒不支付剩余货款，双方一度对簿公堂。就在双方因为货款闹得不可开交之时，M 公司以 Y 公司向其销售的自动售书机上安装的软件系盗版为由，向当地公安机关报案。当地公安机关经鉴定发现该批软件均为盗版，于是将朱某、罗某羁押至内蒙古某地看守所，并以该软件正版售价为依据，认定二人涉嫌侵犯国际著名软件公司软件著作权，侵权数额特别巨大，构成刑事犯罪。

在朱老师参与该案时，朱、罗二人已被关押逾一年，案件侦查和审查起诉阶段均已结束，已到审理阶段。朱、罗二人的家属早在案件侦查阶段就已经聘请当地律师参与辩护，并与公安机关及检察机关进行了多次沟通，形成大量书面辩护意见，但收效甚微。公安机关和检察机关坚持认定朱、罗二人构成犯罪，对于律师的意见基本没有采纳。由于公安机关在侦查该案时，涉案软件早已退市，市场上只有大量的盗版软件，盗版软件的价格明显低于正版软件的销售价。基于此，前期参与该案的

律师都认为应当以盗版软件的售价为标准认定该案的犯罪数额，并认为当做罪轻辩护。朱某和罗某的家属虽然认定二人并未实施犯罪行为，但迫于当时的形势，且朱某、罗某已经认罪，无奈之下也只能接受朱某和罗某已经构成犯罪这一事实。

在接手该案后，我们和前期参与的各位律师一起研讨，当时我的思路也和他们一样，认为无罪辩护基本无望，应从盗版软件价格较低入手，认定该案犯罪金额较低，进而达到罪轻的目的。但朱老师查阅卷宗材料，了解该案证据材料及案件事实后，明确提出应该做无罪辩护，理由在于：第一，价格和价值呈现正相关的关系，价格的高低与商品包含的市场价值密切相关，市场价值越好，销售价格就越高，反之亦然；第二，软件类产品具有特殊性，其市场价值随着时间推移呈现抛物线趋势，在软件退市后，其对于市场而言，已无价值，故价格无法衡量；第三，盗版软件的价格因不具有合法性，且盗版软件的销售数量及价格也不会造成受害人的任何损失，故同样不能作为认定案件事实的依据。

在确定该案的基本代理思路后，朱老师长驻内蒙古近一个月，几度工作至深夜，对于软件的销售市场规律，以及价格和价值的关系做了大量的研究分析，几易其稿后，将详细的辩护意见递交审判庭，并帮助朱某、罗某成功取保候审。最终合议庭采纳了朱老师的无罪辩护观点，以涉案软件价值无法确定为由判决朱、罗二人无罪，二审法院经审理维持一审判决，认定二人无罪。

2. 吴某涉嫌侵犯著作权罪案，该案最终判决吴某无罪

吴某系浙江 S 装饰布有限公司（以下简称"S 公司"）的法定代表人，该公司与江苏 X 装饰材料有限公司（以下简称"X 公司"）都是专业生产窗帘布的公司。两公司生产的窗帘布所使用的图案均由专业制版公司东莞 Y 制版公司（以下简称"Y 公司"）设计人员李某等人完成，设计人员李某按客户要求从出租公司租来正片、网络图库下载图件或扫描挂历、油画，从中选择相关素材，将其中若干图片或素材进行整合，

从而合成所需的图案。

2006年6月，X公司以S公司侵犯其18幅窗帘布图案为由诉至武汉市中级人民法院（以下简称"武汉中院"）。2012年3月初，江苏某市公安分局（以下简称"某市分局"）称该局已受理X公司的报案，指控S公司生产的窗帘布上的图案侵犯了X公司所拥有的著作权，并对吴某采取刑事强制措施。公安机关指控的权利依据是X公司在江苏省版权局的作品登记证，并有设计人李某等人将涉案窗帘布作品著作权转让给X公司的转让合同。

2012年3月中旬，S公司总经理与一位律师一同来到朱老师律所，当事人家属及辩护律师虽认为案件存疑，但一直苦于难以精准把脉，对症下药。辩护律师此前一直认为应当将涉案窗帘布是否构成著作权意义上的作品作为案件的突破口，朱老师接受委托后认为该思路可以作为辩护要点之一，但非根本症结所在，难以药到病除。朱老师认为，应当将著作权归属不明作为案件的突破口，并提出如下辩护思路：

首先，涉案窗帘布的设计人李某等人系Y公司的设计人员，其根据Y公司的要求进行创作，创作的作品属于职务作品，著作权人为Y公司，李某等人将系争窗帘布图案转让给X公司或许可其使用的行为均应属无效。

其次，涉案窗帘布系X公司委托Y公司所创作，但两者之间并无系争窗帘布图案的著作权归属约定，根据我国《著作权法》第17条规定，涉案窗帘布图案作品的著作权人并非X公司，而应是Y公司。

最后，案件中也没有证据证明Y公司曾委托李某等将其享有著作权的系争窗帘布图案转让给X公司等其他第三人或许可他们使用。因此李某等显然无权将系争窗帘布图案的著作权转让给X公司或许可其使用。

此外，朱老师还以窗帘布这一实用艺术品包含的独创性高低为切入点，论述其独创性较低，甚至并无独创性，从刑法角度来说，就是没有社会危害性或社会危害性轻微，故无须采用刑事手段来予以保护。

该案经常州中院一审、江苏高院二审，最终二审合议庭采纳了朱老师的观点，认为本案涉案窗帘布的著作权权属存疑，判决吴某无罪。

除了上述两案外，还有很多峰回路转、柳暗花明的案例，于无声处听惊雷，于无色处见繁花，朱老师的办案思路往往能够带来意想不到的效果。

在实习一段时间后，朱老师则有意给我分析案件的机会，在熟悉案件事实后，先由我向朱老师汇报案件事实，并提出代理思路。朱老师听后再予以点拨和纠正。正因如此，我分析案情的能力得到大幅提升。

此外，朱老师办案的一大特点在于善于运用他山之石以攻玉，当遇到争议较大的法律问题或者事实问题的时候，朱老师善于借助专家学者的力量，将己方的观点以专家咨询报告或者鉴定意见的形式予以呈现。如山东某公司诉某公司侵犯商业秘密案件，该案一审判决支持山东某公司的诉讼请求，二审予以改判，驳回山东某公司的全部诉讼请求。朱老师代理该案后，提出该案二审认定的举证责任存在重大问题，并与相关学者进行详细论证，最终形成专家咨询意见，并递交最高人民法院，最终最高人民法院支持了我方的观点，将该案发回重审。

朱老师是律师专业化道路坚定的践行者，是国内最早从事知识产权业务的专家型律师，朱老师常说律师专业化道路是青年律师成长为大律师的必经之路。但是成为专业化律师除了具备专业领域的知识储备和办案技巧外，还需要大量的案源，如何开拓案源也是青年律师面临的最现实的问题。随着法律服务市场竞争日益激烈，"酒香不怕巷子深"的时代已经一去不复返。为此，朱老师常常教导我们要多写文章，一方面归纳和提升自身的法律知识储备和办案经验，另一方面锻炼自己的写作能力，同时还是宣传自己专业方向的重要手段。随着发表文章数量的积累，青年律师到一定程度还要著书立说。

跟随朱老师学习的近三年时间里，我几乎单独或者参与办理了实习期间律所的所有案件，涉及知识产权案件的各种类型。通过这些案件的办理，不仅深化了我对于相关法律知识的理解，也锻炼了自己的案件分析能力和办案方法，端正了自己的办案态度，更重要的是坚定了自己走律师专业化道路的决心。此外，在跟随朱老师实习期间，我养成了写作的好习惯，每当遇到一个不是很明白的法律问题，便会记录下来，办案之余花时间进行研究，直到将其研究透彻。

雏鹰展翅

在跟随朱老师学习近三年后，我经过深思熟虑，最终决定离开朱老师律所，到一个全新的环境独立办案。其实早在朱老师律所学习时，我已经具备独立办案的能力，只是在一个熟悉的环境待久了，总有种到外闯荡的冲动。在向朱老师吐露心声后，朱老师虽然不舍，多次挽留，但也知道学生总有出师的那一天，对我的行为表示了理解。在将手头的所有案件材料整理完毕交接后，我开始了新的执业生涯。

离开朱老师后，我一共投了三份简历，投的全部是知识产权专业律师事务所。最终通过了三家律师事务所的全部面试。经过一番比较，我选择了现在执业的博睿律师事务所作为新的开始。博睿律师事务所成立于2005年，是一家专业从事知识产权诉讼和非诉业务的律所。2017年1月，博睿在上海开办分所，并大范围招兵买马。

博睿律所与朱老师律所的风格可以说截然相反，朱老师律所是知识产权界的黄埔军校，非常适合实习律师的成长，实习生能够享受到朱老师手把手教学的机会，并有充分的机会跟随朱老师办案，快速积累经验，快速成长为成熟的执业律师。而博睿律所则非常适合执业律师的发展，律所环境较为宽松，主任主要负责开拓业务，执业律师既可以独立办理自己的案件，也可以参与办理律所的知识产权案件。

我刚到博睿律所的时候，上海分所刚刚成立不久，我和另一位律师共同办理一起涉及驰名商标跨类保护的案件。该案我方当事人是山东省最大的民营企业，律所郑毅主任非常重视。一审在上海知识产权法院审理，由于涉及驰名商标认定，我们准备了大量商标驰名的证据、企业获奖的证据、企业广告投入的证据，以及企业财务审计报告等证明企业规模的证据，证据材料将近2000页，并将所有的法律规定归类整理，案件一审开庭取得了不错的效果。第二次开庭前，我将起草的代理意见发送律所主任，得到了非常高的评价。第二次开庭后，对方主动与我方和解，最终在法庭调解下，双方达成和解意见。

在博睿律所执业期间，我独立办理了大量的著作权案件、商标案件、不正当竞争案件、专利案件、商业秘密诉讼及非诉案件。由于在朱老师律所实习期间积累了一定的法律知识和办案经验，在博睿律所执业后基本上可以做到律所交办的案件立即接手办理，并取得不错的效果。例如，武汉某涂料公司起诉湖北某涂料公司不正当竞争纠纷案，该案一审败诉后，二审湖北高院及再审最高人民法院均支持了我方的诉讼请求，判决对方变更企业名称。又如，山东某公司诉上海某公司不正当竞争纠纷案，截至起诉时被告已成立16年，但经过我方的不懈努力，最终法院支持了我方的诉讼请求，判决被告变更企业名称。

目前，我是博睿上海所知识产权中心主任，在办案之余还负责为律所招聘和面试知识产权律师，同时指导实习律师办案。

除了办理律所案件外，自己也在努力开拓案源，独立开拓和办理了大量的知识产权案件。对于开拓案源，我的心得体会主要有以下几点：

（1）不断学习，提升知识储备。具备深厚的专业功底是律师专业化的基础。律师是一个依靠专业知识帮助客户解决法律问题的职业，专业知识的积累决定了一个律师在这个行业能够走多远。不少律师注重精美的包装和宣传而忽视专业知识的积累，殊不知仅通过精美的包装获得的客户往往会因为专业知识的欠缺而失去，最终成为"一锤子买卖"。

（2）积极参加行业内的活动。参加行业内的活动能够及时获知最新的法律前沿问题，相互交流能够互通有无、分享经验，积极参加行业内举办的讲座、沙龙还可以获得合作的机会。

（3）尽可能多地发表自己的专业观点。在办案的同时，我一直保持写作的良好习惯，保持基本每周起草一篇知识产权专业文章的习惯，并通过发表文章结识了不少志同道合的朋友，并间接获得了不少客户。

（4）进行一定的商业推广。信息爆炸的时代，进行商业推广对于提升律师的曝光度和知名度来说是非常必要的，一定程度的商业推广可以节省律师开拓案源的精力，事半功倍，当然了，决不能进行虚假的宣传和推广。

在博睿律所执业以来，既代理了大量律所交办的案件，也办理了大量自己开拓的案件。这些都有赖于在朱老师律所积累的业务知识和办案能力，才能够在新的环境中很快参与案件办理。通过办理案件，一方面结识了不少志同道合的同行，另一方面积累了大量的办案经验。跟随朱老师实习的那段经历可以说让我受益至今。

新硎初试

作为一名诉讼律师，办理诉讼案件是我的日常工作，朱老师是我律师执业生涯的第一位导师，也是最重要的老师，我的办案风格深受朱老师的影响，在博睿律所执业至今一直受益无穷。如前所述，在博睿律所执业期间，参与办理了不少知识产权诉讼案件，在办案过程中有成功的喜悦，也有失败的沮丧。下文，我选取两个案例，谈谈我的办案心得。

1. 商标在先使用权抗辩

2017年5月的一天上午，我在专利复审委处理完一起外观专利无效的口审后，接到一个商标代理朋友的电话，电话中得知上海一家专业从事餐饮加盟的企业受到香港某公司的侵权指控，当事人刚刚收到诉讼材料。简单沟通后，约定与当事人见面详聊。

回到上海后，与朋友马不停蹄地赶往当事人公司，公司自2004年开始从事特许经营活动，但由于知识产权保护意识淡薄，一直没有申请商标。就这样，公司在合伙人的苦心经营下，短短十余年间业绩节节攀升，至2017年已在全国发展了几百家加盟店。不料树大招风，随着公司的规模和影响力不断提升，渐渐引起了其他公司的注意。

2017年5月，公司突然收到上海市徐汇区人民法院的诉讼材料，这才知道公司一直以来使用的餐饮品牌早在2012年就已被香港某公司申请注册为商标，并且香港某公司一直以来从事与上海公司完全相同的业务。现在香港某公司起诉上海公司侵犯商标权，索赔600万元。

初步分析后，我提出可以使用商标在先使用权抗辩，并要求公司尽快准备其在涉案商标注册前就已经实际使用被控侵权标识的证据，并提供被控侵权标识在涉案商标申请日前就具有一定知名度的证据。但由于大量证据距当时已十几年，开庭在即，为拖延开庭时间，我方提出管辖异议，并在裁定驳回后上诉，此举为我方赢得了宝贵的三个月时间。

证据准备妥当后，我方向法庭提供了大量的加盟合同、合作协议、标识设计协议、交付记录、烹饪协会入会证书等，证明我方早在涉案商标申请日前就已经实际使用。同时提供我方全国范围内的大量加盟合同、参加烹饪协会组织的比赛的获奖证书等，证明我方在香港某公司申请注册涉案商标前就具有较高的知名度，最终一审法院采纳了我方关于享有在先使用权的意见，驳回对方的全部诉讼请求。

2. 双虎与两虎公司不正当竞争纠纷系列案

武汉双虎涂料有限公司（以下简称"双虎公司"）是一家专业从事涂料生产的企业。公司自2002年开始将"双虎"作为企业字号。公司成立后持续对油漆涂料产品进行研发改进，获得了一系列荣誉证书，在业内具有较高的知名度。

湖北两虎涂料有限公司（以下简称"两虎公司"）成立于2012年，同样从事油漆涂料的生产和销售，产品的销售区域和双虎公司存在较多重合。

2017年中，双虎公司认为两虎公司擅自使用与其"双虎"字号近似的"两虎"字号，违反了《反不正当竞争法》第2条的诚实信用原则，同时违反了《反不正当竞争法》第6条规定的擅自使用他人有一定影响的企业名称，主观上具有攀附"双虎"字号的恶意，故向法院提起诉讼，请求判决两虎公司变更企业名称。

该案经咸宁市中级人民法院一审判决，认定两虎公司不存在不正当竞争行为，驳回双虎公司全部诉讼请求。

双虎公司不服一审判决，上诉至湖北高院。二审中，我作为双虎公司的代理人，着重强调以下两点：

（1）早在两虎公司成立前，双虎公司就在全国范围内具有较高的知名度，并提供大量证据予以证明，两虎公司与双虎公司同处湖北地区，对于"双虎"的知名度理应知晓。

（2）"两虎"与"双虎"虽然并不完全相同，但是两者的含义相同，易造成相关公众的混淆，两虎公司明知"双虎"字号的知名度，理应合理避让。且两虎公司未能就"两虎"的来源作出明确解释。

该案经二审，湖北高院依法改判支持我方的诉讼请求，判决两虎公司变更企业名称。后两虎公司向最高人民法院申请再审，最高人民法院经审理，驳回了两虎公司的再审请求。

在不正当竞争案件审理过程中，两虎公司还以持续三年未使用为由，向商标局申请撤销双虎公司第133496号驰名商标。该案经商标局审理及商标评审委审理，均驳回两虎公司的请求。两虎公司不服商标评审委的决定，向北京知识产权法院提起诉讼，庭审过程中，我方从如下两方面进行抗辩：

（1）我方持续对第133496号商标进行商标性使用，并提供相关包装盒及合同等证据予以证明。

（2）双虎公司持续使用的第908164号、第7056161号商标与第133496号商标仅个别部位存在极其细微的差别，三者属于相同商标。我方对于第908164号、第7056161号商标的使用应视为对于第133496号商标的使用。

该案经北京知识产权法院审理，依法驳回了两虎公司的诉讼请求。两虎公司不服一审判决，向北京市高级人民法院提起上诉，北京市高级人民法院经审理，维持北京知识产权法院一审判决。

经过近三年的不懈努力，我方不仅使两虎公司变更了企业名称，而且维持了双虎公司宝贵的驰名商标有效，取得了最终的胜利。

摘埴索途

作为一名刚刚执业的青年律师，对于律师执业的认识可能还存在不足之处，但是需要认识到优秀律师应具备的优秀素质，不想成为大律师的律师不是称职的律师。就目前我所处的层次而言，我认为有一句话阐述得非常准确，"律师的命运靠技能"。作为法律服务行业的新人，当务之急就是不断提升个人技能。在这个竞争激烈的行业，技能差的律师出局，技能一般的律师苦苦挣扎，只有技能熟练高超的律师才能够做到游刃有余，名利双收。

律师的命运完全掌握在自己手中，如何修炼好内功，成为一名技能高超的律师值得每一位律师深思。对此，我认为一名优秀的律师，需要修炼的内功包含如下几个方面：

第一，具备律师职业道德，也可以理解为律师的优秀人品。我认为律师职业道德应当包含激情、诚信、敬业。没有激情的律师只是将律师职业作为谋生的手段，没有激情又怎么能深入钻研案件，发现案件的突破口，最大程度维护当事人的合法权益？没有诚信的律师必将被淘汰，甚至受到法律制裁，每个人的一生中都会遇到许多诱惑，律师行业更是充满了诱惑，在律协培训中，一再强调律师职业道德的原因正是不少律师没有经得起诱惑而犯了错误。敬业精神是所有行业的基本要求，不敬业的律师不但无法开拓属于自己的客户圈，而且在执业过程中常常会因为自己的不敬业行为造成客户的损失，甚至自己也要为此承担相应的法律责任。

第二，良好的语言文字表达能力。这里的语言文字表达能力主要体现在写作能力和口头表达能力。律师一定要具备一定的口头表达能力，法庭是律师的舞台，是检验律师能力的演兵场。律师的口头表达能力不仅要求律师能说，更要求律师会说，重点突出、言简意赅、逻辑清晰地表达自己的观点比起逻辑混乱的"雄辩"更具有说服力。写作能力也是律师的基本功，中国的庭审节奏由法官主导，庭审过程中陈述的观点和意见往往难以全部反映在庭审笔录中。因此，律师往往会将答辩意见或者代理意见以书面的形式递交法院，一篇逻辑清晰、论理充分的书面意见往往能够左右法官的判决，同时给律师的形象加分不少。

第三，强大的分析归纳能力。分析归纳能力包含分析能力和归纳能力。律师的工作更像是一场精细的外科手术。如何在最短时间内准确地分析出案件的症结所在，对症下药，是优秀律师的必备技能。归纳能力要求律师能够快速对案件具有整体的概念，并简明扼要地将无关紧要的案件事实排除，无论是简单的婚姻案件，还是复杂的知识产权或者建筑工程案件，都能够以最短的语言或者文字进行阐述。

第四，坚持走律师专业化道路。律师专业化发展的话题在律师行业早已不是一个新鲜的话题，我是律师专业化的坚定支持者。随着社会关系的日益复杂化，法律的数量增加了，学习法律、理解法律和运用法律的难度也随之增加，这就要求律师花费更多的精力学习专业知识和技能。而律师的精力毕竟是有限的，除去办案和营销的时间，真正用于学习的时间必然会随之减少。因此，掌握法律的难度和律师精力的有限性之间的矛盾必然会迫使律师选择专业化发展的道路，只有这样才能提供更优质的服务。

以上是我作为一位青年律师的心得体会，上面这些体会说来简单，做起来却非常有难度，需要花费一生的精力去修炼。就目前而言，我觉得我至少存在如下不足：

第一，精力不足以对于每一个案件进行深入分析和归纳。朱老师曾说过，律师要经历谋食、谋生、谋艺三个阶段。作为青年律师，目前尚处在谋食阶段，每天需要处理大量纷繁复杂的事务，包括诉讼事务和非诉事务。这些事情占据了我大量的精力，无法对每一个案件都做到将其当作一件艺术品进行处理的境界。

第二，口头表达能力和分析归纳能力仍需要锻炼。口头表达能力不仅要求律师逻辑清晰、言简意赅、重点突出，还要求律师能够很好地把握庭审中的语速、语气等细微之处。分析归纳能力直接关系案件的成败，目前而言，我的语言表达能力和分析归纳能力均需进行深入的历练。

第三，与客户的谈判技巧尚需锻炼。面对客户，如何快速通过专业知识赢得客户的信任直接关系律师的创收。通过短时间的沟通快速赢得客户的信任是一门复杂的心理学。目前而言，我在这方面的能力还比较欠缺，不能够掌握客户的心理活动，往往会造成大量客户流失。

以上是我目前对于律师职业素养的一点浅薄的认识，以及对于执业至今自身存在不足的反思。虽说"金无足赤，人无完人"，但人生本就是不断完善自我的过程，其间我们会不断地认识自我，并且尽自己的努力去完善自我，会经历艰苦，也会收获喜悦，但对于我来说这一切都是值得的。

极目迥望

有人说律师这个职业"看起来光鲜，做起来艰辛"，尤其当下二八定律愈发严重，青年律师熬出头更加需要经历磨难。对此，我早有心理准备。对于未来，参照国家五年计划，我也给自己定了一个五年计划。在未来的五年内，我计划做到以下几点：

第一，坚持"一专多能"的发展模式，以知识产权作为主要的业务领域。在办理知识产权诉讼业务的同时，对于知识产权非诉业务继续进行强化学习。不仅如此，还要不断提升传统业务的办案技巧和能力；对于目前而言，坚持专业化道路的同时，对于最普遍的合同纠纷、劳动争议等传统业务，同样需要熟悉和熟练。如此不仅可以增加自身创收，也能够强化自身的业务能力。

第二，出版一本属于自己的知识产权相关著作。律师的著作代表的是律师在这个领域的专业技能。律师通过出版著作，介绍自己的办案经历和心得体会，不仅可以对办案过程中的经验进行沉淀、积累和总结，同时也是展示和宣传自己的有力手段。不少客户会通过网络搜索的方式了解一个律师，若得知律师出版过相关著作，无疑会快速建立信任，进而放心将案件交给该律师处理。

第三，成立一个志同道合的专业化团队。就知识产权而言，不仅可以细分为诉讼业务和非诉业务，还涵盖商标、专利、版权、不正当竞争等多个领域。就我自身而言，虽然办理了不少知识产权诉讼业务，但商标申请等非诉业务相对比较薄弱。一方面，面对客户的全方位需求，一个专业化的团队往往能够提供精细化、全方位的服务，这样的全方位服务模式也更加能够获得客户的认可。另一方面，在与客户沟通洽谈复杂疑难案件代理时，团队合作更能赢得客户的信任。

作者简介

周超律师，现执业于博睿（上海）律师事务所，专利代理人，执业至今从事了大量知识产权的诉讼和非诉业务，实务经验丰富，善于处理知识产权维权及复杂的知识产权法律纠纷。

参与并办理了大量专利、商标、不正当竞争及著作权诉讼、非诉案件，为太平鸟、雅戈尔集团、立白集团、立邦涂料、潍柴集团、山推集团、力诺集团等公司提供知识产权诉讼和非诉服务。

此外，在劳动争议领域、合同纠纷领域及企业法律顾问业务方面具备丰富的业务经验。代理了上百起劳动纠纷案件，为企业或员工争取合法权益，同时代理了数十起合同纠纷，并担任多家企业的法律顾问，能够为企业提供完善的法律服务。

琢玉成器

沈铿桢

前　言

我本打算在2020年春节假期中抽出几天完整时间，找一处不受打扰的地方完成稿件。不料国内暴发新冠肺炎疫情，自己只得天天"困于"家中，各种琐事也陡增，不但要照顾刚满两周岁的宝宝，还要处理工作的事情，加上惰性使然，文章的启动便一拖再拖。

想到书稿仍未完成，心中犹如悬了一块石头，久久不能放下。焦躁不安之中，甚至萌生了打退堂鼓的念头。辗转反侧之际，我想，连数万字的代理词、论文都写过，还怕这个？"痛定思痛"之后，我又鼓起了勇气，在凌晨寂静、无人打扰之时，准备沉下心来，着手攻克心中的这块"巨石"。

但此时，又出现了一个新问题，怎么写？

诚然，能和其他师兄、师姐们一起出现在本书，这是我莫大的荣幸。但可能是性格原因，当朱老师提出让我也给本书供稿的时候，说实话，我内心是忐忑不安的。其中缘由，不外乎我是最晚进入师门的师弟——资历不够啊。

虽然已跟随老师学习、办案数年，但和那些在各自领域浸润多年，或已功成名就，或已成为事务所、单位中流砥柱的师兄、师姐相比，我还是远远不够格的。也正是这一顾虑导致我久久不能提笔。因为我实在想不出，像我这样一个既非法本，又非法硕，学历、工作经验均不算出众，甚至平凡无奇、微不足道的年轻律师，如何才能写出一篇让读者觉得有借鉴意义或有帮助的文章。

这可比分析案情，起草代理词难多了！

正当我一筹莫展，苦思冥想之时，我回想起老师在"布置任务"时和我说："小沈，不要有压力，就当作写自己人生这一阶段的小结。"

还是老师的话一语中的啊！

自我走出校园开始，到去企业工作，再到有幸拜入老师门下，直到现在正式成为一名执业律师，其中曲折虽不如"西天取经"般有"九九八十一难"，但也发生了很多故事，自己也产生了不少感悟。师兄、师姐们对律途的体会和对办案的理解，都比我丰富深刻，在这方面我确实写不出更深刻的内容。既然如此，那我就索性以一名"半路出家"年轻律师的身份，来和大家分享自己的心路历程。

真诚地希望自己走过的弯路，能对大家有所借鉴；自己对办案的想法，也能给想从事或已从事律师职业的大家有所帮助。

受本人能力所限，本文谬误之处在所难免，敬请大家谅解。

一、谷　　底

我的高考失利了。

归结原因主要是盲目自信和贪玩，当然更多的还是水平不够。说白了就是年少轻狂，小孩子不懂事。我是上海的考生，当时准备报考理工科专业，因为高中某次考试，我化学得了满分，想到自己可能有这方面天赋，高三便选了化学（其实是我觉得物理太难了）。由于盲目自信，我高考志愿填得较高，又由于自己贪玩以及盲目自信，在备考的后期我放松了警惕，有时甚至会弃教材和试卷于不顾，一个人偷偷溜去网吧消磨时间。

结果可想而知，最终我的高考成绩仅过了二本线十来分，远未到一本线，刚好当年二本志愿的学校录取分数线堪比一本院校，我落榜了。

真是自食其果。

虽说男人做事不后悔，后悔了也不说，但高考失利，确实让我久久不能忘怀。特别是踏入社会后，工作时间越长，越会品尝出这一苦果所发酵出来的酸涩。这不只是一次考试失败的灰心，也不仅是未尽全力的不甘，而是切切实实影响了我以后的走势，对我整个人生产生了不可估量的影响。

由于志愿掉档，可供选择的余地已不多。我没有选择复读，补填志愿时，尽管还有一些公立大学的名额，但毕竟我分数不高，排名有先后，贸然去填，很可能会错过最后一次机会。因此，我选择了一所民办院校，而专业则是我最初设想的计算机专业。最终我被录取了。

如果问高考失利给我最深的感悟是什么，那就是"危机"。曾经朝夕相处的同龄人都进入了较为理想的学校，我突然意识到，原先大家之间只是成绩好坏的大同小异，将来却可能逐渐变成层次高低的天壤之别，原先的知根知底，也有可能逐渐变得形同陌路。因此，在开学前，我就告诫自己，遇事不能再继续漫不经心，而要积极进取。

当时的动机很单纯，那就是：跟上大家，不被落下。

二、爬　　坡

1. 大　　学

我非常感谢自己的本科母校，特别是辅导员章老师以及各位任教老师。

事实上，我们班级大部分同学都毕业于重点高中，只因高考成绩不理想，最后补填志愿进入我们这所学校。章老师是部队转业干部，从事学生教育管理工作多年，她非常了解学生的所思所想，通过平时对我们的严格要求，指引我们努力的方向，帮助我们快速成长。

虽然是民办院校，但专业课的师资并不逊色，很多老师都是重点高校在职或退休返聘的教授，其中不乏享受国务院特殊津贴的专家。老师们也不戴"有色眼镜"，不遗余力地因材施教，使我们在专业和技能上有了长足进步。学校给予我们各种锻炼的平台，无论是学生会工作、志愿者活动、各类竞赛项目，还是校外实习等，让每个人都有发挥的空间。

在学习和工作中，我也结识了很多比我优秀的同学和师长，他们有的在进一步深造后留校成为老师，有的则自主创业，其他大多都已在各行各业中成了单位骨干。

大学就好似一座熔炉，只要你愿意锤炼自己，并付诸行动，那就会有所改变和收获。这四年里，在老师和同学们的帮助和自己的努力下，我有幸成为同届中首批学生党员，多次获得系级、校级优秀学生干部、三好学生称号，并在毕业时获得了上海市普通高等院校优秀毕业生的称号。在专业学习上，我获得过各级奖学金，参加过市级专业技能比赛并获得了一等奖，也参加过国际微软办公软件应用技能大赛，获得了中国地区大学组冠军。

现在想起来，这应该就是我人生的拐点吧。经过大学的洗礼，我开始领会为人处事的道理，虽然有时也会"钻牛角尖""孤注一掷"，但也逐渐养成了保守谨慎的性格，并且做事开始具有主观能动性。最重要的是，我领悟到凡事不论结果，都要努力争取尝试，只有不断挑战自己，才能不断发现自己的上限。

到大学毕业为止，我基本上达到了当初高考失利后所定下的"跟上大家"的目标。而此时，我已有了新的目标，那就是规划自己的人生，要走自己的路。

2. 出　　国

（1）择校。

其他同学或者读者朋友们可能都比我更有计划性和目的性。大家可能在进入大学，甚至在高中的时候，就已经做好了人生的中长期规划，比如，读完本科是直接工作还是继续读书深造，国内读还是出国读，读什么专业；从事什么工作，在哪里工作；等等。

我是在大四的时候，才开始这方面的计划。虽然社会推崇能力优先，而非学历优先，但不得不承认，良好的教育背景是一块基本的敲门砖，因此我选择进一步提升自己。又因为深感自己并非学霸，短短数月时间，已来不及复习备考，没有过多的纠结，在与家里沟通，并得到父母的支持后，我很快就作出了决定：出国读研。

既然想好出国读研，读什么专业，就需要一定的考虑。正常来说，我以后工作的方向应该是一名IT技术人员，但在大学的学习工作过程中，我觉得自己可能还有别的选择。

首先，我清楚地认识到，虽然自己的专业是计算机，但要说热爱这个专业，还是有点差距。因为无论以后从事程序员、网络技术人员还是其他IT方面的工作，都需要不断地充实钻研，缺乏热情会导致后劲不足。其次，虽然我专业课的学习还算不错，但和重点大学的学生甚至和同班同学相比，自己实际上还只是刚入门。最后，我确实很享受独自面对电脑，琢磨编写代码的状态，但我也偏向于能更多地和人打交道，并且可以切切实实帮助到别人，可能这也是传统的IT技术工作无法满足的。

经过考虑，加上读书时很崇拜阿里巴巴和马云，当时我的想法是将来能够往项目管理的方向发展，类似于现在的项目经理或产品经理。因此，我觉得既带有一定计算机技术背景，又偏向于商科的专业会比较合适。同时，考虑到各种成本以及教学质量和认可度，我最终选择去英国留学。

作出决定后，接下来就是准备雅思，申请学校。对于学校的选择，我的想法是尽量申请较好的学校。但在咨询了几家留学机构后，对方都坦率地说，以我的实际条件以及本科背景，可能申请全英排名60靠后的学校会较有把握，当然可以尝试争取排名50左右的学校。此时，我的家人、朋友和大学老师也劝我应该求稳，他们甚至担心即便申请上好学校，若学业跟不上，无法毕业岂不是竹篮打水一场空。对此，我虽然心中也有顾虑，但凭着一份不甘心，还是固执地将学校申请范围提升到排名20~40，并补充了一些有助于申请的个人材料。

不出所料，申请被拒的消息接踵而至。那段时间，我表面上虽然波澜不惊，继续和留学顾问沟通调整留学方案，但内心还是很受煎熬，生怕自己没有学校录取，重蹈高考失利的覆辙。

好在这次的坚持有了回报。在临近各学校招生截止期限的前一两周，我先后收到了两所大学的录取通知书，而且他们的学校排名均在20~30。最后我选择了位于英格兰泰恩河畔的一所大学，攻读电子商务及信息系统硕士专业。

（2）留学。

学校位于英格兰北部，可从伦敦转机。在上海飞往伦敦的飞机上，我邻座正好是一位在中国工作多年、上了年纪的英格兰人。那时，我口语还很勉强，他比较热情，懂一点点中文，我们就半打手势，半夹杂着中英文，聊了起来。老先生向我介绍了他在中国的工作生活和一些自己作为老外的趣事，并问了我对某些中国事物的看法，我则请教了他一些英国的情况，大家聊得也不算尴尬。当飞机在伦敦落地，大家互相告别的时候，他微笑着和我说："Now, you're a foreigner here!"（现在你在这里是一位老外了！）

就这样我的留学生活开始了。

因为我的专业带有理工科背景，所以中国同学的比例比纯商科专业少一些，外国同学也比较友好。总体来说，大家学习生活融洽，互帮互助。

留学期间，除偶有病假以外，我未曾缺勤，课余也会去图书馆学习，并有幸作为代表前往欧洲知名的法国格勒诺布尔高等商学院作短期交流。我很感谢父母对我留学的支持，特别是近两年的学习生活费用，对我们工薪阶层家庭来说，也是一笔很大的支出。最终我顺利毕业，并且学位获得了Merit评价（成绩优良）。

回想整个留学经历，我觉得主要有四部分收获：

第一，进一步接触社会，提高了综合能力。作为留学生，除学习之外也有其他事情需要处理，比如联系租房、学校及政府部门登记注册、医院诊所登记，等等。此外，我也体会了当地的风土人情，大部分当地人还是热情友善的，当然我也有在打工深夜下班后，被路上酒鬼掐脖子找茬的经历。

第二，增强了信心。我身边的国内同学大多都是"985""211"院校毕业，或者本科就已在英国读书，而国外的同学则大多是已有多年工作经验，读硕士对他们而言仅是为了进一步拓展自己的职业发展空间。可以说，同学们各方面都比我优秀。经过努力，我在学业上，能顺利完成个人及小组作业。同时在生活上，与大家能成为很好的朋友，加上自己最终顺利毕业，让我对自己的能力有了信心。

第三，逐步明确了自己将来从事工作的方向。通过对商业课程的学习，特别是在完成商业计划作业、参观咨询公司及参加企业宣讲会的过程中，我对第三方的咨询服务产生了很强的兴趣。首先，咨询工作需要个人具有很强的专业能力以及团队协作能力，这也意味着能和优秀的同事不断学习成长；其次，作为第三方可以接触不同的客户，解决不同的问题；最后，通过完成每个项目，帮助到客户，自己也会有成就感。这些特点完全符合我择业的初衷，所以我调整了自己的职业规划。

第四，找到了自己的另一半。我太太和我是同校不同专业的同学，都来自上海，在中国同学联谊的过程中相识，久而久之，就在一起了。

3. 工　　作

实际上，我是希望留在英国工作的。在所有课程结束后，我继续在当地居住了一段时间，边打工边找工作。由于当时英国整体经济形势不佳，自己也没有工作经验的加分，加上英国工作签证政策的调整，最后我还是选择回国。

回国后，我按照原先的设想，开始有针对性地找咨询方面的工作。

咨询工作也分好多类，牵涉企业经营管理的方方面面，如技术咨询、市场咨询、人力资源咨询、战略管理咨询，等等。

我当时将目标放在技术咨询和市场咨询。由于错过了毕业季，各公司的校招或基础的社招岗位均不多，所投简历大多石沉大海，偶有的几次面试机会，最终也不了了之。

我开始考虑调整职业规划。第一份工作就是咨询当然是最优选项，但反过来想，也可以先在某个领域浸润几年，让自己对行业有一定的认识和积累，同时，磨炼为人处世和解决问题的能力。等条件成熟，若有机会再去咨询公司，其实也是一种选择。因此，我便将求职范围扩大，但效果仍然不尽人意。

时间一天天过去，那时候赋闲在家，想着自己逐渐变成"海待"，心中五味杂陈。直到机缘巧合，经推荐并通过面试，我才获得了进入国内知名的人力资源服务机构，进行为期六个月的见习机会。

我非常珍惜这次机会。部门领导及同事们都很优秀和资深，在他们的照顾和帮助下，我学习了解了公司和部门的业务模式及服务产品，并协助同事们完成辅助工作，将学到的东西运用到实践中。随着见习时间的积累，我逐渐对公司及岗位有了进一步认识，并对人力资源服务产生了兴趣，加上工作的性质与我之前设定的职业方向相同，我希望能够正式加入公司。之后，经过努力，我也得到了领导及公司的认可，在顺利结束见习期之后，我便正式入职。

我的工作主要涉及薪资福利及员工关系方向的咨询服务，包括开发客户及项目落地、服务维护。有赖于见习时打下的良好基础，正式入职后，在领导与同事的指导下，我尽快掌握了岗位所需的基本技能和业务知识，积极参与、配合部门指派的工作任务。一晃数年，自己开展工作从一开始的小心翼翼，到后来的游刃有余，为人处世也逐渐成熟。团队及个人服务的客户数也从开始的数家，达到了上百家。我也有幸被上海公司评为支部优秀党员、年度优秀员工，并被集团总部评为先进工作者。

回顾那段时间的点点滴滴，我取得的成长和进步，离不开领导的培养和支持，以及同事们的帮助，对此我一直感怀于心。我一直认为一个人能够优秀，除了自己努力外，还因为他身边有一群更优秀的人能够共同成长进步。一个人能够取得成绩和荣誉，其实不只是对他的认可，更是对其所在团队和集体一起努力付出的肯定。

4. 考　　证

由于工作的关系，我平时会经常接触一些法律问题，最直接的就是员工关系中涉及的劳动法问题，以及公司与客户签订合同的条款修改问题。久而久之，我逐渐对法律产生了兴趣，并会买一些法律的书籍来看，但当时的目的只是单纯地提高自己的业务能力，对工作有些帮助。直到有一次看到表弟正在备考司法考试，我才知道还有这样一种证书。之后，我便有意识地了解司法考试的流程要求和考试内容，在得知非法本专业也可以考试后，我便决定尝试挑战这"天下第一考"。（现在考试已经改革，原先司法考试为一年一次，一般每年9月考，连续考两天，半天一卷，共四卷，总分达到360分即可通过。）

严格说来，我其实考了两次。第一次，抱着试水的想法，我复习了一个多月。一开始零零散散地看了些书，后来发现时间不够，体量太大，索性书也不看，直接开始刷卷一的真题。每次做完结果都惨不忍睹，当年奔赴考场，倒也坦荡，反正考不出来，就看看卷一能考几分。最后成绩下来只有50多分，当初还有些小失落，心想好歹也做了些题目，居然这么惨，现在想来简直羞难当。

有了第一次的惨痛经历，第二次我便严阵以待，前后复习周期达十个多月，而备考方式则以自学、听授课音频及做题为主。我大致的复习经历如下。12月至次年春节前，我每天下班后利用3小时左右，先将各科的先修班课程听完一遍，让自己对每卷考试内容有基本概念。春节后至5月末，我每天复习时间增加到4小时左右，开始听各科的基础课程，并且每听完一科，做一本对应的练习题。我的听课顺序和前三卷的考试顺序一样，最开始是法理学。我的想法很简单，零基础的人，应该先听法理学，培养自己的法律意识。从 6 月开始，我平均每天复习的时间增加到 5 个小时，这时候开始听系统强化课程，并且听完一科，做一本分科真题。8 月开始，在听完冲刺课程后，我便开始按年刷真题。最后一个月，除了下班备考以外，我将准备度蜜月而未用的婚假一并利用，开始做最后的冲刺。说实话，即便复习了这么久，直到考试结束，我还是没有把握。但好在功夫不负有心人，这一次我超过分数线近 20 分通过考试，虽然分数不高，但我还是很高兴。

这里，我要特别感谢我的太太，是她让我有了动力，坚持不放弃。她因为工作需要，也有参加司法考试的必要，但一开始并未决定当年和我一起参加考试，后来她比我晚了几个月才开始复习。她有自己的复习方式，大家互不干涉，但我们时常讨论题目，互相督促。所以，我能通过考试，离不开我太太的支持和鼓励。欣喜的是，她当年也通过了考试。

现在想来，经过这十个多月的备考学习，除了最后成功通过考试以外，更重要的是通过各个老师的讲授和学习，让我真正地对法律产生了敬畏，并对律师职业产生了向往。老师们除了讲授法律知识以外，也教授大家做人及做一名法律人的道理，其中我印象最深的就是讲授刑事诉讼法的陈少文老师的一句话："当你不知道做什么人的时候，做好人；当你不知道做什么事的时候，做好事。"可以说，除了收获证书以外，更大的收获就是在我心里埋下了一颗向往成为律师的种子。

三、律　　途

1. 找　　所

在得到太太及父母的支持后，我开始寻找可以挂证实习的律所。由于自己平时还有工作，所以不可能直接去律所，一家一家当面交简历。

我主要还是以网上申请为主。说实话，我已经记不清自己投了多少个律师助理岗位，找了多少家律所，只记得自己找了很久。

我找所的要求其实只有一个，那就是可以真正地学习办案。但在偶尔的几次面试中，我发现主任们实际上大多看上的只是我有一定的销售背景，所以希望我可以主要从事拓展案源的工作，有的甚至直接询问我酒量如何，至于如何办案则不用我操心。

我至今仍记得有一位主任一边看着我的简历，一边对我说："你想学办案不是不可以，但你要想想自己行不行，我这边招的律师至少都是研究生毕业，他们本科学习四年，研究生学习三年，学习法律至少七年以上，毕业至今也一直从事律师职业，你觉得自己以后比得过他们吗？"可以说，站在对方的角度，甚至站在当事人的角度，我非常理解他说的话，专业的人做专业的事。确实，没有系统学习过法律，非科班出身是有很大的影响，但我始终认为，即便起步晚了，只要肯下功夫，找对方法，仍然可以做好。

对于我能走上律师道路，我要感谢三位律师：

第一位是一家北京事务所上海分所的毛律师，毛律师并未介意我的背景，她也希望自己的团队成员能够扎实办案，经过笔试及数轮面试，我有幸加入了毛律师的团队。可以说，是毛律师给了我机会，让我意识到自己可以成为一名律师。遗憾的是，由于某些原因，我中途离开了毛律师的团队。

第二位是上海本地一家精品所的温律师。温律师团队专业从事劳动法相关的法律服务，与我原先的工作背景也很匹配。我有幸在温律师团队学习了一段时间，经过温律师的指导，让我意识到自己可以做好一名律师，这坚定了我从事律师职业的信心。

第三位律师，也是最重要的一位，就是我的授业恩师，真正带我走上律师道路的朱妙春老师。

2. 入　　门

我和朱老师结缘，并从事知识产权专业相关法律服务，其实并非偶然。

由于非科班出身，又无资源，若不加选择、贸然地进入律师行业其实难度极大，所以我在找所的过程中意识到还是要有一个切入点。这个切入点，除了原先的工作背景以外，就是我的理工科背景。

虽然我毕业后从事的工作与技术关系不大，但我本身仍然时常关注并且愿意尝试一些新的技术和应用。我一直认为，随着社会的发展，现在习以为常的工作岗位以及生活模式，都有被淘汰取代的风险，唯有技术不断创新，才能具有强大的生命力。我也关心时政，自党的十八大以来，国家愈发重视科技创新，不断出台相关政策。而科技创新又与知识产权息息相关，故我其实对知识产权的相关法律服务也抱有兴趣。

朱妙春老师在中国律师界德高望重，特别是在知识产权维权领域久负盛名。他办理过各类知名的知识产权案件，不少案件甚至推动了司法进步。

我仍然记得那是初夏的一天。当时我前后已在几个律所磨合过，但最终均因故未留下来。我每天登录各类招聘网站搜寻律师助理的工作岗位，而东方律师网作为上海律师协会官网，其人才交流板块，也有很多招聘的信息。由于那天没有过多的岗位更新，其实我已经打算关闭浏览器，转念之间，我又重新返回第一页，最后刷新了一次。幸运的是，我看到朱老师的事务所发出了招聘信息，没有多想我便给事务所发送了求职邮件。

没过多久我便收到了回信，信中只有寥寥数语："小沈，你对今后有何计划？"此时我尚不清楚具体回信的老师是谁，我原以为是事务所负责招聘的行政老师与我联系，但我隐约中猜想是不是朱老师亲自回信给我。但无论如何，我还是郑重地在回信中又介绍了自己的背景情况，并正式地以三年为限制订了简要计划。当第二封邮件收到后，我确认了那正是朱老师亲自回信，因为信中通知我次日上午前去面试。

应该说此时我律师的面试经验已经较为"丰富"了，但第一次前往朱老师的律所，心中还是有些紧张。为了有所准备，我在网上看了朱老师不同场合的照片，日常会议中的朱老师给人一种温文尔雅的气质，而办案谈判中的朱老师又透露出一种不怒自威的严谨专业。

我去得早了些，朱老师尚在对另一位候选人进行面试，由于正值节假日，律所并没有其他律师。简单介绍来意后，我便按照朱老师指示进入另一间会议室进行等待。由于会议室隔断是透明玻璃，我便借机一览办公室的样貌。朱老师的律所不同于一般"格子间"的传统律所，办公桌之间互相"坦诚"，台面上堆满了案卷资料，中式书橱中放满了各类法律书籍，墙面上则挂有书法字画。它更像是一间带有文化氛围的"雅居"，让人平心静气。

面试终于轮到我了。与预设的感觉不同，初见朱老师，感受到的却是一种亲切。现在回想起来，这是一种长辈对晚辈、师长对学生的亲切，一如既往。

经过一个多小时的面试，朱老师表示愿意收我。但因受限于自身客观条件因素，待遇方面确实存在现实问题。同时，律师的工作强度及随机性较高，经常需要加班，家庭方面亦会有失照顾。特别是当朱老师知道我已成家之后，他关照我一定要和家人充分沟通之后，再让我予以答复。

面试结束之时已临近中午饭点，朱老师说自己仍有案卷资料需要审阅，我连忙起身告别。

走出办公楼，我兴奋地和太太通了电话，介绍了面试情况及面临的问题。晚上，我又前往父母家，沟通了相关情况。感谢我太太和父母的支持，次日上午，我给朱老师发信答复。不久，朱老师便回复我："好的，明天见。"

至此，我就正式入门了。

3. 学　　习

律师的培养确实需要时间的积累和案件的锤炼。但对我而言，时间是最大的成本，所以我不得不花费更多的时间，同时找到方法、提高效率来使自己尽快成长。好在朱老师这里有一项师兄师姐们几代人实现并传承下来的"传统",那就是在朱老师这学习工作一年,收获相当于一般业内其他律所的三年;若潜心知识产权领域,则两年相当于外部五年,可成为成熟的知识产权律师;而三年至五年的奋斗努力,则相当于外部八年,届时已可在知识产权业内小有名气、崭露头角。

对我而言,这项传统的实现,主要就是勤能补拙。

律师办案的主要能力,一项是笔头,即文字表达能力。虽然我参加工作已有数年,但当我真的落笔起草法律文件时,却无从下手。朱老师非常重视这一基本功,对我们严格要求。一份文件,经常是上午改过,下午再改,今天改过,次日再改。

律师的另一项主要办案能力,就是口头表达能力。无论是与当事人,还是与公检法交流,口头表达能力是不可或缺的。特别是庭审辩论中,律师的慷慨陈词,更能起到重要的作用。

好在我入所后没多久,便有机会在一项非诉服务(简单来说,就是让一家经营困难企业走上正轨)中,不断提升自己的文字和口头表达能力。在这前前后后一年多的服务中,通过近百次的开会,起草的数百份纪要、通告、报告、决定、协议,不断的现场走访,与各类身份的人员打交道,慢慢地,我对这两项技能有了一定的体会,但说真的要符合朱老师的要求,其实还相差甚远。

律师除了基本技能以外,对于办案而言,还有就是对案件本身的钻研。值得一提的是,案件首先离不开本身的事实,为了能让自己对于事实一目了然,朱老师将归纳事实的"大事记"教给了我们。在了解事实的基础之上,熟悉掌握相关法律又是必需的,但仅仅熟悉法条又是远远不够的。朱老师教导我们,分析一个案件,一看法条司法解释、二看判例、三看专家学者意见,同时要正反面,甚至站在法官的角度看待相关问题。朱老师对每一个案件的执着,始终影响着我,即便在我独立执业以后,对于事实和法律关系再简单的案件,我仍然坚持用"大事记"和"三看法+多角度分析"来办理案件。

对于案件的总结，特别是对某些关键问题的分析归纳，也是律师提升自己的手段。朱老师经常教育我们，要将办案过程中或者平时的所见、所思、所得，通过写文章的形式进行提炼。我也重视文字的积累，并在老师的指导下，一起合作发表了一些论文，如《知识产权刑事诉讼应当"先民后刑"》《浅谈我国反垄断法私人执行中垄断协议的认定》等。

朱老师教书育人，除了平时严格要求我们打好这些基本功以外，更会有意识地让年轻律师有实战的机会，参与到案件中，这样"理论结合实践"，使我们成长迅速。

当然，除了办案以外，社交、组织活动也是律师的一门课。朱老师鼓励且主动提供机会让我们组织参与各种形式的论坛讲座，向各类业内前辈、师兄师姐学习，与各行各业的企业嘉宾交流。我印象较为深刻的是，2017年陪同朱老师在春城昆明参加了全国律师协会知识产权专业委员会年会（朱老师当时是全国律协知产委副主任，现为顾问）。那一年是我第一次参加全国律协知产委年会，有幸向国内顶尖的知识产权专家交流学习，使我受益匪浅。

应该说，通过朱老师的指导教育和自己的学习，为我之后独立执业，打下了扎实的基础。

4. 执　　业

因为朱老师深耕于知识产权领域，所以除了我之前所述的非诉服务以外，我大部分参与办理的案件均与知识产权有关。在朱老师的指导下，我协助参与办理了专利、商标、著作权、不正当竞争和垄断等各类案件，基本上涵盖了知识产权领域的方方面面。执业以后，更是屡次和朱老师共同出庭、代理案件。

执业以来，让我印象最深刻的案件当属武汉的一起垄断案件。本案由朱老师带队，我作为承办律师协助办案。相较于一般的不正当竞争行为，垄断行为因其排除、限制竞争，故而对市场经济秩序的危害更大。

但司法实践中，对于垄断行为的认定也存在相应争议，如对垄断协议的不同认定，垄断效果的分析亦不同。为了办好本案，我查阅了大量资料，购买了近十本垄断方面的书籍，收藏了上百条有帮助的网站链接。同时，经朱老师引荐，我们还一起拜访了我国著名反垄断法学专家、上海交通大学王先林教授，进行请教。最终，结合案件事实，我起草了近2万字的代理意见，递交给法院。

律师执业之后，是否换所，其实一直是一个普遍问题，特别是对年轻律师来说。我也同样面临这一问题。对于这一问题，我的理解是要了解自己的目的是什么。我当时的想法很简单，自己从业已有数年，办案能力也有了一定基础，虽然从朱老师这里学到了很多，但对于团队乃至事务所的管理，以及案源的拓展，其实仍有很多的疑惑，所以我想去感受一下不同平台的管理运营，同时能够继续从事以知识产权为主的业务。在与朱老师充分沟通后，我离开了朱老师的律所，转去了一家上海律师人数逾百人，全国律师近千人的律所。在此之后，我又转去了一家人数不多，但在业内具有良好声誉和口碑的精品所，开始与其他小伙伴磨合我们自己的团队。

虽然我在外执业，但始终与朱老师保持紧密联系，珍惜师生之情，定期去看望他，并且仍有案件合作，2021年我和朱老师还在一起标的达数千万元的涉外商标侵权案件中，共同出庭。

对于之后的执业方向，我会坚持以知识产权为主，但同时我也关注到知识产权中的员工关系问题，以及人力资源中的知识产权管理问题。因此，我将尝试结合自身工作经验，在这一交叉领域进行努力。同时，在学术上，考虑再充实提升。

四、感　　想

成为律师有其偶然性，但冥冥之中或许也有必然性。我爷爷从学徒出身，有赖于组织培养，历经工厂、街道、公安、检察、机关等单位，最终在纪委岗位上退休。我从小就爱听爷爷讲他工作相关的故事，可能在那个时候我就在心里埋下了一颗法律的种子。爷爷自我准备司法考试开始，就一直鼓励我；在我实习时，督促我尊师重道，认真学习；在我执业后，又鞭策我脚踏实地，提升业务。我非常爱戴、感激他。

成为律师的最初动机，可能还是想能够靠自己的能力，切切实实地帮助到别人，同时能够不断地挑战自己。

"不忘初心，方得始终。"自己不才，不能吃透这句话的真正含义，但觉得这句话确实有道理，做起来又确实难。对于律师来说，坚持本心更为重要。我有一次和朱老师开玩笑说："在外面浮躁了，要定期来老师这回炉，这样才能让自己的心静下来。"

回想自己一路走来，其实不足为道，在众多仍在坚持的年轻律师又或是普通"80后"中，自己的经历只是其中一个微小的身影。

虽非璞玉，尤可琢之。

作者简介

沈铿桢律师，现执业于上海汉与商律师事务所，知识产权师，拥有证券、基金从业资格，专业领域主要为知识产权、竞争与垄断、劳动人事与合规风险控制，拥有近十年的相关法律服务经验，入选上海市闵行区知识产权协会专家库，并作为调解员参与知识产权纠纷调解工作。自从业以来，已参与办理逾百起各类诉讼案件，为包括上市公司在内的多家企业提供常年法律顾问服务，拥有丰富的合规风险控制经验。

从事律师职业前，曾长期供职于国内知名人力资源服务机构，提供薪资福利、员工关系等咨询服务，为企业人力资源管理提出可行性解决方案和法律建议。基于自身工作经验，还关注知识产权与人力资本的结合，以不同的视角帮助企业完善知识产权及人力资源管理，提升企业创新力及凝聚力。

逐梦时代　砥砺前行

詹　广

一、前　记

与其他师兄弟不一样，我可能是这本书里唯一一个不是朱老师嫡传弟子的法律人。没有其他师兄弟的幸运，可以直接拜在朱老师的门下常伴左右、聆听教诲，但有幸的是，我也是间接地从他的弟子和他的著作中受到朱老师的影响，走上知识产权律师这条路的，近年来又常有机会在各种场合聆听朱老师讲课，向朱老师当面请教，参加朱老师组织的技术研讨会，获益巨大，也算是殊途同归，其致一也。

感谢朱老师的厚爱，邀请我也写一篇文章分享一下自己的成长故事，或许能给后来者一些参考和借鉴。遗憾的是，我没有其他同人的辉煌成绩，也没有惊天动地的经历，仅是些过往经历的琐碎小事，借这篇献给朱老师的文章回顾一下普通人怎么走上法律这条路，以及走上法律这条路十三年的心路经历，也是给自己这段执业生涯的一个回顾、一段总结。

二、初来上海　四处碰壁

时常站在中国最高楼的浦东陆家嘴上海中心大厦的61楼律所办公室往下看，正如郝云的那首《活着》说的："每天站在高楼上，看着地上的小蚂蚁，它们的头很大，它们的腿很细，它们拿着苹果手机，它们穿着耐克阿迪，上班就要迟到了，它们很着急。"跟歌词里写的一样，俯视街道眼见的尽是楼下陆家嘴环路上疾驰的汽车和各色匆匆的行人，他们穿梭在陆家嘴的高楼大厦之间，忙碌在一栋栋的写字楼里，奔波着自己的前程，这也是上海这座国际化大都市里众生忙碌身影的真实写照。

回想大学毕业初来上海的时候，来上海做个这样行色匆匆的"小蚂蚁"都是很困难的，偌大的上海并没有给我们这种初出茅庐的普通大学计算机专业的应届毕业生多少立足之地。还记得那是2008年夏天，火车一早停在上海南站，那是我第一次来到上海。随着匆匆的人流走到了地铁一号线上海南站的站台，又恰逢早高峰，一辆一辆都是满满当当的车厢，当时还没有在上海挤地铁的经验，拖着两个大箱子硬是没挤进去，错过好几趟地铁后是地铁工作人员把我硬塞进去的，一路坐到上海体育馆站，犹记得是从安亭宾馆下的地铁口出来，突然面对全然陌生的钢筋水泥城市，一脸茫然。兜兜转转，总算找到了发往目的地的公交车，是从万人体育馆发往野生动物园方向的万野专线。公交车一路向东到达目的地，后来就住在刚在上海安家的哥哥家，开始了上海求职经历。

刚本科毕业的"菜鸟"根本不知道自己能干什么，但是依然对找份工作充满幻想。2008年的求职方式有线下举办的大型招聘会，就和几个陆续来上海的同学一起，辗转在上海体育场、虹口足球场等场馆举办的招聘会上，拿着我哥帮我修改的记载微末经历的简历到处分发。然而找工作并非预期的那样简单，一个多月下来投下去的所有简历都石沉大海。失落、失望、烦躁、迷茫感油然而生，根本不知道未来的路在哪里。

兜兜转转、跌跌撞撞，后来总算找到了份工作，但是看着最后到手的微薄收入就感到非常挫败，这完全不是我想要的工作。

三、逃离上海　埋下种子

　　站在这片土地上，人必须要有足以立足的技能，在此之前需找到你要走的路。现在想起来，这段艰难的求职经历也许是找到自己路前必须要走过的，太容易的事或许就没有多少深刻的思考和意义。

　　当时哥哥是从深圳慕名投奔到朱老师麾下的青年律师，朱老师是他的授业恩师，受朱老师的影响，哥哥也把知识产权作为自己的执业方向。在此之前，我对知识产权的了解还仅限于大学选修的知识产权法律课上的所学。记得那一天，跟哥哥去徐汇的宜家家居买家具，从大门上到二楼有一个扶梯，在扶梯上聊天聊到未来的人生规划，有几个问题我记得特别清楚。哥哥问我，你知道专利的类型有几种吗？我记得大学学习的时候学过发明，但是其他两个就想不起来，我哥笑着告诉了我答案。前面问的其实都是铺垫，重点是后面的。他问我是否知道专利代理人（那时候还没有改成专利代理师），我说完全不知道。他说如果哪天考过了专利代理人资格考试，就不愁找不到工作了；如果既考上了专利代理人资格考试又考过了司法考试，就可以做"双证律师"。有"双证"执业资格的律师全国也就几千人，即使不做律师，有这两个证书在企业找个知识产权法务的工作也是不愁的，未来基本上就饿不死了！正在对未来一片迷茫的时候，我顿时找到了未来的方向，虽然当时对这两个资格一无所知，通过这两个最难的考试觉得遥不可及，但是已经埋下了知识产权的种子，我知道这就是我要走的路，即便这条路可能会很长。

　　专利代理人要毕业两年后才可以考，司法考试更是难上加难。在没有通过这些考试之前，只能找专利工程师、知识产权专员之类的工作，然而上海对于人才的要求比较高，我没有找到一份跟知识产权相关的工作，甚至连面试的机会都没有。长期住在哥哥家也觉得不是长久之计，当时大学女友和同宿舍好兄弟都在杭州，我就有了辗转去杭州的想法。

跟家人交流之后，拿着我哥给我的3000块钱拎着行囊就去了杭州。

四、辗转杭州　逐梦知产

杭州这个城市，除了山美水美之外，似乎还比上海多了一点人情、少了一点残酷。向杭州几十家专利代理机构投了一圈简历之后，陆续收到了好几份面试通知。打开专利代理人协会网站查询，犹记得集佳、丰禾、杭诚、裕阳、祥隆、浙科等杭州几家老牌代理机构都有面试过，每面试一家就跟我哥电话汇报面试情况，听取他的意见，最后经过选择去了天勤所，这是一家以专利代理为主要业务的知识产权代理所，我也成了一名以撰写专利申请为主要工作的专利工程师，开始了我执业生涯真正的第一份工作，这份工作对我后来的职业之路影响也很大。在这里，我开始系统学习《专利法》《专利法实施细则》《专利审查指南》等专利相关的基础法律法规，熟悉专利申请的流程和规则。跟师傅学习怎么撰写专利申请文件，例如，如何撰写权利要求既可以做到保护范围最大，又能一根藤串起来；如何起草说明书可以支持权利要求；怎样给说明书附图作标记；等等。还要学习答复各类审查意见，特别是学习怎样进行创造性答辩。当时所主任和带我的师傅都是非常优秀的专利代理人，也是非常严厉的领导，培训中不仅要求起草的文书不能有任何形式错误，还要求权利要求的撰写需把握核心发明点，不能有非必要技术特征，说明书的撰写需要丰富饱满，附图的标号该需要标记清晰而不凌乱，各领域的技术方案都要通过学习相关知识尽快读懂，等等。这些看似简单的基本功，其实需要经过大量的培训和刻意练习才能领悟。所里还定期有知识产权技能培训和考核，定期去浙江大学各院系研发实验室、吉利汽车台州研发中心等客户处与研发人员面对面交流技术发明，进行专利挖掘。这段近两年的工作经历奠定了我的专利实务的基本功和专利代理的基础能力，算是入了知识产权非诉业务的门，但依然是初出茅庐。因为我知道我迟早是要走上律师这条路的，我要掌握很多的专业技能，前面的求职经验告诉我，仅专利代理的非诉经验不足以丰富我的技能，必须增强诉讼业务能力的培养。为此，我专门换到一家律师事务所从事知识产权律师助理的工作，主要学习专利检索、专利无效、专利诉讼、企业知识产权管理等技能。记忆犹新的是一件专利侵权诉讼案件，我协助主管律师检索到的对比文件最终无效掉了初审原告的专利，并在最高人民法院的再审中逆转取胜。

五、最高院再审　成功逆转

这是我职业生涯承办的第一个专利侵权诉讼案件。当事人是浙江宁波慈溪市的一家小型民营企业，生产饮水器用水管，规模不大，养活几十个在车间加工生产的当地百姓，企业还处在野蛮生长阶段。生产的水管接头产品涉嫌侵犯他人专利权，在宁波中院被权利人诉"一种管道接头"的实用新型专利侵权，要求停止侵权、赔偿经济损失15万元。

老板也没有多少知识产权诉讼经历，束手无策，只知道这个技术在原告申请之前已经被大量采用了，但是设计图纸等在先使用的证据也没有得到有效保存。一审请的是当地律师，按照当事人的思路办案，书面答辩称是先用权抗辩，称其在原告专利申请日前使用相同技术已经制造并销售该产品，不构成侵权，请求驳回原告（权利人）的诉讼请求。宁波中院一审审理后，对于先用权的抗辩理由，因依据不足，不予采信；通过侵权比对和法庭调查，最终作出法院判决：被告公司立即停止制造、销售、许诺销售被诉侵权产品，并销毁用于制造侵权产品的专用模具，被告公司赔偿原告经济损失7万元。赔偿7万元事小，停止侵权事大。销毁模具、停止生产后，几万元一套的模具一旦销毁，生产线拆掉，企业就面临破产，几十名员工即将失业，老板倾尽所有的投入将打水漂。在这家企业老板一筹莫展之际，在二审上诉期内，当事人找到我，请求我们提供法律协助。我和我的主管律师在我们当时位于马塍路浙江高院对面的办公室一起接待了他，并接下了这个案子，代理二审程序。

二审的上诉期所剩无几，虽然专利结构并不复杂，但是要在浩如烟海的各类文献中找到能够无效掉的现有技术也并非易事，在仅有的一周多时间内，我检索到了认为可以无效掉该专利的现有技术，向浙江高院提起上诉主张现有技术抗辩不构成侵权，同时提交了专利无效宣告申请并请求法院中止审理。可惜的是，我们找到的现有技术比涉案专利的技术方案多了一个凸环，专利无效没有成功，二审浙江高院认为现有技术抗辩不成立，驳回上诉，维持原判。

对这个结果我们是不甘心的，总觉得还有更合适的证据没有找到。在国内数据库检索专利，但是一直没有找到满意的，就去国外数据库找，功夫不负有心人，最终在韩国专利库中找到一篇韩文现有技术，我们认为足以申请该专利无效。吸取二审的经验，我们并没有直接提交再审和无效宣告申请，而是请求国家知识产权局专利咨询检索中心进行专利检索，同时将该韩国现有技术一同提交检索中心，果然国家知识产权局专利咨询检索中心对比该韩国对比文件后，出具了一份专利不具有新颖性的《授权专利检索报告》，拿着这份更权威、更有说服力的检索报告，向最高人民法院申请再审，并第二次向专利复审委提交专利无效宣告申请。最高人民法院提审此案，认为被告公司以韩国专利主张现有技术抗辩成立。最终判决［（2011）民提字第343号］，一审、二审判决书中法院适用法律错误，撤销一审、二审判决，驳回原告的全部诉讼请求，该专利经复审委宣告全部无效，最终案件逆转成功，当事人也对案件判决十分满意。

听前辈们说，执业生涯第一个案子至关重要，对执业生涯有着很长远的影响。我觉得很有道理，这个案子至少告诉我，不管多难的案子都不要轻易放弃，是否会有转机就看你愿意付出多大的努力。时至今日，特别是独立执业以后，我对我承办的每一个案件都尽量做到精益求情、全力以赴，结果就是民事诉讼案件胜诉率很高，几乎还没有败诉的，一审败诉后二审翻盘的也时有发生。

六、再闯上海　攻克司考

不管怎么努力，没有通过司法考试和专利代理人资格考试，就没有拿到进入法律行业的门票，也不能跨进法律行业的门槛。所以这些年一直在一边工作一边自学法律知识，准备司法考试。杭州保俶山下的浙江图书馆是我最喜欢去的地方，可以安静地在里面听培训课程录音，做模拟题，但是没有法学基础，一直没有通过，中间还有一年因为忘记现场验证的时间而错过了考试报名，跑过去的时候现场工作人员正在收摊。岁月如梭，时间辗转到了2012年年初，依然觉得知识产权的路有些遥远。

杭州虽然美得不可胜收，在杭州工作四年积累了一定的知识产权非诉和诉讼经验之后，我毅然决定要返回上海，再闯上海滩。2012年年初，我在上海青浦从事一份企业管理咨询工作。在这工作的一年里，边工作边备考，对于一个法学背景为零的人，打下坚实的法学基础是个漫长和艰险的历程。青浦图书馆坐落在青浦新城区美丽的夏阳湖上，每天8点图书馆没开门之前就已经等在图书馆门口。青浦图书馆外波光粼粼、景色优美，但是没有时间去欣赏，必须保证每天有8个小时以上的时间用在备考上。经过从先加法后减法的几轮复习、近年真题做过几遍之后，最终不出所料地顺利通过了9月的司法考试。经过复习司法考试的磨炼，专利代理人的法律部分就容易许多，再花一周时间复习了撰写题目之后，同年也通过了专利代理人资格考试。就这样，5年前那遥不可及的梦想似乎实现了。但是我知道，过了司法考试只是迈进了法律这条路的门槛而已，后面要爬的重重高山才是真正的律途，我还需要找寻名师、在更专业的殿堂继续锻造。

同年，我到了脱颖律师事务所，这也是一家以专利非诉业务为主的知识产权所，主任脱颖律师也是业内有名的知识产权资深律师和专利代理人，早年求学美国，并获得美国三个州的律师执业资格，有着深厚的涉外专利非诉业务经验。人到中年，回国创业，设立律师事务所，主要做专利相关的业务，在业内也是赫赫有名。

拿到资格证书，并经过一年期的律师实习，2015年顺利拿到律师执业证，开始了真正的律师执业生涯。因为律所是以专利非诉业务为主的，我做的主要工作其实还是专利代理业务，包括专利撰写、专利无效复审、复审和驳回后的行政诉讼等。脱律师以全套美国式的管理制度管理律所，以美国式的撰写方式培训新人，对重要的专利都要求多个代理人来开会讨论技术方案，多人讨论相互拆解，因此如果一个人撰写的稿子在众目睽睽之下发现各种错误是很丢脸的事。权利要求书都严格保护必要技术特征，既不能多一个字也不能少一个字；说明书需要充分记载技术内容，力求饱满充分，决不允许权利要求、发明内容、具体实施方式复制一遍的专利文件出现。记得我写的一件专利申请文件初稿交给脱律师之后，我是站在他旁边几个小时，看着他逐字逐句地修改说明书，才知道自己与高手的差距在哪里。就这样磨炼了四年，精写了上百件专利，答复了大量的审查意见之后，我的专利实务能力有了明显提高。早年在杭州学习的实务经验似乎显得不值一提，所谓登高山而知天之高，临深溪而知地之厚，只有一步步地攀登高峰才能眺望更广阔的天际，而良师益友则是拉你攀登高峰时的坚强臂膀。

七、独立执业　努力蜕变

我认为，律师这份职业的归宿就是做独立律师，每一个授薪律师都要把独立作为自己的方向。2017年，在脱颖所做了四年授薪律师之后，因为脱颖律所仅从事专利业务，为了去磨炼更广阔的业务经验，我觉得是时候独立了。也是各种机缘巧合，下一家律所竟然是与脱颖律所在同一栋楼，同一步楼梯上下，但是四年未曾有过任何交集的正策律师事务所。

正策所2017年下半年在上海中心61楼新开设另一套办公室，开始了扩张之路，在与律所管理层面谈一次之后，我认定已经找到了心仪的律所。正策所不论是地理位置、办公环境、律所文化、领导视野都与我非常契合，去了一次就知道，它就是我心中想要去的律所的样子。

做独立律师完全是另一个层次的工作，授薪律师只需要按时按质完成老板交代的工作就够了，无须担心其他，而独立执业的律师，除了要完成老板交代的工作之外，更多的还要做老板的工作，开发案源、处理案件、维持客户、做演讲、写文章、办论坛，等等，都要亲力亲为，在没有助理之前，收发快递都要自己动手，风险自担，责任自负。

律师工作的最大乐趣在于永远没有重复的工作，因为遇到的案子总会有案情不同、当事人不同、证据不同或者其他方面的不同，每个案子都是新的挑战，所以遇到案子能快速抽丝剥茧、从复杂的案情中找到本案胜负的关隘，也往往是一名律师能不能把握案件胜负的关键。除了扎实的法学基本功之外，在没有大量的案件积累之前，不论案件大小、案件类型，精办每一个案件，努力总结吸取案件办理中的经验，这样才能努力成长为一名优秀的律师。

正策律师事务所是一个开放的平台，为律师提供亮出自己、锻炼自己的各种机会，满足一名成长中的律师对律所的所有想象。2017年11月，刚去律师事务所执业不久，就在律所主任祝跃光律师及高级合伙人黄培明律师等其他前辈的亲力支持下，参与举办了第一场主题为"2015～2017年度影响力知识产权案例评析会"的中美知识产权论坛，邀请来华访问的美国芝加哥McAndrews Held & Malloy Ltd律所的吴大同博士等一行人作为美方代表参与，我与其他同事等作为中方的发言人一一上台做了关于中国专利诉讼经验分享。

随后几年里，陆续主办了多场知识产权普法讲座、科创板知识产权圆桌论坛，参加大大小小的活动，提升个人的表达和演讲能力，各个方面锻炼自己，让自己从一个青年律师逐步蜕变成资深的知识产权律师。

八、投身公益　登录央视

CCTV-12"社会与法频"道开创了一档名为《律师来了》的公益法治节目，"法为绳墨、助为初心"是这个栏目的宗旨，节目形式是以当事人作为求助人现场介绍案情，多名律师和专家一同为其分析案情找到破解之道，然后当事人选择一名自己最看好的律师为作为公益律师为其办理该案。该节目形式新颖，案件贴合老百姓的日常生活，且为当事人办实事、办好事，节目播出以来好评如潮。2019年3月，为拍摄新一季的节目收集案件和选拔节目律师，该节目组制片人和几位编导来到上海挑选律师，其中一期是来正策所举办了一场选拔会，要求律师自带案情，通过演讲呈现案件内容，制片人和编导会来挑选适合的案子和律师上节目。正策所数十名律师报名参加，为了准备演讲，我特意从同事手里借了一个案子参加选拔会，最终很荣幸与高级合伙人黄培明律师一起成为进入央视拍摄节目的主场律师。

同年6月，赴京节目拍摄。在拍摄之前，节目组邀请央视的演说专家、专业播音员等来为所有参与拍摄的律师做拍摄前的集体训练，包括从着装、仪表仪态、说话技巧、发音表达等方面进行突击培训，以便能达到更好的节目效果。

我参与拍摄的是其中一期名为《真假答案茶》的节目。这是一起涉及知识产权特别是特许加盟合同纠纷的案件。2018年年初，一位抖音名为"答案茶 Answer Tea 秋涵"的抖音玩家，将答案茶的玩法在抖音上曝光后，在短短一个月内收获粉丝35万、点赞117万，曝光量近4亿，全国范围内迅速刮起一阵答案茶奶茶店的加盟风潮。这款答案茶的神奇之处在于能够"占卜"，只需要在点单时写上一个问题，比如，"我未来女朋友现在哪里""我什么时候能瘦下来"，在领到自己的那一杯奶茶时，答案就会浮现在奶盖上面。如此"神奇"的产品，加上抖音等短视频媒体的推广传播迅速走红，从2018年1月14日第一家店开业，到 4 月底加盟商就已经覆盖 27 个省份，223 家，每日销量超过 10 万杯。作为一个新晋奶茶品牌，这样的扩张速度即使与砸下 10 亿元的瑞幸咖啡相比，也毫不逊色。

这期节目的当事人有两位，分别是来自云南昆明的加盟商刘先生和广东东莞的加盟商李小姐。他们和"特许人"，也就是答案茶背后的运营商，河南盟否网络技术有限公司分别签订了特许加盟合同，并各自支付了加盟费，花费了房屋租金、店铺装修费用、原料采购费用、人工费用等数十万元费用后，在当地商城开设了一家"答案茶"加盟店。刚开始生意不错，然而好景不长，在他们的店铺不到百米处出现了完全一样的"答案茶"加盟店，而且这些店铺的特许人并不是河南盟否网络技术有限公司，不仅加盟商另有其人，而且对面的店铺声称自己是正牌店，反而刘先生和李小姐的加盟店是假冒店。东莞的新"答案茶"加盟店还去工商局投诉了李小姐的加盟店，李小姐的生意就做不下去了。看到对方拿到的商标授权委托书，李小姐顿时傻眼了，事后经查询，河南盟否网络技术有限公司并不是"答案茶"商标的权利人，真实的商标权利人是南京科润特餐饮管理有限公司。他们找到"特许人"河南盟否公司讨要说法，"特许人"说自己获得了权利人的独占排他授权。而事后经调查，"特许人"所说的授权许可既不是独占排他权，也不是在与加盟商签订特许加盟合同之前就获权的，而是事后找南京科润特公司补签的，也就是说在与加盟商签订特许加盟合同之时它并没有拿到商标授权，而且南京科润特公司还另外授权广州美西西餐饮管理服务有限公司等多家公司进行特许加盟活动，美西西公司再授权给刘先生和李小姐对面的加盟店，才出现了前面"真假答案茶"各家店都说自己是真店的故事。"特许人"还存在"两店一年"特许资质等问题，刘先生和李小姐等认为"特许人"河南盟否公司在签订合同时构成了欺诈，要求"特许人"解除合同、返还加盟费、赔偿损失等。

节目录制因为不是现场直播，为了追求效果可以重拍。因为是第一次拍摄电视节目，我其实还是有些紧张，在酒店房间除了把案件相关的法律问题研究透彻之外，还要熟悉和背诵可能要讲的台词。节目在大兴的一个影视基地拍摄，同期录制节目的还有另外两位律师，一位是带刘先生上节目的昆明本地的孙律师，她本身与刘先生熟悉，有着人和优势；另一位是河南盟否公司当地的黄律师，不仅有地利优势，还做过检察官，有丰富的刑事诉讼经验，并且多次参加《律师来了》节目拍摄，她们都比我更有机会获得当事人的青睐。节目拍摄还算顺利，并且当场获得两位当事人的认可，一致选我做案件的公益代理律师，很荣幸受当事人和节目组的委托成为该期节目的公益律师，并拿回了节目组颁发的奖杯。节目拍摄完还拍摄了几分钟的普法视频作为案件的总结放在节目后。

节目拍摄完后，我就承办了节目求助人求助的公益案件，帮助求助人发送律师函、与特许方交涉沟通等。因为节目播出之后得到了广泛的关注，全国各地上百家加盟商集体找到河南盟否公司办公地讨要说法，要求解除合同退还加盟费，河南盟否公司根据不同情况予以解决，最后"答案茶"项目至此算是终结，两位当事人也实现了参加节目时的初衷。这期节目也算是给该项目混乱的特许经营市场下了一剂猛药，去浊扬清。

法律是老百姓维护自身权益的最后手段，但是并非每个当事人都有机会接触律师，更不是谁都有经济条件聘请律师，因此公益案件的代理是律师在付费代理之外承担的法律人的担当与社会责任。正策律师积极投身公益法律事业，2019～2020年，每周四都有同事在静安区石二街道司法所做信访接待，其中我每月会花半天时间，给来访的街道居民提供法律咨询，两年下来接待了数百位各类当事人，为他们生活中遇到的问题提供法律对策。

九、打造团队　追求更高

2018年在律所主任祝跃光律师，高级合伙人黄培明律师、薛英姿律师，管理合伙人张大超及其他管理层的支持下，我主持建立正策知识产权法律服务中心并被聘为中心主任。正策知识产权团队从创所之初便商定了团队化运作、专业化分工、市场化经营、精品化服务、规范化管理、产业化发展的道路,这需要团队所有人的努力和大量付出。随着知识产权团队的壮大,正策所知识产权中心的团队规模、业务量和知名度都在稳步提升。中心团队目前已有知识产权律师 50 余人、专利代理师 20 人,其中 17 人是具有律师和专利代理师执业证的"双证"律师,仅"双证"律师人数规模在上海律所中已经名列前茅。

感谢《上海知识产权》总编潘抒先生等知识产权人的认可,2020 年正策知识产权法律服务中心团队获评 2020 年《上海知识产权》杂志编辑推荐奖"服务之星"称号。2021 年 1 月 18 日,上海正策(江阴)律师所事务所开业典礼圆满举办,正策国内第一家分所正式落子江阴,建立专利撰写中心,立足知识产权业务。2021 年 4 月 23 日,正策知识产权商标团队在薛英姿律师的带领下,获评上海市商标代理服务规范达标机构,与上海市商标品牌协会签订"SHTMA"证明商标许可使用合同,获得"证明商标准用证",并向国家知识产权商标局进行许可备案,成为第二批 7 家上海市商标代理服务规范达标单位之一。

正策知识产权服务中心经过三年多的努力打造,探索耕耘、积累沉淀,已经在专利、商标、版权、反不正当竞争、反垄断等领域为国内外客户提供了大量的优质服务,获得了业内的广泛好评,正策知识产权团队将在涉外业务,特别是专利 PCT 业务、涉外专利侵权诉讼业务、专利无效业务上有更多建树,努力成为上海知识产权法律服务领域的精锐力量。

十、放眼世界　逐梦未来

逐梦知识产权的十年,也是中国知识产权蓬勃发展的十年。全球创新趋势中,最引人瞩目的必然是中国在技术创新和知识产权发展的进步,未来的世界也必定有中国知识产权发展的广阔天地。见证逐梦时代的前行脚步,也感受了中国知识产权的真实温度。中国的知识产权发展,特别是知识产权法律服务领域的发展,朝气蓬勃,但依然有着巨大的进步空间:很多机构以跑量为主的模式经营,不注重撰写质量;专利代理费十年前多少钱,现在还是多少钱,低价竞争、恶性循环;专利和转化依然走在平行路上,申请和保护没有有效结合,许可和转让被束之高阁,中国的专利服务体系似乎没有形成完整的闭环,十年前就在高呼的"知识产权春天",一直还是进行时。行业处于内卷、割裂的现状,也就无法完全实现专利对创新的促进作用。

我畅想的知识产权的未来,是创新、专利、许可、诉讼、收益、共享的大闭环,这种闭环能够提升整个中国的专利质量,提高创新积极性,推动技术进步。去开拓知识产权行业与商业模式结合的未知领域,去创造知识产权行业的良性文化,创建知识产权服务的大闭环,这是落在我们这一代知识产权人肩上的使命。

道阻且长,任重道远,有朱老师这样的知识产权人为我们披荆斩棘、打好基础,站在前辈巨人的肩膀上,我们后辈又有什么理由不努力前行!

作者简介

詹广,上海正策律师事务所知识产权法律服务中心主任,高级合伙人,专利代理师。中国人民大学民商法硕士(在读),计算机技术学学士。CCTV《律师来了》第三季主场公益律师。主要执业领域是知识产权、刑事辩护、民商事诉讼和仲裁、企业风控和合规;处理专利、商标、著作权、商业秘密、反不正当竞争侵权诉讼;代理商标复审、撤销、无效,以及复审行政诉讼案件;提供企业知识产权规划、科技融资、反不正当竞争服务;服务过的行业涉及科技领域,主要是制造业、计算机、互联网、化工制造业等科技企业,生产的产品包括汽车、电动车、家用电器、手机、手机通信器件、显示器薄膜等各行业高科技领域。服务过的客户有全球 500 强等企业,包括美国 ITW(Illinois Tool Works INC.)、美国 TE(TE Connectivity)、美国江森自控(Johnson Controls,Inc.)、三星、吉利汽车等。

灯　塔

陆　懿

非常有幸能够有机会加入朱妙春老师主编的《青胜于蓝》中，朱老师是知识产权界的泰斗，并且一直致力于推动行业的发展，对于知识产权界有着举足轻重的影响。朱老师因为对业内后辈有着诸多的期许，所以经常教导和关心我们，而我得益于父亲和朱老师是忘年交，有机会能够和朱老师这样的泰斗有近距离接触，朱老师不仅对我言传身教，而且让我将自己的过往和经历写入他的著作中，这样的厚待使我激动不已。我也希望自己的经历能够给读者们些许启示，不负朱老师所给的机会。

一、信念与大山

失败、低谷和黑暗是现代大压力社会环境下的人们内心所必须面对的三座大山。从结果来看，有的人积极面对，闯出一番天地；有的人消极应付，迷失了自我。事实上所有人都是处在同一个起跑线的，因为每个人心中都有对成功的渴望、巅峰的向往和黎明的希望，失败和成功、低谷和巅峰、黑暗和黎明，谁都离不开谁，同时存在又同时消亡。人们其实什么也不缺，只缺一个，那就是信念。信念有多坚定，就有多强大。每个成功的人、走向巅峰的人、迎来黎明曙光的人都是有信念的人。在成功之前、走向巅峰之前、迎来曙光之前，每个人都有自己的信念，但有的人坚持了下来，有的人半途放弃，所以最终导致每个人的人生结局不同。因此需要像愚公移山一样信念不断，才能将这三座大山搬走，顺利到达自己的目的地。

也许有人认为每个人的起跑线是不一样的，有的人是站在巨人的肩膀上，而有的人只能站在小矮凳上，眼睁睁地看着站在巨人肩膀上的人轻轻一抬手摘下树上的苹果。从表象来看，好像是那个站在巨人肩膀上的人更轻松、更容易，但其中的奥秘别人又怎知呢？比如，他与巨人如何配合才能站稳抬手摘苹果呢？万一巨人突然打了个喷嚏把他摔下了呢？万一巨人把刚摘下的苹果抢了呢？如果他草率地去摘苹果那结果未必可知。所以，请记住成功的背后有着诸多的因素和相应的考量，每个环境下所面对的困难都不一样，无法直接武断地同等对比，并不是条件的优势决定着最终的结果。而且从结果看，那个站在巨人肩膀上摘下苹果的人一旦离开了巨人是否还能摘下苹果呢？站在小矮凳上的人一旦摘下苹果，那还有哪个苹果他摘不下呢？虽然大家都是同样摘下了苹果，但是收获的东西除了苹果外真的是千差万别，这个时候大家的起跑线又变得如何了呢？所以如果站在巨人肩膀上一定能摘下苹果而站在小矮凳上一定摘不下苹果的话，那这个事情真的太糟糕了，因为这个世界就真的没有了希望。幸好这个世界并不是这样的，万物都在不断地变化是唯一不变的准则，而我们要做的也只有三件事：对自己的信念坚定它！坚定它！坚定它！哪怕现在看不到任何好转的迹象，你也要明白只要付出，就是在为质变打下坚实的基础。

永远记住：三座大山永远不会为难有信念的人！

二、迷途与灯塔

我是在象牙塔中长大的孩子，从来无须对外界有任何的顾虑和担忧，也不用强迫自己做任何事，在学校只需想着上课学知识，对知识不强求自己能会，只要考试别太差就行，作业要完成别被找麻烦就行，在家想着如何打发时间就好，所以学生时期的我在校非常平淡，成绩也非常平淡，学科总分不突出也不倒数，一直保持中游水平，完全是一个佛系学生没有冲劲。在家的我打发时间的方式也非常单调，那就是坐在电脑前悠闲地打着游戏、喝着冰镇可乐。这样毫无冲劲的学业和极度悠闲的生活不断地腐蚀着我，而当时的我还并未察觉，就连非常重要堪称人生转折点的中考、高考我都不管，像填报哪个学校、哪个专业、保底学校又是哪个，这些问题完全依赖父母的指挥，虽然父母会问我的意见，但我每次都以我没有意见回答，最后都是靠父亲来拍板，所以我只需要如实地反馈我的学习成绩，让父母安排的时候有所参考，并做到保持现成绩，争取向上突破。但是我的学业一直都是以"跷脚偏科"著称，都是理科来弥补文科，从小学起，我就需要用唯一的一门理科——数学，来拉动文科的语文和英语两大科目，所以综合分一直上不去，父母不得不花重金找了一所私立学校来让我完成初中的学业。

我不知道的是，正因为这一段初中学习的经历挽救了依旧佛系学习的我，成功地将我送进了升入本科率极高的高中，并间接地将我送进了大学的校门。这主要是因为当时我所在的班级 11 班有着一群努力又优秀的同学，又有着优秀且有方法的老师，他们所营造的学习氛围拉动并推动着我一起往前走，不断地提高自己的学习能力，并成功地将我送进了以超过 90% 本科升学率著称的魔鬼高中西南模范高级中学，在进入校园后通过各种魔鬼训练，我的成绩能够保证我考上大学，但我依旧不清楚将来要做什么、要上什么样的大学、有怎样的人生规划，所以，我的高考志愿依旧是靠着父亲来拍板，按照他的社会经验、教育背景和我的实际情况，来最终决定我的高考志愿。

因此，这些问题一直伴随着我直到大学毕业，我开始踏入社会，开始寻找工作，开始为自己寻找生活，我发现之前的迷茫让我根本无从下手，没有目标，连个可操作的步骤都没有，只能浑浑噩噩地混完一天又一天。每天看着自己身边原来的同学陆陆续续地找到自己心仪的工作开始奋斗，而我还在四处游走，毫无头绪，不知道该去哪里，不知道该怎么做，这样的我随着时间的流逝变得越来越焦虑，焦虑的巅峰时期也是迷茫的巅峰时期，整个人都变得无精打采，双目无神，连之前钟爱的游戏都觉得厌恶。直到有一天,我通过网上信息得知浦东有一个招聘展会,于是我抱着试试看的心态去了,到了展会后,发现原本该展示产品的展台全都换成了一张张临时的办公桌以及坐在办公桌后面的潜在的面试官,每个展台为了保证一定的私密性,用了隔板隔开,反而有点像美食小街的摊位,来这个展会寻找机会的求职者不多,有许多企业展台前都是空着的,我也在求职者大军中去寻找一份适合我且我适合的工作,此时我的内心是十分忐忑的,因为如果再找不到工作我会成为一个"剩人",到了第二年将会有更合适的应届毕业生来和我竞争,到那时竞争只会更加激烈,虽然我在来之前是抱着试一试的心态,但我告诉自己不能放过每一个机会。终于,功夫不负有心人,在众多展台中找到了一个与我在上海电力大学(原上海电力学院)专业相关的岗位,我们在沟通中都非常愉快,此刻我悬着的心终于落地了,因为我知道,这个工作非常适合我,而且企业里面大部分都是我的同校师兄,工作起来不会有什么隔阂,我顺利地通过了面试并成为其中的一员。在走出展会的时候,我感到无比轻快,长期的焦虑和压抑瞬间得到释放,感觉有阳光真好,明天必将是美好的一天。

去企业报到的第一天,我被分配到远程集抄部,主要工作是针对电表远程抄表系统设备的维护,像其他人一样,进去之后是一个小学徒,跟着师傅学技术、学知识、学经验,我学得很快乐,现在回想起来也许是喜欢解决各种问题给我带来的满足感和成就感。不到一个月的时候我就能掌握基本的故障诊断和故障消除,并在转正考核中用一份像教科书式的答卷打动了考官,让其认为该被考核人员知识、技术、经验过硬,为后面不久的提拔做好了铺垫。转正后的我更加勤奋,对遇到的故障和技术升级后出现的新问题都一一做好了记录,并把各种故障的解决方案做了汇总。仅在半年后,我被任命为片区的负责人,工作内容也从仅针对故障消除扩大到人员及设备的调配,以及考虑工作链的可持续完整性。不仅要组织大家完成最主要的故障消除,还需要对后续工作安排做出规划,虽然事情会较多较为琐碎,但是我依旧觉得快乐,因为我感觉到我能够处理，而且能处理好。

可是好景不长，公司业务做出了重大调整，远程集抄部将被取消，得知这个消息的我如同晴天霹雳，因为我知道，我之前的经验将无用武之地，而且意味着我必须从头再来，哪怕是换个部门，也需要从头学起。虽然我不怕再学技术，但这是我对将来工作忧虑的开始，因为我知道我所学的技术随时可能被取代，随时可能无处施展。所以决定，我要换一份可持续发展的工作。虽然当时我还不知道那份工作会是什么，不过也不影响我换工作的想法，因为我像其他很多人一样，在毫无头绪的情况下，最优先寻找的方向就是考公务员，但是因为还没到考试期，所以我在闵行区安监局找到了一份合同工的职位，打算先做起来，然后边备考边工作，也正是在这里，为我将来走上法律道路埋下了铺垫。

我最开始进入闵行区安监局是在安监科工作，主要负责证照的审核和发放，工作上不会有大难度，同事对我也非常好，对新人小辈的人文关怀让人感觉像第二个家一样，让我感觉很温馨，没多久因为其他科室人手缺乏，我就被转到了我人生启蒙的科室"法制科"。

在这里，对于理科生的我来说非常陌生，需要熟悉法律法条，特别是与安监局相关的《安全生产法》。因为每天都会有不同企业的电话打进，询问自己已注册或将注册的企业是否合规，一来二去地促使我对法条的理解有了更直观的认识，还会有监察大队检查企业生产安全情况，并对不符合要求的部分进行处罚，如果企业对处罚不服也可以向法制科进行申诉，对申诉不服的可以起诉至法院，这就是行政诉讼，这也是我第一个知道的诉讼类型。

在工作期间我也有幸旁听了一次庭审，是闵行法院受理的。我进入法院时充满了好奇、紧张和期待，因为我从未进过法院，从未见过如此庄严、让人心底里起敬意的地方，也让我对接下来发生的事充满了幻想。在进入法庭后我第一次看到了国徽下的审判席、原告席和被告席，审判席位于国徽正下方，代表着至高无上、公平正义的司法，左侧为原告席，右侧为被告席，两侧平等，代表着双方地位平等。

我方是安监局的法人和其代理律师出庭，全程由律师代表当事人发言，在庭审过程中，双方都有条不紊地进行着有针对性的抗辩，法官对双方的表达都有针对性的发问。虽然我对庭审的实质内容并不理解，但正是这次实地庭审旁听，让那颗早已在心中埋下的种子真正地萌芽了。

在庭审结束后，我回到自己的办公桌前坐下并好好地沉浸了一番，感受颇深，那一刻我还不是真正地知道这到底是一种什么样的感受，到底是因为什么而引发的。而在我沉浸的时候，那位在法庭上代理我们的律师和法制科科长走了进来，那一刻是我第一次真正在庭外近距离接触律师，这位律师的言谈举止完全换了一个风格，完全不像庭上那般的强硬又不失礼貌，而是变得既温柔又风趣，双方有说有笑，在互相唠唠家常后就分别了，一旁的我已经彻底神游了，不断地在思考律师是一个什么职业、律师的前景如何、如何才能成为律师。对我来说，这完全是一个陌生的职业，是一个完全没有接触过的职业，我告诉自己如果有时机必须要去了解一下。

突然有一天，领导急着要外出办事，恰巧单位的车子都被借出，导致没有车能送领导去，所以我自告奋勇用自己的车送领导过去，在路上有难得的机会能够和领导深谈未来，而且领导非常好，主动关心我的工作并询问接下来的发展方向，以及参加考试的准备情况，也向我讲述了将来的天花板会是什么样的。

在了解了这条道路的基本情况后，我向父亲寻求帮助，希望他能给我的职业道路指点一二，在我未提及律师职业的情况下，父亲竟主动地向我建议参加法律职业资格考试并成为一名律师，然后再参加专利代理人资格考试成为一名专利代理师，这样就能成为一名"双证"律师，这是我第一次接触到"双证"律师这样的概念，而我父亲提出这样的观念也正是因为他足够丰富的业务经验。我的父亲原来在上海市知识产权局长期从事专利相关的工作，凭借自己超强的学习能力以及追求完美的理念，在工作期间积累了非常扎实的理论知识功底和极其丰富的业务经验，后来从体制内出来后找了两位合伙人一起创立了一家知识产权事务所并开始了后面的创业历程,在闯拼过程中成了闵行法院的陪审员,使得自己既能够主攻专利业务,又能够出庭参与案件的审理,所以我父亲能够始终有一个极为开阔的视野,总能够从多角度分析问题,同时能够深知这个行业的发展前景,也许正是因为这些过往使得他向我提出这样的建议,我听到这样的建议后也告诉父亲,我也有这样的想法,但是因为过于陌生,不敢轻易踏出这一步,然后又把在工作中参加的庭审旁听和遇到的律师也描述了一遍,父亲听后也宽慰并鼓励我勇于尝试,并且为了能够迅速转型,我们将考取"双证"作为第一目标,如果没有"双证"后面的一切都将是泡影。

为了能够让我考取"双证",父亲资助我脱产备考,让我获得了非常充足的时间,与此同时为我找了一家较为专业的培训机构来辅导我正确且有效率地备考,这个机构能够提供一种封闭式的培训方式,会有一张满满的课表,每个科目都会有经验丰富的老师面对面授课,学习教室不大,能够将学生和老师的距离拉得非常近,这种授课模式能够大幅度地提高学生第一遍学习时对知识的吸收能力,同时现场还有录音录像,并在后续会制作成资料供学生反复学习使用。同班的许多学生不太能接受这种封闭式的训练,因此他们不能做到全勤,经常看到他们去忙别的事情,无法保持一个高效的学习状态,所以这部分学生大都未能通过本次的司考。而我印象非常深刻的是有一位同班同学已经多次参加司考,每次都是惜败,总差一分两分,这位同学在培训时的学习毅力非常强,也非常努力,对于课上老师的问题都能做到迅速回应且正确率极高,但非常可惜的是在出成绩后班级发榜时他并未出现在其中,我想可能是考前最后的时间他的心理压力极大导致未能正常发挥吧,毕竟这种多次参加考试的压力相比第一次参加的人要高许多。相对于班上其他同学,我一开始也是跟他们一样,有课上课,没课自学的状态,但是越临近考期我就发现我的学习还未能达到稳定发挥,总是忽好忽差的,这让我倍感压力,正当我焦虑的时候我想起以前上高中时的一段经历。

那是高一的时候,虽然我在班上总分不靠前也不靠后,但是我凭借物理、化学双科第一的优势让老师们对我有不一样的教学方案，其中化学老师给我留下了非常宝贵的经验，当时我虽然并不是化学课代表，但是化学老师对我特别关照，有一次也是高中唯一一次学生带教上课的机会给了我，那天化学老师让我去办公室并向我交代了这个给学生上课的任务，当时得知这个消息的我非常震惊，因为我从未想过能有机会给别人上课，但是当时不容我多想，老师直接将内容和时间告诉了我，并让我积极去准备，回到教室后看着同学们开开心心地玩耍着，我迅速地翻出了教学材料，开始疯狂备课，每每遇到问题我都一一记录并迅速和老师交流，最终经过扎实的准备后我走上了讲台，那时我内心非常紧张，感觉心都要跳出来了，所有台下的同学非常惊讶地看着我，特别是一旁的老师隆重地向同学们介绍本次课程将由我来给大家上后，班长迅速反应，以一句"起立，老师好"将大家迅速带入上课状态，我也开始了我的第一次授课经历，在授课中我虽然全程高度紧张，但是内容都能够有条不紊地传授给大家，最后在下课铃响时，我宣布下课后，大家都起身为我鼓掌的一刹那我非常高兴，我高兴的不仅是这次授课经验，更是对自己的学习方法有了突破性的认识，这种授课式的学习才真正地适合我。

想到此处，我片刻都不耽搁，迅速找到一位搭档，因为这种学习方式单单靠自己是事倍功半的，随后我找到的这位也是多次经历司考磨砺的"老法师"，她也是正在为临近考期而倍感压力，所以我找到她后迅速将我的这套互相授课的学习方法讲述给她听，告诉她我们两人将考试内容一分为二，我负责一半她负责一半，然后互相给对方上课，听到这个方案后她非常震惊，仅表情就能表达出"这人一定是疯了"的意思，但是她可能也是出于对于过司考的执念，最终还是答应与我一起用这套方法学习，所以最后直至考前一周，我们都是在一间带有四块黑板的大教室内互相授课，在黑板上我们写满了知识点，对于一些内容较多的知识点则是由我负责编口诀来强化记忆，最终我们两人都顺利地通过了司法考试，我的这位搭档在过后也对我表达了感谢，能够让她完成了这么多年的心愿，我也表达对她的感谢，因为这是互相成就的事情。父亲在得知我通过考试后非常高兴，因为这是他一生未来得及完成的事情之一，并鼓励我趁热打铁再接再厉拿下第二证，这时的我虽然没有搭档，但是凭借过司考的那股子热劲和得益于授课模式学习方法的知识强化，我在第二年顺利地通过了代理人考试，而父亲在得知我通过代理人考试后第三天突发心梗离开了，那一刻通过考试将成为"双证"律师的喜悦荡然无存，整个人像受到雷击一样地僵硬，那一刻我无法接受这个现实，我无法面对没有父亲的每一天，那一刻我叫天天不应、叫地地不灵，多么希望那只是一个噩梦，希望自己能够赶快醒过来，那一刻我的精神支柱彻底崩塌了，父亲一直把握着我人生的重要转折点，虽然我自己对这类的关键点并无概念，但是他一直都能做到最好，让我哪怕处于最坏的处境之中也不会有最坏的结果并能有一个很好的缓冲托底，就像中考和高考一样，让我这样佛系的学生也能进入大学的校门，起码不会让我回过头来悔恨自己当时的无知，后来我从家人口中不断地得到很多父亲的故事，其中印象特别深刻的就是关于我的第一份工作，父亲当时并未插手我寻找工作，我当时也非常困惑为什么一直都把握我人生转折的父亲这次没有管着我，原来是父亲希望我自己先去试一试，如果最后的结果不尽人意的话，会带我一起走上他自己的职业道路，帮助我渡过难关。而我能够如此悠闲地过着每一天得益于父亲在默默地负重前行，当时的我却未能及时体会这份辛苦，只觉得悠闲地享受自己生活，不招灾、不惹祸、不给父母添麻烦就行，现在回想起来心中无比懊悔，如果当时能多明白些、多体会些、多分担些，也不至于父亲如此劳累，连片刻的休息都是一种奢望，最终导致父亲离我们而去。每每想到此处，我的眼泪就完全止不住，父亲一直用他的智慧帮我照亮前进的道路，就像灯塔一样，哪怕我走了弯路也能照出一条回归正途的路来引导我，但是现在我的灯塔再也无法照亮我前进的道路，我前进的方向只有黑暗，我习惯性地退缩，特别是在黑暗中的我极度害怕前进，幸好这时有两位我父亲的合伙人鼓励我并支持我走下去，让已经获得的"双证"

继续让我发挥该有的光芒，那一刻我明白懊悔和退缩已然无用，我必须振作起来，毕竟我还有很多事情要去完成，父亲虽然已经不在了，但我的人生才刚开始，我不能再继续迷茫，我必须要重新点亮自己的灯塔。

三、前进与坎坷

人生迷茫的我已经找到了属于我自己的道路，那就是在"双证"律师的基础上补强自身的技术、知识和经验。所以原来和我父亲一起开事务所的两位合伙人带着我来到父亲的办公室，这是我第一次进入父亲的办公室，在办公桌上我看到一个23寸的电脑显示屏，让我不敢想象的是像父亲这样不太使用新科技的人竟然在数年前就开始使用大屏显示器了，而当我打开父亲的电脑后，我看到了电脑桌面密密麻麻的各种文件居然占据了显示器三分之二的屏幕，这么一个大屏的电脑显示器，光桌面就被占据了这么大的空间，其中的脑力劳动的强度可想而知，父亲的辛苦也可想而知。随后我在父亲的办公室看到了父亲以前的学校毕业证、培训合格证书、工作荣誉证书等证明一路艰辛和辉煌历程的证书。厚厚的一摞证书让我也体会到成功、辉煌和光明从来都不容易。想到此处的我实在没有耽搁的理由，立即找到两位合伙人研究接下来需要做的事，虽然事发突然，所有人都没有心理准备，但幸好有他们对我全心全力的鼎力支持，对我有问必答式的教导，迅速勾勒出我接下来该做的事，而且按事情的轻重缓急逐一进行排列，让我对自己接下来的工作迅速有了一定的认识和主意。

首先第一步就是需要迅速与各企业单位客户取得联系，沟通所发生的事，并进行安抚，表示不影响已有业务合作和服务水准，因为并不是我父亲一个人在战斗，而是有许多优秀的小伙伴一起拼搏，又有两位合伙人扶持，所以有了基础后，能够做到继续维持现有水平。然后就是对事务所的运转进行深入了解和对关键点进行划分，特别是针对时间节点的明确，必须要做到不能耽误，因为流程性事务虽然每件事情并不大、不复杂又不困难，但是一旦出了问题便是大问题，所以这根弦一定要绷住了。再后就是需要对事务所的税务事宜进一步强化，因为涉及报税、审计等问题，所以这一块同样重要。在将业务、事务、税务三块主要内容敲定后，我便开始接替父亲那永不停歇的工作。

这时同样沉浸在悲痛中的朱妙春老师联系了我。我父亲的过世让朱老师也倍感伤痛和惋惜，朱老师和我父亲是忘年之交，朱老师特别欣赏我父亲，我也深知朱老师是我父亲的贵人，我父亲在年轻的时候就得益于朱老师的帮助，少走了很多岔路，后来又得益于朱老师的指导做出了很多正确的决定，让我父亲不断地走向巅峰，这样的缘分和非凡的情谊使得在我父亲和我母亲的亲戚那里都知道朱老师的大名。同时朱老师也是看着我长大的，也是我的贵人，我在初中时期因外伤导致腰部严重受损，当时情况十分危急，要不是朱老师伸出援手派车将我从偏远的郊区送往市区医院，让我能够及时得到医治，我后半辈子就只能落下个下半身瘫痪的局面了。朱老师不仅关心我的现状，还亲自登门来我父亲工作处看望我，虽然我许久没有见过朱老师了，但是在我见到朱老师的那一刹那，那种熟悉的感觉仿佛又拉回从前，朱老师依旧是那般的精神焕发，依旧是那么和蔼可亲，只是神情中透着些许悲伤，在朱老师看到一切安好的我和我父亲的事业后，让我好好努力，一定要稳住我父亲之前的努力成果，好好将这份事业发扬光大，这一份对晚辈的关怀和期许让我倍感温暖，我感觉我的灯塔又被点亮了，因为在工作中不仅有我父亲的两位合伙人，还有我的贵人朱妙春老师，有他们的帮助和指引让我前进的道路又重新被照亮了。

有了光明的道路后，我开始着手手头的工作，在最初的时候我逢事必问两位合伙人，他们会逐一地告诉我，知无不言、言无不尽，起因、过程、结果、处理办法……他们的指导减轻了我极大的压力，我需要做的就是去落实每一步，但是一开始就发现单落实就异常艰难，因为这些要做的事从未接触过，每件事必须要花非常大的力气去突破，特别当许多事情操作的流程完全没有头绪的时候，光搞清楚前因后果以及其中的差别，差不多大半天就过去了，甚至有些时候，一个网上填报的操作步骤就需要打好几个电话进行询问才能最终确定，而这几个电话的得来又需要辗转多次才能问到，所以每当这时候我都会感叹一下，落实一件事真不容易。我每次都会对自己说万事开头难，后面做的多了就知道具体情况了，也不用事事都问，事事都愁。所以在刚开始的三个月，我都是处于一个脚不沾地，一旦沾地又雷打不动的状态，虽然我希望全程都能有人指导我，但是我必须自己尝试去面对，去挑战这些未做过的事，因此后面遇到的许多事都让我必须去思考"这是什么类型的事，这事为什么发生的，需要我们怎么做，这么做的具体步骤会是什么，做完后再遇到该怎么办"。每事五问让我本就不充裕的时间更加紧张，虽然我省却最后一步的总结，但是时间依旧不够用，这样每天忙忙碌碌的我根本无法抬头去看路，去思考许多事，终于在第四个月的时候，我的身体已经跟不上我的步伐了，我的腰突旧疾复发，整个人根本无法正常行走，更别提正常处理事务了，但是我又必须要去处理，所以我一边寻找良医，一边处理一些紧急的事情。

寻医之路非常坎坷，各大医院给的结果只有一个，只有手术，别无他法，但是我初中时因为腰部严重受损做过一次手术，已经不适宜再次进行手术，所以我坚决拒绝了这个方案，后来我又辗转多家中医、中西医结合医院，尝试了各种保守疗法，但是最终并不能让我恢复到感觉不到痛感的程度，也就是说我每天必须和疼痛陪伴，虽然我能够起身，能够走一段路，但是这距离我正常完成日常工作的要求还相当大，我每十分钟就必须起身活动，每天不能起身超过四小时，这种身体上的疼痛所带来的精神上的折磨可谓让我备受煎熬，当时的我几度接近崩溃，幸好当时妻子一直陪伴着我，一直带给我正能量，一直忙前忙后地照顾我，将我从崩溃的边缘拉了回来，让我继续挺住。

后来妻子很幸运地找到了一位岭南地区著名的老中医，帮我诊断后开了很多中药，让我照方服药并注意许多禁忌，逐渐地，我的身体有了很明显的好转，我能够逐步地坚持更长的时间在外活动，并且疼痛感逐渐降低，我看到了希望，这不仅是身体的希望，还是我将来的希望，所以在后来的一段时间内，我都是积极吃药、积极锻炼、积极休息，直到我正式地回归正常的工作，能够再次在大家身边一起奋斗，此刻的回归感是多么幸福，我已经激动得热泪盈眶。

回归后的我抓紧时间多联系业务关系，希望能够尽快恢复业务往来，之前落下的进度也需要迅速地赶上去，然后继续开始从无到有的经验磨砺之旅。也许是因为病根无法完全消除且身体并未完全适应工作强度，仅仅回归五个月后再次病发，再次病发让我又回到谷底，许多事情的进度已经不能再耽搁了，而我又只能卧病在床任由事态发展，这时远在岭南的老中医已经无法"救近火"了，妻子推荐了一位中医师，让我去试一试，我当时也是没有抱太大的希望，但是在经过治疗后竟然有非常明显的好转，而且是立竿见影般的效果，在病床上起身下地的时候就能感到身体非常轻快，这可以说得上是奇效了，让我感觉瞬间满血复活，每周一次的治疗让我能够依旧坚守在一线得到了很大的保障。我也因此能够更加集中精神去做想做的事情，而此时此刻除了业务、事务和税务外，我最重要的一点就是需要迅速地提升自己的业务水平，虽然我是一位"双证"律师，但是我的实务经验还非常欠缺，在这条道路上还是一位非常稚嫩的新人。

我的贵人朱妙春老师非常关心我，在得知我遇到瓶颈后立马提出正好手上有可以让我参与其中的案子，并表示可以让我和董莎律师一起作为该案的主办律师出庭。听到这个信息我的内心立马就澎湃了，因为对我而言，这会是我的第一个出庭的案子，而且是知识产权领域发明专利权侵权纠纷，属于中院级别的一审案子，在澎湃的同时我又非常胆怯，想到我之前毫无经验，很担心自己的参与会搞砸了这一切。所以我表达了强烈的参与意愿后迅速找到父亲的合伙人寻求技术指导，这位合伙人已经执业近三十年，能有幸同时得到朱老师的带领和技术指导让我信心倍增。

朱妙春老师不仅让我参与案件的办理，而且手把手地教我每一步如何去做，对于案件怎么分析，关键点怎么拆解，思路怎么开拓，每一处都是知无不言、言无不尽，已经完全将我视同自己的学生，让我感激涕零！同时这是我以主办律师身份参与的第一个案子，朱老师将自己宝贵的经验传授给我，教导我如何将第一个案子做得透彻，只有这样才能从容应对该领域其他的案子。朱老师能够在做完某领域的第一个案子后达到该领域专家的水准，这一点让我钦佩万分！也正因为有了朱老师的亲自指导，这个案子对我产生了非常深远的影响。

这个案子是关于玻璃覆膜机发明专利侵权纠纷的，我们代理的是被告方，当事人涉及被诉侵权产品的制造方和使用方，对方当事人则是涉案专利的专利权被许可人，对方认为我方当事人制造生产的产品落入了涉案专利的保护范围，构成对涉案专利的侵权，所以我们必须要先针对对方提供的证据和我方的产品设备进行比对，然后找出区别点进行答辩。朱老师教导我们必须要以事实为根据，立即联系当事人带领我们前往现场查看设备，设备现场是在奉贤靠海附近，距离市中心较远，但朱老师教导我们办案必须认真负责，为了不漏掉细节，必须实地考察，所以我们在约定时间到达了存放产品的现场，亲眼看到了在对方证据里出现的这台设备，朱老师教我们如何针对设备去拍照取证，特别是争议点的结构一定要拍出一目了然的效果，因为在来之前我们已经针对涉案专利进行了初步分析，认为有两点非常重要：第一，三段的连接关系；第二，传输机构中缺少"皮带"。针对这两点，影响最大的是第一个，因为在勘验笔录中我方当事人虽然针对三段独立传输进行了自认，但是在原告提供的证据中并未找到有利的内容，相对的第二个皮带的缺少在公证视频里还是有体现的，所以我们着重针对第一点进行查看，发现现场设备并没有三段独立，反而是三段链条连接在一起形成一体传输，所以秉着以事实为依据的原则，我们准备指出笔录中我方当事人错误的地方，并将应对思路从三段独立转变为一体传输。

为了能够比对出区别点，朱老师还不辞辛苦地邀请了多位专家对该案专利和设备进行分析比对，结果主要有两点不同：（1）专利中玻璃输入段和覆膜段链条的连接由一电机驱动，输出段独立传输由另一电机驱动，而产品是三段一体由一个电机驱动传输；（2）传输机构中产品比专利缺少了"皮带"。所以我们将在现场针对产品一体连接的关节结构和缺少皮带的部分拍摄的照片进行了整理，并准备庭前模拟，这个庭前模拟是朱老师的宝藏库，因为进行庭前模拟可以发现许多细节问题，而且朱老师在模拟中担任法官的时候会将丰富的庭审经验通过各种提问的形式传授给我们，也正因如此，才能发现之前未注意到的细节，在原告提供的公证视频里，有个一闪而过的画面，能依稀看到设备的连接点在传输中有断开的位置，但是因为视频画面一闪而过不能清晰展示，这是一个重要的信息，于是朱老师立即再次联系当事人并敲定时间前往实地再次确认，因此我们连同当事人企业的负责人一起再次前往产品存放地，发现视频中的断开点确有链条相连，我们询问该负责人后才得知是因为后期的产品实验做了些许改动，将原本断开的地方用链条连上了，而视频中确实是断开的，并且又将输出段的电机进行了拆除，得知这个信息后的朱老师和我们再三强调一定要以事实为依据，将事实还原到现场勘验时的状态，所以我们迅速调整思路，将原本一体传输的答辩方案再次转变回三段独立传输，也就是笔录中自认的方案，这时虽然答辩方案先从三段独立到一体传输，再从一体传输回到三段独立，但是我们找到了强有力的公证视频作为主要证据去答辩，使得我们找到了强有力的突破口，有了突破口后剩下的就是强攻，所有的火力都集中到一起，无论是答辩、质证、证据和辩论，都分别进行非常详细的演练，单单庭前模拟就每周进行一次，这样的模拟强度使得我们的答辩思路越来越清晰，我们将区别点的侧重放在三段独立中玻璃输入段和玻璃覆膜段没有链条连接这一点上，因为涉案专利是有链条连接的。而后面的一个关键点"皮带"我们放在了第二梯队，因为这个点被认为等同的概率会相当高。方案确定后，我们在模拟中由朱老师担任法官，指导我们在庭审中的每个阶段如何去应对，然后针对对方可能提出的问题，一一商讨做出应对之策。许许多多的细节都要考虑到位，无论是言辞还是文书都要做到非常详尽，哪怕是一个字体或者一个标点符号都不能放过，只有经历过这么多的来回磨炼，才能加速对经验的吸收，并加深对知识的认知及应用，就像朱老师经常教导我第一个案子就要把它吃透，这样以后的案子就都能够从容应对。这个案子的参与让我对这句话的理解更加直观，因为从案件接手后，只有通过不断地针对细节进行讨论和论证，这样才能不断地加深对每个细节的认知，提高对该细节的理解水平，能够有一种一通百通的感受，正是有这么夯实的基础工作，才让我在出庭时能迅速地从紧张感找回战斗感。

  到了开庭当天，我第一次以开庭主办律师的身份踏入法院的那一刻，内心就极度地紧张，不知道接下来面对法官会是一个怎样的开端，不过接下来发生的一切都要归功于朱老师庭前对各种准备工作的指导，因为当我们进入法庭后，虽然还未到开庭时间，但是审判员早已来到法庭并正在为开庭做准备工作，在看到我们到达后便让我们先简单叙述了一下观点，因为之前充分的准备工作，我和董莎律师已经将内容做好了分工，我主要负责展开技术特征区别点的辩论和补强，其余的将由董律师负责，相当于我是扛炸药包的，董律师则是负责掩护我的重要战友，所以在董律师早一步到达法庭的时候已经先将观点简单叙述给了审判员，在我赶到后迅速由我接上后续诸多审判员较有针对性的问题并做出解答，技术调查官也同时到达法庭，他们一起针对该案的疑点向我进行详问，我一一做了回应，在回应的时候我运用了朱老师教的方法，这个庭前只需明确表达观点和关键点，但是具体详尽的内容不做过多的阐述，只需将自己的观点表明即可，在我回答后法官又让原告方做了简单的陈述，这样双方的争议点就非常明确了，也方便法官在开庭时整体把握。我们将发现的关键点断开位置证据展示给法官后，感受到法官对这个关键点的重视，因为我们讲述的是事实，唤起了法官和技术调查官对设备进行现场勘验时的回忆，并连连说道"对对对、我记得当时是这样的"，听到这里我非常感谢朱老师一直教导我们必须以事实为依据，不然的话后果不堪设想。和法官一来二去的对答让我大大降低了紧张感，而且原告方的当事人并未出庭，只有其代理人一人坐在原告席，这让我的压迫感也降低了不少，当我们回到被告席后，由书记员宣读法庭纪律并请出了本次的合议庭成员，这时法庭的审判席上赫然坐着合议庭的审判长、审判员和人民陪审员，下方坐着书记员和技术调查官，左右两侧分别是原告席和被告席，朱老师和我的师兄师姐们则坐在审判席正对着的旁听席内，所有的人都已经就位，随着审判长的法槌落下，该案的一审正式开庭，我的心跳突然骤增，感觉要与对方正式开始"厮杀"了，突然我的大脑一片空白，但是还好有董律师在一旁为我做掩护，帮我引出了开头，让我赶在关键点到来之前找回了自己，在我们的关键点三段的连接关系上，技术调查官还分别让我们指出玻璃输入段、玻璃覆膜段和玻璃输出段的具体划分界限和原因，我将我们划分是以功能来划分的观点抛出，然后指出具体界限后，技术调查官也非常清楚地明白了，因为我们划分的方式正好是传输断开点的位置，这样正好可以对应证明我们的区别点是不同于涉案专利的，被诉侵权产品的玻璃输入段和玻璃输出段是断开的，而涉案专利是链条连接的。在后面的法庭辩论阶段，得益于朱老师的战术，我们将所有新的补强材料都放在开庭前一刻才给到对方，打得对方措手不及，根本没有足够的时间去认真琢磨，只能在非常短暂的几分钟内去分析，这样的分析是无法提出关键问题的，就算对方提出了，我们也早已在庭前做了非常充足的准备，所以在听到对方提出问题的那一刻，如何应对早已成竹在胸，只需等待轮到自己发言的那一刻将"炮弹"打出，这时的我越战越有底气，越战越有自信，直到审判长再次落下法槌的那一刻我才知道这次开庭结束了，才发现还有许多"炮弹"没有打出，旁听席的朱老师也发现了这一点，让我将"炮弹"以代理词的形式庭后交给法院，虽然美中不足，但是朱老师不断地鼓励着我，我很高兴这次的庭审能够有一个好的开端，因为法官已经注意到我们这次最想表达的核心关键点，如果法官能够采纳，那将是对原告的致命打击。

  这真的是台上一分钟、台下十年功，为了达到这样的效果，朱老师孜孜不倦地教导我们经历多次的实地调查和数次的开庭演练，将诸多细节都拿出来反复推敲，让我深刻感受到只有这样细致地准备工作才能取得这样的成功，这次朱老师的悉心指导使得我自身的庭审经验有了突破性的提升，还有庭前准备从事实调查了解到证据梳理答辩再到开庭思路方案确立，每一步都是努力勤奋的见证，朱老师那对事实一丝不苟的严谨和带领我们一起孜孜不倦的勤奋身影深深印刻在我的心里，对我将来的道路有重大的影响。经历了第一次出庭的我非常荣幸地得到了朱老师的高度评价，这必然对我将来的人生起到极大的鼓舞，我的身边又有这么多的师兄和师姐能够帮助我，让我对前途充满了信心，我非常感谢他们！

四、脚下与远方

千里之行始于足下，在有前进方向的时候就要保持前进，停留在原地太久不合适，过多的顾虑和担忧都会阻挡很多人，只要自己做的事没什么坏处就要去勇于尝试，也许在闯的过程中会带来许多意想不到的收获，也会将自己前进的方向变得越来越清晰，所以为什么阅历越丰富的人就越坚定，因为在过去经历过许许多多的诱惑，并从中学到了自己想学的和不想学的，最终将诱惑视同花草一般，能将诱惑自带的强大的魅惑力散去，只保留自己一颗纯正又坚定的心。失败和错误并不可怕，因为只有经过失败才可能成功，只有错过才可能知道正确，我们能做的只有要求自己不要重复错、不要经常错、不要一直错。人生的道路上只应该有前进、前进和前进，在前进的时候会发生很多事，也会遇到很多人，不管最终结果如何，经历这些人和事最终的目的就是教你如何前进。一回生二回熟，无论是谁都会有第一次尝试，第一次成功的人也不会每次都成功，第一次失败的人也不会一直失败。结果有时很重要，但是保证结果的过程更重要，因为过程能带来变数，但是结果不能。

我非常有幸能够有贵人和机遇让我去提升自己，成为一个可以独当一面的人，我不能辜负所有帮助过我、指引过我和对我期许的人，我要做的就是抓住机遇不断地前进，随着许多流程上的事情逐渐地被理顺后，让我能够有更多的时间去做业务上的自我提升，因为我知道留给我提升的时间不多了，如果不尽快达到一定的高度，那一定会被淘汰，所以我首先必须要在三年的时间中去完成自己的学历以及专业度的提升。只有学历提升后才能跨过许多硬门槛去开拓市场，而只有提升专业度才能最终去满足你开拓的这个市场。然后再用五年的时间去耕种、去磨合、去维稳开创的这一切，再用另外的五年时间去收获、去总结、去提炼，最后希望自己能够像朱老师一样为同道中人留下宝贵的经验财富，帮助他们去点亮自己的灯塔。

作者简介

陆懿，上海申浩律师事务所知识产权团队负责人之一，是一位既拥有律师资格，又具备专利代理资格的知识产权法律复合型人才。成为"双证"律师后，理工科知识背景和法律专业知识背景都派上了用场，能够深入理解相关案件的技术内容，同时运用对应的法律知识去处理案件纠纷。专注于知识产权诉讼与非诉、普通民商事等业务领域，尤其擅长机械领域专利诉讼。秉持"始终把客户摆在第一位"的理念，勤勉尽责，通过制定多渠道、高效率、操作性强的解决方案，以全方位、高质量的法律服务，最大限度地维护客户的合法权益。今后，将继续深耕专业，精益服务，用法治精神践行职业责任，立志成为知识产权"守卫者"。

初涉法律

董 莎

有幸受到朱老师提携，成为《青胜于蓝》一书的编写成员是我莫大的荣幸。作为后辈我自知资历浅薄，与同门师兄们成就更是相距甚远，但在老师的鼓励下，我也写上一篇自己"笨拙"的求学经历，向老师和师兄们学习。希望以此篇文章纪念我的律师执业生涯的开始，也希望借着老师与师兄们的奋斗历程指引我穿越迷茫，到达心中彼岸。

"广漂"一族

2000年年初，沿海城市经济的迅速发展，吸引了一批批内陆城市的居民南下务工，这其中也包括我的家人和亲戚，而我和哥哥也成为众多外来务工子女的一员。广东的夏天骄阳似火，穿着夹拖，踩着单车，一群"外来"孩子穿梭在大街小巷，在异乡里追逐那简单的快乐。学校里，我们这群"外地人"总是好学生的代表，也许自知是外地人，我们在学习上总是格外用功，在老师面前也表现得听话，这样我们才能被周边本地人认可。儿时的娱乐的便是看电视机里播放的香港各类电影以及TVB电视剧，听着街头巷尾的音响里唱的港台流行歌曲，千禧之年的广东是热闹与繁华的。

从记事起，我们总是在不停地搬家，而每一次搬家基本上是换一座城市，同时伴随着的是转学，有时甚至一学期要转学两次，刚和同桌熟识起来就又要告别。那时我们生活过的城市几乎遍布广东。但不管如何频繁地转学，我还是能很快适应新环境，也时常感受到老师们的关爱。

那时任教老师也在劝导父亲尽量给我们提供一个稳定的学习环境，但这一切在那时的大环境下却是充满了无奈。

"90后"的家庭都赶上了计划生育政策，但父亲的五个兄弟姐妹中，几乎每个家庭都有两三个孩子，我家也不例外。这时候的贫穷不再是吃不饱、穿不暖，而是教育上的有所牺牲。上小学时，二伯家的两位堂哥同时高考，在最终上大学时，作为哥哥的堂哥却辍学南下务工，弟弟则继续上大学。年少时还不懂其中的缘由，只是耳闻于长辈之间的闲谈。随着工业区一个接着一个拔地而起，工厂的招工告示贴满大街小巷，还记得初中刚刚开学不到一个月，同桌告诉我她要到工业区的电子厂上班，每个月大约有 2000 元工资，就这样，身边陆续有同学开始辍学。年少的我们在文化缺失的家庭环境里，在有限的认知里便要开始选择人生。但这一次，是我和哥哥。一贯叛逆不懂事的哥哥这回"懂事"了，而在那重男轻女观念根深蒂固的大家庭里，从小乖巧懂事的我叛逆了一回。那时，摆在面前的只有两条路：一是留下，二是离开。但离开的前提是必须有人愿意接收我。时至今日我都感恩我的叔叔，他远隔千里的一通电话给了我人生另一个选择，我独自收拾行囊踏上了回家的征途，开始了我孤独的求学生活。

法律萌芽

大学选专业时，我查阅了法律专业相关资料，发现法律专业的课表没有数学，于是我笃定地选择了法律。但这似乎也是缘分，在颠沛流离的"广漂"生活里，电视剧是枯燥生活的调味品。香港影视业文化的巅峰时期，尤其是在距离香港最近的广东地区更是深受影响。如此，从小耳濡目染影视剧中的律政佳人，穿着律师袍、在法庭上慷慨陈词，维护正义，让我对法律心生敬畏，冥冥之中早已埋下了法律的种子。

北方的冬天来得较早，10 月的天空已经飘起了漫天的雪花。大学里我学习了法律基本知识，旁听了法院庭审，也陆续在法院实习。但整体接触下来，大陆法系的庭审与电影里的英美法系庭审还是有很大区别，因此，我对法律的热情没有当初的那么浓烈，渐渐开始淡薄。大三伊始，无意中接触到王迁老师《知识产权法教程》一书，虽然学校没有开设相关知识产权课程，但出于好奇，我开始在图书馆自学其中内容。虽然知识产权较民、刑等领域部门法显得晦涩难懂，但其新奇感激起了我心中的求知欲，这懵懵懂懂的学习经历为我毕业后选择在知识产权领域工作埋下了种子。

工作与法考

大学毕业后，在深圳与上海之间我选择了来上海工作，也许是完全陌生的魔都世界让我充满好奇，要来这古老的城市一探究竟。初到上海，匆忙面试两家公司之后我便果断做了选择，一家是雅思培训机构招聘助理，薪资待遇不错，面试完之后颇为心动。另一家是知识产权公司招聘知识产权助理，薪资较低。面试完雅思培训机构，我还是决定去面试知识产权公司后再做抉择。因为不熟悉上海交通，赶上了上海早高峰地铁，瞬间被淹没在人海里。虽然赶路过程耗费太多体力，但整个面试过程较为轻松，由于大学时自学了王迁老师的《知识产权法教程》，面试时我简要谈了对商标、专利、版权这三个领域粗浅的认识而顺利获得入职机会。现在庆幸自己没有迫于现实压力选择跟法律无关的职业。

在知识产权代理公司工作的三年时间里，历经了几百件商标的磨炼。学习商标最好的老师便是客户，一个优质的商标客户可以帮助我们快速成长。刚进公司，我和两位律师一起对接一位重要客户，我的主要工作是做基本文件，辅助对接客户。印象最深的一次是十件商标的全类检索，工作量还是相当大的。由于我对商标近似的理解存在偏差，近百页的检索分析报告被推倒重来。为此，我第一次被训斥了，检索分析报告不够细致与专业，无法评估申请风险，延误了客户的申请时间。不服输的我开始拿着商标向同事一一请教，同时查询相关资料，又开始重新检索。最后在大家的帮助下，制作了商标申请方案，最终顺利与客户敲定了250件商标申请细节。在这里我要感谢我所在法律部的同事，每次遇到客户的问题，她们总是耐心地教我如何应对。半年之后我们陆续收到前期商标申请驳回通知，而撰写驳回分析文件也锻炼了我抗压与思考能力，每一件驳回商标都需要考虑各类因素来出具书面分析报告。在与法务对接过程中，我学会了站在客户的角度分析问题。三年的非诉业务里，我写了近200件商标驳回、异议、无效、答辩等文书，磨炼了非诉文书撰写能力，积累了对接客户的经验，再也没有出现熬夜加班的情况，工作效率也大大提高了。

我的司法考试与第一份工作是同时进行的。作为一个法本学生，司法考试是每一个法学生的必经之路。毕业那年，突遇家中各种事情无暇准备法考。年后我毅然决定离家，在上海寻找一份工作同时准备考试。确定工作的当天我便在公司对面的公寓楼里租了一间公寓，只为兼顾上班和考试。至此我开始了公司、图书馆、公寓三点一线的生活。置办好日常用品，我开始购买法考的书籍。在职备考，现在想来也是不知道哪里来的勇气，毕竟工作和考试并行我是没有半点经验的。法考复习在紧张与不安中悄无声息地开始了。业务不熟悉以及工作量大也导致我周末的学习时间经常被占用，加班工作对我而言也是常态。记得一次周六早上6点去公司加班到晚上7点才结束，为了盖上邮局当日的邮戳，抱着一整箱文件打车到邮局，盖上当日的邮戳，赶上最晚一趟去北京的运货车。回家那一刻，疲惫不堪，心里想着的却是周末的学习时间只剩一天了。

一次与公司同事闲聊中，得知他是从美国留学回来，也是在职通过法考，现在转行来做律师。我犹如在黑夜中看到曙光一般，向他请教如何在职复习，如何调整心态，迫切地想从他的经历中找寻经验和信心。结合他的复习模式，我分析自己工作及复习情况，拟定了工作和复习计划。因为我上班期间工作任务繁重，不能照搬上班时间戴着耳机听课方法，否则工作任务绝对完不成，还要拖累加班，更加占用下班复习时间。所以，每天早上我坐到工位上便开始按照轻重缓急罗列当天的工作任务，严格地一项一项开始执行，其间不想任何关于复习的事。下班后在公寓食堂吃完饭便到公司楼下的图书馆复习到图书馆闭馆。当然，这只是理想中的状态，现实是工作的时候只工作了，但是下班学习时还是会被各种工作打扰，被询问商标进展、版权登记细节，沟通专利的技术点问题，等等。

为了提高工作效率，每当大家休息时我默默打开电脑开始写商标驳回复审、异议和无效案子，强迫自己进入工作状态。回想备考的那几个月，每月写的案子就高达三十多个，几乎每天要写一个案子。紧张、焦虑充斥着炎热的七八月，法考复习进入了白热化，周末都被安排得满满当当。早上进图书馆，晚上出图书馆。在职考试后期最重要的是心态，复习时间是远远不够的，我也一直在给自己减压，在听课速度完全掉队时，我进一步调整计划，抓大放小。考前半个月，我把考试期间的工作提前安排好，有时效的案子都提前写好报送。记得请假前的那个周五，我报送了12个商标异议的案子，审核案子的带教律师都抱怨有点吃不消。考前一周，我梳理一下错题，便上考场了，所幸客观题顺利通过。接下来是准备十月的主观题，想着回家过个国庆同时复习主观题，奈何地址填错了，书籍邮错地址。十一假期过后也就两周不到的时间，我才收到书籍开始备考主观题，还需要兼顾工作。我不知道我为什么没有"勇敢"地去请假，可能是客观题请假一周差点被老板当场开除，所以这次只能利用中午与同事下楼吃饭时间，拿起手机开始刷案例题。幸好，最后主观题也顺利通过。

我能顺利通过法考得益于身边同事的帮助，过来人的在职复习上岸的经历鼓舞了我，虽然在这过程中我几度因工作繁忙欲放弃复习，但庆幸最后都坚持下来了。当时也有朋友劝我辞职，在家全心备考，但我有不得不工作的理由。感谢那位同事的在职法考经验给了我信心，可熟识朋友笑道：考前两个多月他因为压力太大辞职在家全职备考。我笑道：幸好他没告诉我后续的故事。

迷茫困惑

兴趣是一切动力的源泉，进入知识产权行业，是一次有趣的探险。不论是加班到夜里11点，会议室办公桌上堆满证据材料，节前成批报送商标文书，还是月底一页一页地查公告，好像都不曾有过任何怨言。工作中遇到的问题，大家有争论、有探讨、有提升，仿佛又回到大学时的课堂互动。大家各抒己见，从理论到实务，通过实践遇到的各类问题，思想不断碰撞，大家都得到了提升。回想第一份工作时光，每天在工作中汲取新的知识，会因为一份成功的裁定书而自豪，帮助客户解决一个难题而满足。

在非诉领域工作第三年末，非诉业务基本全部接触，可以熟练对接客户，在知识产权诉讼领域却茫然不知，虽说撰写了大量的行政文书，熟悉行政程序，但都仅停留在书面上的"较量"，缺少庭审的正面交锋。同时非诉工作也常常伴随诉讼业务的咨询，客户需求多元化，但没有诉讼实务经验的我在面对维权问题时总是束手无策，知识产权诉讼是更专业的一个领域，只停留在前期的知识产权代理工作无法让我接触到知识产权核心专业知识，也无法全面了解知识产权，而我入行的兴趣便是深耕知识产权。为此，我陷入了一段漫长的迷茫期。知识产权非诉开启了我知识产权执业生涯的起点，但我知道这不是我的终点。

终遇名师

初到上海，因为对知识产权有着浓厚的兴趣，我通过百度查询到知识产权领域泰斗级律师是朱妙春大律师。通过了解，得知朱老师在商标、专利、版权、商业秘密、不正当竞争等领域颇有建树，让我崇拜不已，但又深知自己能力和学识不足，拜朱老师为师的想法一直埋藏在心底。拿到法考证书时，我又一度陷入迷茫之中，是继续做知识产权非诉业务，还是到律所开始挂证实习。但当时还是迫于生存压力，想法又搁置了。也许是机缘巧合，一年后我在东方律师网上看到了朱老师的律所正在招聘助理，于是我又萌生了到朱老师律所实习的想法。当详细看完朱老师需要有理工科背景的录用条件，梦想又归于破灭，犹豫了两日我还是没有投出简历。

后来在朋友的鼓励下，我修改了简历，重点突出了知识产权非诉工作经验，按下了最后的发送键。那一刻我如释重负，不管成与不成，我都尽力去争取了，也算了却自己长久以来的一桩心愿。邮件发出去的第二天，我收到朱老师凌晨3点的回复，让我来律所谈谈。我受宠若惊，想着未来还有一丝希望便激动不已。

第二天带着对朱老师的敬仰，来到上海朱妙春律师事务所，偌大的办公室窗明几净、宽敞明亮。朱老师让我介绍自己的情况，我清楚自己唯一的优势便是在知识产权领域的几年非诉经验，便着重讲述非诉的相关工作经历。朱老师听着频频点头，一直听我说完。这也让我更加钦佩朱老师，这样一位名律师，可以坐下来耐心认真倾听晚辈的陈述，于我而言是莫大的鼓舞。在后来与朱老师接待客户的过程中，我也深深被朱老师温文尔雅的气质折服，俨然是一位学者型律师。

思 想 启 蒙

熟知朱老师的人都知道，朱老师是一位学者型律师，他做律师始终坚持八字方针：办案、著书、论坛、讲学。在这八个字中，办案是最重要的，是核心工作。著书是围绕办案进行的，要总结、要提高，就要靠著书来完成。论坛是办案中碰到问题时举办的，举办论坛邀请专家学者来相互探讨是一种解决疑难问题的好办法。最后，问题解决了，案件也结束了，要普及、要推广，则需要通过讲课来升华。初听之时不敢相信，跟随朱老师实习后，那些令人难以置信的事实却是真实存在的。朱老师言传身教，在指导我们做每一个案子时也将自己"爱国、公益、专业、勤奋"理念倾入其中。他公益代理中国慰安妇、中国劳工对日索赔等案件，不计回报，在炎炎夏日辗转多地取证。朱老师出版了11本专著也让我看到了老一辈律师的爱国情怀和勤奋好学的一面，这也给当下青年律师在执业道路上以指引，也让我明白了中国青年律师肩上的重任。

在朱老师名下实习，不同于一般的律师带教方式，而是像古时私塾教学模式般授课，其用心之至可见一斑。每次撰写的文书朱老师都要一一过目，或让我打印出来他用笔逐字逐句修改，或让我投到大屏幕上，要求我们一字一句地念，念得通顺，写得有理有据，方能打印出来寄给法院。一开始我会觉得这样耗费太长时间，而现在看来，正是这样反复的修改养成了我们严谨的工作态度，也锻炼了我们文书撰写能力。朱老师总说我们要学习毛泽东思想，把一个案子像解剖麻雀一般，一遍又一遍地打磨，这样几个类似案子做完，也能成为这个领域的"小专家"，日后碰到同类型的案子也能举一反三。朱老师总是不厌其烦地带领我们一个案子反复打磨、研究，而在这一遍一遍的讨论与理解过程中也慢慢加深了我对相关焦点问题的理解。做案子犹如盖高楼，没有前期的深厚地基，日后难成专业律师，而现在实习阶段就是我们打地基的时期，更需要踏踏实实地做好每一个案子。

实习执业

朱老师常说跟他实习很苦，因为他要求高，这一点我也深刻感受到了。实习期间我跟随朱老师参加了大大小小十几场论坛和会议，而每次会议朱老师都要求我做好详细的会议纪要。一开始我觉得做会议纪要是一项十分烦琐且价值不高的工作，当在抗拒中艰难地完成一场场会议纪要后，我突然明白这其中的价值。会议纪要看似只是将嘉宾现场的发言整理成文字，实则也是磨炼法律工作者的专注与耐心，一场场会议纪要做下来也是满满的成就感，倒不是说记录得有多完整，而是在通过反复听录音，整理文字过程中聆听专家的观点，认真研读专家的话语，感慨于专家渊博的学识，思索专家发言的强大逻辑性。印象最深的两场会议纪要，其中一场是上海知识产权局原副局长吕国强在浦东IP峰会上的一次发言，其发言掷地有声，语言精练、由浅入深地剖析问题，会议纪要完成那一刻，看到吕局长的发言文稿，真是钦佩不已。另一场会议纪要便是我的偶像王迁老师的发言，那时我们代理了一起"剧本杀"维权案，其中涉及版权的一些疑难问题。上海知识产权园总经理潘抒为此举办了一场专题座谈会，朱老师邀请了老朋友国家版权局版权管理司原司长许超，得知我在大学时便崇拜王迁老师，便立即邀请了王迁老师。为了配合王迁老师的日程，朱老师将原定的时间推迟到次日。感谢朱老师，让我有机会见到多年的偶像。会前，我准备了"剧本杀"的相关问题，事先对"剧本杀"版权保护问题做了一些思考，会上专家学者对"剧本杀"相关版权问题进行了深入讨论，我认真聆听并做好笔记。会后我花了整整一天时间将现场的录音整理成文字。如此一番学习，反复琢磨专家们的观点让我茅塞顿开，我对"剧本杀"侵权的问题也有了更深刻的认识，也更加体会到朱老师常说的论坛是解决疑难问题的好办法，青年律师学习更需要虚心向专家、学者请教，借助巨人的肩膀。

朱老师办案向来以严谨著称，虽已年过古稀，但对待案件仍亲力亲为。记得刚来律所实习时，那时老师正在代理一起专利侵权案，东莞某科技公司将在上海国家会展中心展会上参展，该公司参展的产品中某个产品侵犯了我方发明专利权。在梳理完案情后，摆在面前的首要问题是如何推进取证工作。为此，在距离上海国家会展中心家具展览会开幕不到一周时间里，朱老师制订详细的工作计划，确保在为期4天的展会结束前成功固定证据：（1）侵权产品是否会如期在上海国家会展中心家具展览会上展出；（2）若侵权产品如期展出，我们务必在展会开始前完成在展会的现场取证；（3）涉案专利产品进场时间需要时刻留意，一旦安装完毕正式展出前即启动现场取证计划；（4）争取在展会开始当日提交诉前保全申请，给予法院充足的审查时间。如此一来一往，与法院的及时沟通是本次诉前证据保全之关键。但恰逢2020年这百年不遇的新冠肺炎疫情，全国各地法院都处于半封锁状态，每次前往法院均需提前一日预约，且法院每日预约人数有限，这也为我们申请诉前证据保全工作增加了很大的难度。还记得烈日下，朱老师驱车带着我和周超师兄前往展会进行现场取证。到达会场后，朱老师和周师兄负责在展台与员工谈论技术，而我则在一旁拍照，收集产品照片以及现场方位图。当晚，我们便在客户下榻的酒店会议室里整理诉讼保全的证据，每一分每一秒都被计算在内。正所谓好事多磨，最终在朱老师及周师兄的协同努力下顺利完成诉前证据保全工作。

未来可期

2021年我顺利拿到律师执业证，回顾来上海时制订的计划，一切都按部就班地进行着，这中间也经历过中途更换律所等挫折，但好在最后都坚持了下来。上海是国际化大都市，虽然机会遍地，但人才济济，对于毫无背景的异乡的年轻人更是考验。有句玩笑话，年轻律师执业相当于失业。拿到执业证那一刻是如释重负，但欣喜之余更多的是对未来的迷茫。身边的女性朋友大都选择进入企业，担任法务专员。一份稳定的法务专员工作或许更适合女孩子，比起四处奔波，长辈们也觉得应该找个稳定的工作。但成为一名诉讼律师是我学习法律的初衷，我希望在还可以选择的时候先努力往前走。确定目标后，我重新梳理工作，摆正心态，我希望我能静心且努力做好手里的每一个案子，不论大小、难易。对于一名优秀执业律师而言，不经历案件反复打磨、学习，难以积累深厚的实务经验，更难以解决委托人的问题。所以，走好眼前的每一步，做好当前工作是我首要任务，千里之行始于足下。

进入法律行业以来，我遇到了很多优秀的法律前辈和师兄师姐们，得益于朱老师让我协助整理《青胜于蓝》一书的书稿，幸而一一拜读师兄们的稿件，让我有了更多学习的榜样，师兄们的执业经历让我对律师行业有了更深入的了解，也让我对未来的执业之路有了更清晰的规划。

疫情还未结束，梦想却不曾停滞。律师是一个不断学习与积累的职业，而作为青年律师的我，未来的路也许还很长，也许也很艰辛。但老师的谆谆教诲与师兄们的拼搏精神也在时刻勉励着我向前奔跑。路漫漫其修远兮，吾将上下而求索。与众多优秀的前辈同行，我相信未来可期！

作者简介

董莎律师，上海朱妙春律师事务所执业律师，擅长处理商标异议、驳回复审、无效及答辩、商标侵权及不正当竞争诉讼、商标行政诉讼等复杂疑难案件。从业5年来，曾为100多家境内外中小企业提供一站式知识产权服务，撰写商标复审、异议、无效及答辩等非诉行政文书300多件。代理过多起商标、著作权、不正当竞争等诉讼案件，在知识产权线上投诉、线下维权上有着一定的经验。

化学博士　法律新兵

李玉宁

今天是 2021 年 3 月 4 日，处理完新出的实验数据，结束了日程表上的会议，终于可以暂时坐下来，略略平静下这几日翻江倒海的内心。在艰难地谢绝上司的挽留，又跟人力资源经理谈完话后，离职手续终于已经在办理——还有一个月我就要离开这家全球最大的石油化工公司的科研岗位，到朱妙春老师的律师事务所做一名律师了。

牢记来处

我 1981 年出生于河北省衡水市。故乡地处一望无际的华北平原，西倚太行，东临渤海，黄河蜿蜒，黄土深厚；大禹治水划天下为九州，此地为九州之首；地势平坦，交通发达，是从北京南下和晋商东去出海的必经之地，被社会经济学家费孝通先生称为"黄金十字交叉处"。故乡传统悠远，尊师重教，商朝名相比干和力荐汉武帝"罢黜百家独尊儒术"的西汉博士董仲舒均出自这里，当前声名大噪的"衡水中学"就在家门口不远处。这种"高考工厂"不太可能出现在繁华的大都市，恰恰是因为故乡的孩子们没有其他更好的出路，才会在一条苦读路上誓死拼杀，梦想一朝跨过高考的独木桥，跃过龙门，光宗耀祖。或者考上大学离开家乡，或者高考落榜男婚女嫁继续过那祖祖辈辈一眼望到头的日子，因而高考成败对于 20 世纪 90 年代的小城少年们而言就是命运的云泥之别。为了提高考上大学的概率，八成的学生都会选择理科。我也在语文老师的声声叹息中读了理科班。1999 年 9 月，我总算得偿所愿，在一众乡邻的称赞艳羡中告别故乡的厚土黄天，去了美丽的滨海城市，入读大连理工大学的化学专业。

大学四年的生活异常艰难。在父亲帮我缴完第一年的学费之后，后面所有的开销就只能靠自己了。我入学第二天就开始到处勤工俭学，半工半读外加银行助学贷款才能勉强完成学业。像我这种情况原本应该本科毕业就赶紧工作以补贴家用，不可能继续深造的，但是大四时看到很多同学都在考研，心有不甘，就也偷偷挤时间复习了两个月。没想到付出还是有收获，考试过后被中科院大连化学物理研究所工业催化专业录取，成了一名五年制硕博连读研究生。之所以报考这家研究所，也是了解到那里读书不收学费，此外还有每个月几千块钱的补助，在当时不但够自己生活，还能偿还助学贷款，补贴父母。

2004年夏天，在北京玉泉路上的中科院研究生院上完一年基础课后，我返回大连，师从徐龙伢研究员从事石油化工催化剂开发的科学研究。现在回想起来，这后续四年多时间里呕心沥血、焚膏继晷做论文的过程虽有诸多艰难困顿，但也不乏顺遂得意，师友情谊长。终于在2009年1月，顺利通过工学博士学位答辩，时年28岁的我辞别导师和星海广场的飒飒海风，踌躇满志地来到繁华上海，在位于浦东高桥的中石化上海石化研究院继续催化剂方向的技术开发工作。

职场风云

如果说人生总要百转千回才能尝到真滋味，那么在那些不假思索、"丝般顺滑"的学生时代结束后，我注定会在工作后面临的纷纷繁扰、进退取舍中体会到成人世界总会有的种种无力感。虽说工作之初是顺利的，项目推进按部就班，高级职称评定也很快得偿所愿，但在项目成果推广上我和领导还是产生了一些分歧。辛辛苦苦做了几年的技术已经有外面的企业找上门来求转让了，领导出于技术保护的考虑拒绝了在民营企业产业化的机会，而是决定等待合适时机在中石化集团内部产业化。

拒绝上门小客户，雪藏以待大良机，领导的考虑自然有其内在道理，可惜我这边心态逐渐浮躁，加之当时已与方亮博士组建家庭五年，增加新成员的任务已经不能再拖，最终只得无奈辞去研究院的职务。2014～2017年，我用了三年时间专心养育陪伴女儿，履行一个全职妈妈的责任。

2017年，终于熬到小朋友上了幼儿园，我开始寻找新的就业机会。三年全职妈妈的经历似乎并没有造成太大障碍，很快我拿到了一家业内声名显赫的外资公司的录用通知。于是在从央企离职之后，我又满怀热情地一头扎进了所谓"世界500强"外企的深水中，而这里，是跟央企截然不同的工作环境。国际化大公司的管理目标，是把每个人都变成螺丝钉，缺了谁都可以立即补上，谁也不被允许发展成无可替代的个体。繁多的条条框框严格地把每个人框在自己的小格子里，稍有逾越便会被警告。某个单一的个人技能被强化，其他技能被弱化，从而越来越依赖公司平台。铁打的营盘流水的兵，人员进出频繁，环境复杂多变。最重要的是，出于对中国知识产权法治环境的不信任，跨国公司基本不在中国开展核心技术开发工作，所谓的"中国研发中心"其实大都是为开拓市场服务，因为巨头们谁也不会放弃中国这么巨量的市场。2020年新冠肺炎疫情席卷全球，中国政府和人民付出了巨大代价，在汹汹疫情中打造了960万平方公里的安全方舟。中国已超过美国成为该公司在全球的最大市场，更是公司全年业绩的最大支撑。一方面是跨国公司从中国市场获取巨额利润，另一方面是中国的技术团队从未被真正信任过，公司更愿意把研发成本投入美国、欧洲和印度，但绝少投入中国，给中国研发团队的定位很明确，就是应用开发和市场支持。

在外企的四年半时间里，我曾经与美国、欧洲、中东、印度、日本的科学家交流过。除了技术方面的愉快沟通之外，我也了解到国际社会对中国市场和法治大环境的一些观点。外国人对中国的高速发展非常震惊，同时他们也认为他们在知识产权方面的损失巨大。这些误解和印象根深蒂固，恐怕需要巨大的努力和漫长的时间才能消除。同时，中国民族企业的发展也是步履维艰。之前我在央企工作时遇到的上门访求新技术结果被拒绝的浙江企业家让我看到了民营小企业对高新技术的热切渴望。

我的工作中有一块很大的内容是专利撰写，为了更好地理解专利撰写的要求，我利用业余时间自学了《专利法》，通过了专利代理人的资格考试。又因为在上述考试中了解到相关法的知识，出于个人兴趣我又继续参加了法律从业资格考试。我参加这些考试均出自兴趣爱好，或者对社会学的好奇，其间并没有真正想过要放弃自己的化学专业。但是近来公司的一系列重大变动，让我觉得再把这种基础科研工作继续下去已经非常艰难，也没有太大意义。结合自己的年龄和家庭情况，在仔细了解了法律服务行业的诸多情况后，经慎重考虑，我决定离开一线化学科研领域，去从事知识产权法律服务工作，换一种方式来推动社会的科技进步。

初识大律师

2021年2月17日是农历正月初七，春节后的第一个工作日。早上5点我在"东方律师网"的招聘栏里浏览知识产权方向的实习律师招聘信息，看到了上海朱妙春律师事务所，随即给联系人黄老师发了中英文简历，没想到当天就收到了朱妙春律师的微信回复。朱律师问我"为何这么优秀也想来做律师"，我如实回答说，"这确实是一个艰难的决定，一是大公司的条条框框太多，于我难以有太大发展，二是我对知识产权和法律感兴趣，认为律师行业有付出就会有回报"。似乎考虑了一下，朱律师约我第二天上午去律所面谈。

正月初八天气很好，我早早等在海兴广场附近的商场里，待约定的时间到了，赶到17楼的律师事务所见到了大名鼎鼎的朱妙春律师。头发花白、戴眼镜的朱律师学者气质浓厚，谈吐亲切温和，没有通常律师说话的咄咄逼人，简单寒暄后嘱我坐在南面有阳光的椅子上，令我紧张的心情有所缓解，自然而然地称呼对方为"朱老师"。朱老师再次询问了我的律师意愿，并建议我一边去高校挂职，一边做兼职律师，不要浪费了博士学历。其实我知道现在的高校早已不似十年前，没有出国经历或者重大科研成果基本不可能入职。我从来不认为出国经历对提升个人能力有多必要，但是科研成果这点确实戳痛了我，一是没有在央企研究院坚持下去，所做的项目虽然各项指标很好，但并没有来得及参加专家组评审，也就无法认定为重大成果；二是在外企的工作果实均以公司商业秘密的形式存储，于我而言除了负有保密责任外别无其他瓜葛，更无公开评审的可能。这样算来，竟是参加工作十余年，一谈成果空枉然啊！虽不能说这十多年全是浪费，毕竟也积累了工作经验，买了房子安了家，然而在今天掰着手指头算成果的时候，我竟一时语塞，心中甚是怅然！坐在对面的朱老师显然敏锐地觉察到这一点，善意地没有继续这个话题。随后他介绍了自己的生平和奋斗经历。我了解到朱老师也是理工科背景，之前在上海造船厂工作，后来出于热爱自由的天性，在40岁左右时脱离体制，做了知识产权律师。这一点我与老师很相似，过了春节我也恰好40岁，不惑的年纪更清楚自己想要追求的东西，也更清楚凡是自由皆有代价，好在之前的工作让我在经济上有了一定积累，从而短期内不至于为生活所迫，算是为从事律师工作打了一个基础。此外我留意到这古色古香的律师事务所里挂了一幅雄鸡的中国画，算算朱老师1945年生人，应是属鸡，而我1981年生人，小之三旬，也是属鸡，从唯心主义的角度而言，我跟朱老师真是有缘分。不过，是不是只要我潜心学习，以朱老师为模范，若干年后就能成为一名出色的律师，这一点我不敢十分确定，因为我也看到了朱老师身上的诸多特质是我目前不具备的。朱老师称律师不但要熟读法律条文还要做"社会活动家"，这大概是我的一大挑战。长时间在自然科学的世界里独自钻研养成了我清冷的行事习惯，与周围的人群交流很少，更是秉承着"君子之交淡如水"的信条，少有主动地联系亲朋好友。现在看来既然以后要从事社会科学了，这一课须要及时补上才好。

与朱老师的谈话亲切而不拖沓，非常有效率。朱老师说他欢迎我的加入，要我回去考虑一下再确定要不要去律所，我当即表明态度要敲定这件事情，确定要来他这里拜师学艺。后面我确实很快地向所在公司提出了辞职申请，哪怕再过几个月就可以有一块比较大的经济收益，想着既然已经选择了新赛道，不如就早点上路吧。四十岁的年纪，我只能分秒必争。

未 来 规 划

在我过去十多年的研发工作中，从一线科研岗位到科研管理岗位，写专利、申请专利都是一项重要的工作内容。从当时一个普通科研人员的角度理解，《专利法》这部法律的本意应该是通过公开技术进展、赋予专利权的方式鼓励个体创新，保护创新动力，是尊重知识、尊重人才的体现，最终推动整个社会的共同技术进步。不过在实际工作中，当科研人员、创新企业在获得了一项技术进展之时，第一时间想到的却不是申请专利，而是如何在尽可能长的时间维度里保护这项新技术不为外人所知。科研圈里的一个常识是，如果把一项技术去申请专利，基本上等于送羊入虎口，这绝对不是第一选择。即使出于某些市场方面的考虑申请了专利，也是想方设法隐藏真正的创新点，特别是在化工领域，一组配方、一个生产工艺一旦公开几乎是覆水难收。基于此甚至产生了一大批假专利，比如我周围科研人员的共识是我国早期披露的专利技术方案可信度较高，可以用来参照并在此基础之上开展进一步的技术开发工作，而从20世纪90年代中期开始披露的专利方案基本上在实验室里、在实际生产中是重复不出来的。这里面可以看出我们的创新主体对于专利申请之路仍有太多疑虑和担心，真正的核心技术不敢申请专利，申请一堆假大空专利或用以迷惑对手，或用以包装自身、申请补贴、抢占市场。专利维权难度大、成本高，现有专利质量低、不可靠基本是专业技术人员和创新企业的共识。

以上是我作为一名科研人员时对专利这件事情的感受。后来当我转身做了专利代理师和律师后，我对专利的认识逐渐丰满立体起来。我认识到专利权投资是企业的重要投资组成，专利权的本质是对某种先进技术在公开前提下的独占，是世界各国普遍采取的一种以垄断为主要特征来谋求市场有利地位的商业手段。绝对强调专利保护会导致市场被各种私有技术分割得支离破碎，增加发展成本。大公司在技术、财力上的优势地位会转化为市场垄断，从而阻碍其他中小公司的创新发展。小企业从一诞生，就发现身处大企业的专利地雷阵之中，举步维艰。专利制度的本意是鼓励创新，但在市场机制下自由发展到一定程度反而会抑制创新。美国的专利法就经历了从绝对保护专利到打击垄断、有限度地进行保护这一过程。

从2021年6月1日施行的新《专利法》的新增和修改内容可以看出立法机构对这两方面的关注：一方面是对创新主体内在担心的舒缓，比如，加重专利侵权赔偿责任，完善行政保护机制，对药品专利的特殊保护，因专利审查的不合理延迟可以请求延长专利保护期限，鼓励被授予专利权的单位实行产权激励，使发明人或者设计人合理分享创新收益等，从这些修改上我们可以看到政府在保护专利创新问题上的态度是坚定的；另一方面，新《专利法》第20条规定："申请专利和行使专利权应当遵循诚实信用原则。不得滥用专利权损害公共利益或他人的合法权益。滥用专利权，排除或限制竞争，构成垄断行为的，依照《中华人民共和国反垄断法》处理。"这一条文的横空出世将很大程度上减轻专利权的垄断属性对行业发展的束缚作用。作为专利律师，这一条留给我们的想象空间非常大。

结合自身的职业发展之路，我发现一些创新主体，即生产专利的科学家们对专利法和专利保护政策的了解并不多。他们还存在对专利申请的诸多误解和担忧，对专利在企业发展、行业发展过程中的或促进或抑制的作用知之甚少。这对我们的科技进步、社会进步显然是不利的。因此我认为，加强对科学家和技术人员群体的专利法培训意义非凡。受益于朱妙春老师近四十载如一日从事知识产权法律服务事业专注精神的影响，我有志于在科学家和技术人员群体中开展专利法培训课程，有针对性地为我们的主力创新队伍提供合适的法律桥梁，助力他们在国内国际先进技术竞争之路上走得更好、更远！

仍然是出于技术人员的视角，另一个我比较关注的领域是技术转让项目合规。我国专利申请数量已经连续十年全球第一。2020年中国专利授权数量为363.9万件，同比增长40.4%，但专利整体转化率不到10%，远不及美国的50%。多数专利只是纸上谈兵，与产业严重脱节。而真正有价值的那部分专利，很多也无法落地。中国仅有6.4%的高校和科研机构设立了专门的技术转移机构，并且主要职能是辅助项目申报、过程管理和成果评审验收，如何将成果投入市场转化为实际收益仍然悬于真空。而美国之所以能实现较高的专利转化率，是因为拥有足够数量的专业技术转移机构。在科研成果研发阶段，美国大学技术转移机构就会基于市场评估价值，确定知识产权保护方式、市场推广和转化策略。

由此可见，技术交易服务能力已经成为现代科技与产业创新发展至关重要的核心环节。此外，我国的技术交易与技术服务活动在"大众创业、万众创新"的浪潮中涌现出一系列新趋势、新特点，这对传统技术交易服务的转型发展和从更高层面构建现代技术服务体系提出了巨大挑战。比如，技术交易已不再是单纯的要素交易，而演变为各相关方对技术创新价值的交易，并与技术的诞生、转化与商业化相伴而生，嵌入从研发到产业化全链条的各个环节；又比如，技术交易形式从技术转让合同、知识产权交易向技术入股、学术创业、早期技术投资等新的形式转化，以创业者和风险投资家为主的市场化主体成为技术交易的重要参与者。

总之，新形势下的技术转化工作具有新需求、新特点，对从业人员的专业化提出了新要求。结合我自身的"科研—法律—专利"背景，我有意推出一项该领域的法律服务项目。律师的规范化参与可以快速取得技术转让/受让双方的信任，通过严格的过程合规管理保障转让过程顺利推进，保障双方利益得以兑现。这需要律师团队大量的创造性劳动才能得以实现。

第三个值得注意的方向是人工智能领域的知识产权保护工作。人工智能（Artificial Intelligence，AI），是研究、开发用于模拟、延伸和扩展人的智能的理论、方法、技术及应用系统的一门新的技术科学。近年来，得益于算法、算力、数据三大要素的支撑以及应用场景的牵引，人工智能已经成功由技术理论迈入产业应用阶段，不断重塑着传统行业的固有模式，并衍生出新的产业机遇。

同时，人工智能技术的保护已经成为国家重点布局的关键领域。一方面，新一轮的发达国家和新兴经济体都在抢占科技竞争的制高点，并着眼于高端化、智能化等关键领域，使得人工智能技术成为重中之重，是国家工业化4.0版本的焦点，是重塑制造业竞争优势，占据新一轮全球产业分工优势的重要工具。另一方面，人工智能作为基础核心关键技术，对其保护对于推进知识产权商业化，谋求科技市场竞争优势地位和提升国家核心产业竞争力有重要作用。

人工智能技术的特点，如以人为中心的人机交互、以算法为核心、跨产业、软硬件结合、技术驱动替代产品驱动等，导致其本身的保护具有特殊性。要进行人工智能技术与知识产权风险的研究，就必须从两个方面着手：一是针对人工智能的特点，对不同的技术特性和应用场景，研究如何用法律手段进行知识产权保护；二是思考如何利用人工智能和其他数字化技术，从技术手段上建立相关保护机制。

目前，对人工智能的总体知识产权保护、管理、运用水平有限，还有极大的探索空间。比如算法本身申请专利保护存在争议，另外算法的更迭非常快，对授权速度和保护周期也提出了新挑战。

国家知识产权局于2019年12月31日专门修订了《专利审查指南》，以回应创新主体对进一步明确涉及人工智能等新业态新领域专利申请审查规则的需求，修订后的指南已于2020年2月1日起施行。修订后《专利审查指南》在第二部分第九章中增加第6节，其中在审查基准中提到以下标准：

> 审查应当针对要求保护的解决方案，即权利要求所限定的解决方案进行。在审查中，不应当简单割裂技术特征与算法特征或商业规则和方法特征等，而应将权利要求记载的所有内容作为一个整体，对其中涉及的技术手段、解决的技术问题和获得的技术效果进行分析；
>
> 如果权利要求中除了算法特征或商业规则和方法特征，还包含技术特征，该权利要求就整体而言并不是一种智力活动的规则和方法，则不应当依据专利法第二十五条第一款第（二）项排除其获得专利权的可能性；
>
> 对一项包含算法特征或商业规则和方法特征的权利要求是否属于技术方案进行审查时，需要整体考虑权利要求中记载的全部特征。如果该项权利要求记载了对要解决的技术问题采用了利用自然规律的技术手段，并且由此获得符合自然规律的技术效果，则该权利要求限定的解决方案属于专利法第二条第二款所述的技术方案。

由此可见，相比于以往专利审查中针对算法类发明的审查标准较严格而难以获得授权的问题，目前对于人工智能技术的专利保护，国家知识产权局已经对审查标准予以明确的规范，并为专利申请人指明了方向。也即，专利申请人需要将人工智能技术应用于相应的技术领域，采用技术手段来解决具体技术问题，并实现相应的技术效果，这样才有可能满足专利要求的"三性"，即新颖性、创造性和实用性，从而获得专利权的垄断保护，否则可能存在客体问题而无法授权。

除了人工智能技术本身涉及的专利权问题，其衍生的知识产权新变化也为目前的保护体系带来诸多困惑和挑战。随着大数据和神经网络技术的运用，人工智能可以模拟人脑中的神经元，进行深度学习和整合，同时自主进行创造性活动并生成产出物。此时，自然人已经完全被排除在创造活动之外，人工智能的能动贡献已经不能用工具来概括，它已经在事实上成为创新主体。此外在人工智能的自主活动发生侵权时，如何认定机器的真实意思，如何考量机器在侵权行为中的主观过错，都是现行法律体系所无法完成的任务，也完全是对现行私法原理的颠覆。

总之，人工智能领域的知识产权保护需要结合科学论证、顶层架构、伦理建设等全社会多方面的探索和努力。法律工作者及时而又专业的参与对于推动该新兴领域的产业化进程，对于国家占据新工业革命的有利地位必将起到关键的推动作用。

再 出 发

前路漫漫，道阻且长，行而不辍，未来可期。站在这个转折点上，我感觉内心平和坚定。坚持做难而正确的事情，坚持做内心所向的事情。不管终点如何，过程已弥足珍贵。再次出发吧！

作者简介

李玉宁，上海朱妙春律师事务所，律师、专利代理师。毕业于大连理工大学和中科院大连化学物理研究所，获工学博士学位。先后在中国石油化工集团、沙特基础工业公司等世界500强企业从事研发和实验室运行管理工作十余年，熟悉能源、化工、新材料领域的项目研发、管理和工业运行。

迷途知返　向阳而生

蔡翼演

在收到朱妙春老师让我写自传的消息时，我是喜忧参半的。喜的是，本书录入了朱妙春老师以及其他十几位已是上海法律界知名律所主任、合伙人或已经崭露头角的师兄师姐们的自传。我作为一名法律界新生，与他们相比，无论在哪一方面，都相去甚远。朱老师将我的自传录入本书之中，于我而言，是一项极大的殊荣。忧的是，本书书名取自古语"青出于蓝而胜于蓝"。对于朱老师在知识产权界的卓越成就，我望尘莫及。仅仅四个多月的法律修行，尚不论"胜"字，"出"字便已无从谈起。名不配位，实在令我无地自容。在此，只能尽心撰写此文，以谢朱老师之抬爱。因为我在法律领域知之尚浅，无法像老师与师兄师姐们一样洋洋洒洒、侃侃而谈，只能另辟蹊径，将鄙人过往学习与工作中的平庸经历记入本文。

回首过去，我曾经困惑过，彷徨过，迷茫过；而如今我满怀憧憬，跟随朱老师笃定地前行在知识产权的法律道路上。希望通过分享此文，能给予在生活中迷惘徘徊之人以建言；与仍在理想道路上奋斗之人以共勉。

2021年8月的某日，因为一份加急文书，我独自留在律所加班撰稿。傍晚6时许，天色渐昏。伏案写了一天的文书，身体略感疲劳，我直起身子走到办公室西面的落地窗边稍作休息。从海兴广场17楼向外眺去，视野是如此的宽阔，街上行人过往，路上车水马龙，熙熙攘攘的景象让我看得有些出神。想起几个月前，我还在偏远的城市郊区，头戴安全帽，与机械设备为伴，穿梭于工厂车间；如今已身处繁华的市中心，偃武修文，执笔走在法律的职业道路上。一时间，竟有些恍惚，过往的一幕幕如泉水般从脑海涌出，又如同老式放映机映出的一张张画面，清晰可见、历历在目……

懵懂无知

我出生在浙江衢州下辖的江山市，位于浙闽赣三省交界处，是浙江省的西南部门户和钱塘江源头之一。江山市，地如其名，是一处依山傍水之地，我的家乡须江镇更是四面环山，清澈的须江从镇中央穿过。曾有诗人以七律赞美我的家乡："仿佛洞庭高阁浮，依稀忧乐掠心头。凭栏水去无留意，额手雁来方觉秋。主义曾开武陵阙，谐和正盼会稽酬。诗成不过空惆怅，回首快哉梁黍谋。"

以常理来说，地灵人杰，钟灵毓秀，但偏偏就在我家出了一个另类。小时候，我是四邻八舍出了名的"熊孩子"。"三天不打，上房揭瓦"这句话用来形容那时候的我再合适不过了。折了东家的树，摘了西家的花，拆了南家的门，捅了北家的窗，来我家告状的人可谓是"络绎不绝"。那时，父母工作忙碌，对我疏于管教，使我成了四处闲逛的"野孩子"。上学后，又因为交友不慎，整日与狐朋狗友们混迹游戏室，沉迷于电子游戏不可自拔。待父母意识到问题的严重性，对我严加管教时，为时已晚。面对父母施加的种种约束和监管措施，我虽然表面有所收敛，但总会趁父母疏忽大意之时偷偷找机会玩游戏。印象最深的是我上高中那会儿，那时家里已经配有电脑，我经常会在深夜趁父母入睡后蹑手蹑脚地溜到电脑房玩游戏。当时老式的电脑在开机时噪声比较大，为了不让父母听见声响，我会用被子裹住主机，等开机完成后再将被子拿走；还有一年暑假，母亲为了不让我在家玩游戏，白天上班会把电脑显示器的电源线随手带走，为了能够在电脑上玩到游戏，我跑去废品回收站翻了两天，终于翻到一条能够匹配显示器的电源线。有人可能会问：为什么不重新买一条电源线？因为那时父母为了不让我去游厅，几乎不会给我零花钱。为了能够玩游戏，我无所不用其极。所以，高中毕业以前都是在与父母斗智斗勇中度过的，而这种状态一直持续到高考结束。高考结束后，我选择了云南昆明理工大学就读材料专业。昆明距离家乡2000公里，我在脱离了父母的管束后，更加肆无忌惮，如同一匹脱缰的野马，终日沉迷网吧。就这样，光阴似箭，四年大学一晃就结束了，我一手握着糟糕的成绩单，一手拖着行李箱回到了浙江。

  2008年8月，母亲为我在杭州某转炉厂找了一份工作。因为大学的学习成绩不佳，我只能在基层的炼钢车间从炉前工做起。进入转炉厂时，正值三伏天，炼钢车间温度高达50℃，我的工作是在钢水精炼之前，根据炼制钢种的不同，将不同种类的合金材料倒入炼钢炉中。记得那时候添加合金是需要工人手动将材料搬上小推车，再将小推车推至炼钢炉的送料口，而通常一炉钢需要添加200～300公斤的合金材料，当时，一个班的炼钢批量在十七八炉，也就是说一天至少要搬运大约3.4吨的材料。从炼钢炉冒出的热浪炙烤着双颊，空气中飘浮的金属碎屑摩擦着皮肤，加上高强度的工作以及炼钢车间三班倒的排班制度，在这种恶劣的工作环境中，不到三个月，我便举旗投降，选择了辞职。辞职后，我在杭州辗转又从事了几份工作，在电脑城从事过销售，也在房产公司做过中介，但最后都无疾而终。一事无成，让我开始自卑，性格也渐渐自闭起来。

  反思这段过往，彼时的我对人生的认知只有游戏，对于学习、工作的目的并不明确，对于家人、朋友的意义也从未去思考。越娱乐越沉沦，最终呈现出"娱乐至死"的状态，一旦遇事便自暴自弃。究其原因，我认为是责任感缺失导致的人格失调，对社会不负责，对家人不负责，甚至对自己的人生也没能担起责任。假如我能尽早建立起自己的责任感，当年便不会沦落至此。与我相比，那些身边优秀的人总是能够对自己负责，拥有自我管理意识，能够合理地规划人生。意识决定行为，行为决定结果，所以，尽早地建立责任感对一个人的成长有着深远的影响。

发蒙启滞

在杭州接连从事了几份工作均告失败，我逐渐在这个城市迷失了方向。2010年年初，父母打听到一位远亲在上海一家工厂负责重工行业的检测工作，工作内容与我大学所学专业相关，问我是否想过去从事检测工作。当时，我并未多想，只是抱着试一试的心态，离开杭州来到了上海。

上海工厂地处偏僻，位于金山区的山阳镇上，我从杭州一路颠簸了四个多小时才到了人烟稀少的工厂所在地。

与转炉厂相比，上海工厂的工作环境虽然有所改善，但并没有实质性的变化。白天，伴着机械的轰鸣与漫天的粉尘，在车间干着体力活。晚上，拖着疲惫的身体回到宿舍，那时工厂宿舍的条件极为简陋，没有电视、没有网，只有一张铁架子与木板拼凑起来的桌子和一张吱吱作响的床，还有桌子上摆放的几本检测专业书籍。而且工厂地处偏远，交通不便，往返小镇要一个多小时。百无聊赖，我只能待在宿舍里看书。但是，正是在这种环境中，我开始思考人生，审视过往，反省自己。时间一天天过去，我在不断的反思中渐渐地理解了"少壮不努力，老大徒伤悲"的含义；渐渐地看清了过去那个终日浑浑噩噩、无所事事的自己；渐渐地认识到一味地逃避只会让自己再次陷入沉沦。所以虽然这份工作很艰苦，但这一次我不再逃避，不再放弃，我一定要坚持下去！这是我第一次萌生出拼搏的意识，也自此告别了人生中懵懂无知的阶段。

从此，我改头换面，勤奋工作，力求上进。不仅在工作时间学习本职的检测技术，有时间也会学习其他岗位的技术要点，如焊接、数控、防腐等工作，只要是与本岗位相关的技术，我都会主动积极地去学习。2010年下半年，我不仅掌握了检测技术，通过了实习期考验，还学会了气保焊技术以及数控切割技术。2011年，我通过了四门中级检测执业资格考核，取得了相应的执业证书。同时，我也充分利用业余时间，逐渐将大学落下的课程全部补上。2012年，公司总部在加拿大开设分厂，由于我平时的突出表现，被派往加拿大，对分厂的生产进行技术援助和质量把关。

就这样我的车间检测生涯一直持续了七年，这七年岁月是艰苦的，也是难忘的——每到夏天，车间就像一个桑拿房，尽管持续高温，但安全帽、防护服必须按规定整齐佩戴，把整个人包裹得严严实实的，每次作业都汗如雨下，被汗水浸湿的衣背始终贴着后背，那种体验大概这辈子也忘不了；每到冬天，车间又如同一个风箱，北风呼啸着从车间一头吹进又从另一头钻出，因为穿的太多会影响作业效率，寒风吹过，我经常冻得哆嗦不止。但也就是在这种环境下，练就了我吃苦耐劳的品质。经过与机械为伴的七年，终于在2017年，我通过自己的努力，晋升为检测室副主任。

晋升后，我的工作内容在原先检测的基础上，增加了对内部人员的工作调度以及与甲方、第三方监造等外来人员的技术对接两项工作，也因此能够接触更多的管理层的精英。我一直秉持着努力、勤奋的理念在自己的岗位上认真工作着，但是我的职业似乎遇到了瓶颈——每天机械性地重复着相同的工作，狭窄的发展方向，漫长的晋升期，以及不稳定的晋升空间，都在冲击着我对未来的憧憬。

一次与甲方人员何经理（化名）的接触给了我很大的启发。当时，何经理是甲方公司的质量保证工程师（QA），前来我厂对产品质量作为期数天的抽样检查，我当时负责何经理的接待工作。经过几天的抽检工作，产品质量得到了肯定，何经理对我的敬业精神赞赏有加，我们之间也渐渐熟络了起来。从工作聊到生活，从职业聊到行业，我们聊了许多话题，其中让我印象最深刻的是何经理对行业选择的理解："一个行业的前景需要根据社会需求体量、执业人员门槛，还有人员上升空间等多个因素来综合判断……努力固然很重要，努力可以改变生活，但是努力的方向更加重要，而如何检验方向是否正确，则需要看自己的付出与回报是否能成正比。"何经理的一席话语令我醍醐灌顶、茅塞顿开。结合自己的处境，我意识到自己平日只顾埋头走路的时候却忘了抬头看路。于是，何经理的话在我心里埋下了一颗种子，我开始考虑转行。但是，隔行如隔山，面对眼花缭乱的职业选择我又一次陷入了迷茫。

以勤补拙

当我陷入迷茫，犹豫徘徊在人生岔路口的时候，仿佛是命中注定，我非常幸运地与我的妻子小汤在这个时间点相遇了。小汤毕业于华东政法大学，是一名刑法学硕士。她的出现对我进入法律行业产生了很大的影响。

第一次见面，我就对这位知书达礼、气若幽兰的女性产生了好感。爱屋及乌，我对法律也产生了浓厚的兴趣。在相处过程中，我经常向她学习、讨教，了解了许多与法律相关的知识以及法律行业的现状。相处三个月后，我们正式开始交往。此时，小汤对我的职业情况已有所了解。面对我转行的想法，小汤建议我当下无须确定具体的转职行业，精英行业往往需要较高的入行门槛，可以先尝试参加国家统一法律职业资格考试（以下简称"法考"），但行好事，莫问前程，等拿到证书后再行考虑也不迟。此前，我也有过参加法考的想法，但是，在查阅备考资料后，看到法考大纲包含的8大科目18门学科，358万字的学习材料；290多个共计220万字的法律法规、司法解释；150万字的真题，700多万字的基础阅读材料以及长达半年以上的备考时间，令我望而生畏，难以下定决心。如今，既然小汤鼓励我参加法考，那我便放手一搏吧！万事开头难，克服困难，最重要的是克服自己内心的壁垒，有些事看似困难，但只要有勇气踏出第一步，剩下的便水到渠成。就像学一门外语或方言，最难的是第一次开口与人交流；写一篇文章，最难的是动笔列提纲；谈一单业务，最难的是踏进客户的大门。

毛主席说过：战略上藐视敌人，战术上重视敌人。要拿下法考，光喊口号肯定不行，需要粗中有细，先在学习战术上制定策略。经分析，法考大纲中包含刑法、民法、刑事诉讼法、民事诉讼法、商法、行政法、理论法、"三国法"八大科目，巨大的信息量决定了法考不是一项用"考前突击"能够拿下的考试。在法考界流传着两句话："方法不对，努力白费"，"基础不牢，地动山摇"。通过法考最关键的是基础和方法两个因素。于是，我决定效仿愚公移山，将八大科目视为八座大山，化整为零，逐一攻略，将夯实基础作为第一目标。接着在学习科目的选择上，因为小汤是刑法专业出身，我便决定从刑法入手，以便在遇到困难时可以求助。在学习方法上，我采用了网上听视频课的方式。在制定学习战术之后，我便于 2020 年 3 月 1 日正式开启了法考的第一轮学习。

学习伊始，对于法律零基础的我来说，法考的难度远比想象中的要大，老师在讲课时提到的"溯及力""无罪推定""司法解释"等法言法语我闻所未闻，有时甚至会在一句话里出现三个以上法言法语，以至于每次听完课我都一知半解、一头雾水。但我也只能耐着性子，放慢进度，将这些法言法语逐一记下，待到课后再自行查询。第一次学习法律的感觉就像走在充满泥泞的道路上，三步一停五步一卡。就这样，第一轮的刑法课程足足用了一个月才听完，但是我也勉强摸到了法律的门槛，习惯了老师法言法语的表述。紧接着我用了 4 月和 5 月上旬一个半月的时间，学完了商法、"三国法"、刑事诉讼法三门学科。此时，一个新的问题又出现了，已学的四门学科已经花费两个半月的时间，那么照此进度，第一轮学习结束便已进入 8 月，没有多余时间复习就已经开始考试，这样的学习进度于我而言肯定是通不过考试的。所以，一方面我加快了学习节奏，另一方面，我也对考试计划做了相应的调整，争取今年先通过客观题考试，来年再花精力全力备考主观题。不久，国家司法部传来一个消息，由于疫情影响，法考将延期至 10 月底进行。听到这个消息，我立马振奋起来，再次调整学习计划，希望能够毕其功于一役。终于，经过了四个半月，我完成法考第一轮的学习。在职法考是十分辛苦的，每天都要保持精神紧绷状态，白天处理完工作上的事务，晚上一到家就要立刻进入学习状态。加上做六休一的考勤制度，平均每天学习时间至少需要保证在五个小时以上才能完成学习进度。

完成第一轮学习后，我打算用历年真题测试一下学习成果，但是测试结果令我大跌眼镜——不到 40% 的正确率。我开始灰心丧气，不断对自己发问：难道之前的四个月都白学了吗？还有 3 个月就要考试，我重新学一遍还来得及吗？我开始焦虑，怀疑自己的记忆是否出现偏差。负面的情绪开始占领思想高地，逐渐产生放弃的想法。这时，小汤再次鼓励我："坚持下去，法考中前学后忘是正常的，法考就是在不断的重复中得到升华。"虽然意志消沉，但在小汤的鼓励下，我咬紧牙关坚持了下去。

于是，在短暂的状态调整后，我开始了第二轮的复习。第二轮的学习与第一轮相比，的确轻松了许多，并且带着测试中错误的真题听课，记忆更为深刻。随着第二轮学习的推进，转眼间到了 2020 年 9 月，我见距考试还有两个月时间，便开始进入备考的冲刺阶段。

在冲刺阶段中，我几乎是废寝忘食、目不交睫的——早上 5 点半起床，晚上 12 点睡觉已成为作息常态；把知识点整理录音，在我上班时戴着耳机边工作边听课；充分利用碎片时间见缝插针地听课和刷题。就这样，终于在 10 月底之前完成了第三轮的复习，并迎来了客观题的考试。

11 月 1 日，经过上、下午两场各三小时的试炼，客观题考试终于告一段落。与众考生们的心情一样，大家都是忐忑不安的。因为每年试卷出现的都是新题且难度不低，我在试卷中出现的 200 道题目里，完全有把握做对的题目不足 20 道。虽然我不知道自己 10 天后是否能够拿到进入主观题考试的资格（法考在 2018 年改革后，只有客观题成绩合格后才能参加主观题考试。2020 年，客观题成绩在考试结束后的第 10 日凌晨公布，主观题考试在客观题考试结束后的第 28 日举行），但是我没有时间驻足。主观题考试迫在眉睫，我必须马不停蹄地继续学习。大多同期同学在考完客观题后，都因客观题考试通过的希望太过渺茫，这

10天里便失去了学习的动力。但是我没有，我时刻提醒自己如果放弃了这10天时间，说不定就是浪费明年一整年的时间。况且我是从零开始法律基础薄弱，所以必须比任何人都要努力，要超越竞争对手，必须在这10天之内下功夫，因此，我继续抓紧时间学习。11月10日午夜12点，我在电脑旁等待着客观题成绩的公布。怀着惴惴不安的心情点开网页，看到成绩的那一刻，我的激动之情溢于言表，那晚我彻夜未眠。当天，我给自己放了一天假，在心情和状态做了一些调整后，开始了最后的冲刺。就这样，11月28日迎来了主观题的考试。天道酬勤！最终我以客观题210分，主观题126分的成绩拿下了法考。值得一提的是，为了顺利通过法考，我与小汤将原定于2020年9月的婚期延到了12月。

喜从天降

2021年1月8日，司法局向外公布了法考成绩。在喜悦之余，我静下心来正式考虑转行的问题。在人生的岔路口徘徊了三年之久，既然现在法考已经通过，或去或留，是时候做出选择了。从事律师行业，则意味着放弃老本行，放弃10年的工作经验，而且律师实习期间的待遇大打折扣，我与小汤在上海市区刚买房不久，每月的按揭贷款是一笔不菲的开销。但是，继续从事检测工作，虽然收入较为稳定，但是法律法规每年都会有变化，对于本身没有法律背景的我来说，要做律师，今年是最好的时机，如果一再犹豫，辛苦取得的法考证书可能就此束之高阁。在与家人商量并权衡利弊之后，我做出了转行的决定。

既然决定成为律师，我便开始着手寻找律所，投递简历。在多方打听，查阅资料后，我了解到在律师界划分有刑事、民事、商事以及知识产权等不同的专业领域。其中在知识产权领域，律师在处理专利纠纷和商业技术秘密纠纷的有关案件时，需要有一定的理工科背景，另外，有理工科背景还可以考取专利代理人资质证书，不仅可以承接诉讼业务，还可以经办专利代理等非诉业务。对于理工科出身的我，这无疑是非常重要的一项优势。

方向既定，于是我一边准备专利代理人资质考试，一边在各平台上投递简历。在简历中，我也表明了自己正在备考专利代理人以及向知识产权领域发展的愿景。但是现实往往是残酷的，也许是苍白的简介履历，也许是空白的法律背景，在发出近百封求职简历后，收到回复的邮件不足十分之一，面试的结果也不尽人意。正当我有些丧气时，2月7日傍晚，我正在电脑屏幕前浏览招聘信息时，突然，一封邮件提示从屏幕右下角跳出，我迅速点开邮件。邮箱打开后，"上海朱妙春律师事务所"几个大字映入眼帘。我按捺住激动的心情，继续往下看，邮件显示"小蔡：这两天我在外地，后天回沪后你来所面谈一次，先可加个微信，我手机号是……"这是朱妙春老师对我说的第一句话，与其他律所一板一眼的回复不同，邮件的字里行间令我倍感亲切，也使我重新燃起了希望。与朱老师加了微信后，我们约定在2月16日进行面试。那时，我对朱老师还不甚了解。在确定面试时间后，我开始在网上搜索与"朱妙春律师"相关的信息，不曾想搜索的结果令我喜出望外——全国十大风云律师，办理案件上千起，编撰著作11本，多所名校的客座教授，以及鲁迅家族首席法律顾问，朱老师的等身成就令我目不暇接。但随之，我又产生了一个疑惑，有着如此身份和社会地位的大律师，为什么会选择我参加面试？突如其来的天降之喜与之前投递简历石沉大海的经历形成强烈的反差，使我有种不真实的感觉。但是，我转念一想，朱老师能获得如此大的成就，行事风格一定与普通律师有所不同。无论如何，当下应当首先准备好面试，给朱老师留下一个好印象。想到这，我便开始精心准备与朱老师的面试。

2月16日是大年初五，上午，我在约定的时间来到海兴广场大楼下。不多时，远处一位老者神清气爽地向我大步走来。因为在网上见过朱老师的照片，我一眼便认出朱老师，并迎了上去。眼前的朱老师比照片中多了几分和蔼，慈眉善目、精神抖擞，一派师者风范，年逾古稀却有如此飒爽的精气神儿，令我啧啧称奇。一见面，朱老师便语重心长地对我说："小蔡，看过你的履历，你也走了不少弯路。今年已经快36岁了吧，既然下决心要做律师，一定要珍惜时间，要一年当作三年来用。"先前看过朱老师的履历，也是年近四十才下海成为律师，大概是相似的经历，让他有感而发。而正是这种惜时的观念，让我暗暗下定决心，无论如何，我都要拜入朱老师门下。一上午，我们谈了近两个小时，朱老师向我讲授了知识产权领域律师的现状以及进入知识产权领域的律师规划。与其说这是一场面试，不如说是朱老师给我上的第一堂课。"听君一席话胜读十年书"，听完朱老师的一席话，我的职业蓝图瞬间明晰了起来。两个小时很快就过去了，离开前，朱老师将他第九本著作赠予我并告诉我："只要你有理想，有克服困难的决心，我都会欢迎和支持。"听到朱老师这句话后，我便知道接下来该怎么做了。

笃定前行

2021年4月8日，我正式拜入朱老师门下，进入上海朱妙春律师事务所实习，踏出了我律师职业生涯的第一步。与我一起共事的有资深商标代理律师董莎、化学博士李玉宁、上海交通大学理工科毕业的专利代理人秦文松、来自上海政法学院的徐梓铧四位优秀的同门兄弟姐妹，我与大家随着朱老师一同开启了丰富多彩的律师生活。细数起来，这四个月里，我们一共做了六件事情。

第一件事是学习办案。实习至今，我参与讨论并协助办理了立体雕刻机专利侵权、许某开设赌场罪等案件，以及圣安德鲁斯高尔夫球场摄影作品版权、"泰米"商标等案件的法律咨询。每次接到一起案件或咨询委托时，朱老师会先让我们五位学生在了解案情后相互讨论、各抒己见，使每个人都能够有机会从案件中发现问题、思考问题，并针对问题发表自己的意见。在每个人都发表完看法后，朱老师会耐心地对我们每个人的观点作出指正。同时，鉴于新《专利法》《著作权法》的出台，朱老师也会让我们针对新法修改的亮点组织学习与研讨。得益于朱老师独特的教授方式，在短短数月时间里，我们办理案件的经验都有了不俗的提升。

实习律师的工作每天都充满着未知，也充满了挑战。以往在工厂，每天的工作内容千篇一律，都在执行着相同的机械化指令，处理着重复的问题。律师工作则完全不同，每天与不同的当事人见面，讨论不同的话题，解决不同的法律问题，在不同的挑战中学习真知，这种生活方式令我乐此不疲。

第二件事是举办、参加论坛。我开始实习时正值第 21 个世界知识产权日前夕。4 月 9 日、13 日，朱老师先后举办了两次论坛——"2021 知观春季研讨会"与"剧本杀版权保护研讨会"。参与论坛的都是朱老师在法律界的好友，有国家版权局原司长许超、上海市版权局版权处原处长武幼章、江苏高院知识产权庭原庭长宋健、上海交通大学凯原法学院院长孔祥俊、华东政法大学教授王迁等知识产权领域大咖。聆听包括朱老师在内的专家学者们在论坛上发表的标新立异之说，让我受益匪浅。跟随朱老师参与这些论坛，不仅能够学习知识，也能开阔视野，在这些专家学者之中，有法官，有学者，有律师，也有行政机关工作人员，听取不同身份的专家从不同视角对同一个问题的看法，能够集思广益、博采众长。

另外，朱老师也会带着我们去参加一些由他人举办的大型论坛，如参加央视《极致匠心》栏目"中国（上海）大国工匠榜样力量宣传工作会议"、新《著作权法》实施交流研讨会暨"四行仓库文创作品"成果展。这些论坛都极大地拓宽了我的个人视野，将我的个人感悟提高到了一个新的台阶。

第三件事是协助著书。朱老师酷爱写作的习惯在业界是出了名的，十年如一日，每天坚持记录生活。老师在他所经办的案件结束时，都会将案件写成代理纪实，最后汇编成册。在朱老师的指导下我参与了本书自传的撰写，也协助老师汇编涉外知识产权案例集，将朱老师代理涉外客户的疑难案件（如"阿迪达斯商标侵权案""轩尼诗商标侵权案"

等）录入书中。

第四件事是辅助授课。我跟随老师参加了山东某学院的线下讲课以及知名平台"知产前沿""思博学院"等的线上直播授课。授课内容是围绕老师的代理纪实进行的，老师以故事演绎方式，讲述了其亲自办理过的案例并通过归纳总结，提炼出感言给年轻律师以启示。在通读了朱老师的"中集公司漏水器专利侵权案""汇丽公司诉森林王公司不正当竞争案"等代理纪实后，帮助老师将这些代理纪实制作成讲课课件。

协助老师著书与授课的过程，不仅使我能够认识到出书、授课是一种宣传方式，也能在拜读、聆听老师以往所经办的疑难案件时学习到办案技巧。

第五件事是开拓市场。朱老师在这四个月的时间里，带着我们先后拜访了上海知识产权园、上海人工智能研究院、上海查迈教育科技有限公司、上海社会经济文化交流中心、聚跃检测技术有限公司等单位，与他们建立了合作关系。

朱老师对我们一再强调："对律师而言，建立市场意识是核心，有市场就有案源，有案源才能发挥一技之长。"而这项意识，对于我这种在工厂埋头苦干的技术人员来说，是最缺乏的，所以市场开拓能力也是今后我需要着重树立和培养的。

最后，在朱老师门下，我还学会了各种宣传方式。除了上面提到的授课与著书之外，我还学会了网页与微信公众号的管理与发布。

从4月至今，我随朱老师进入知识产权法律领域四个多月的时间里，学到了许多，也增长了见闻。随着我的性格逐渐外向起来，我结识了一些志同道合的朋友。这些变化让我为当时遇到朱老师感到庆幸，同时更加坚定了自己跟随朱老师一路走下去的信念。

继往开来

35年的人生旅途，我从懵懂无知到发蒙启滞，从举棋不定到如今怀揣着一颗笃定的心，昂首阔步在知识产权法律道路上。面对未来，有着无尽遐想，也充满了无限可能，但是，"不经历风雨，怎能见彩虹"，任何成功皆非一蹴而就，不仅需要时间的沉淀，也需要岁月的打磨，但最重要的是要学会抓住机遇，迎难而上。

1988年，朱老师在机缘巧合之下遇见了鲁迅独子周海婴先生。当时，朱老师的律师执业期还不满四年，谁也想不到这样一名"初出茅庐"的律师竟能抓住机遇，迎难而上，以非比常人的勇气承接了当时轰动全国的鲁迅稿酬案，从此一举成名。所以，我坚定地以朱老师为榜样，践行老师走过的道路，并为自己定下了三个努力方向。第一，深化理论素养。在学习专利、商标等知识产权专业知识的同时，夯实法学理论的基本功。发扬勤奋好学的精神，合理安排时间，在保证专利代理人考试外，深入学习知识产权法理，扩充自己的知识储备。第二，掌握实务技巧。理论与实践相结合，以理论指导实践，实践推动工作，知行合一，提升业务水平。通读、细读朱老师的代理纪实，研究疑难案件，归纳总结办案方法。第三，增强市场意识。积极参与社交活动，建立属于自己的社交圈子，拓宽人际关系，建立市场背景，提升市场能力。其中，市场开拓能力是我尤为短缺的，有市场，才有案源，有案源，律师才有发挥能力的土壤。所以，今后我要注重宣传，充分利用便捷的自媒体平台如公众号、微博、今日头条等途径宣传自己；学习朱老师和王小兵师兄，善于思考、勤于写作，努力成为学者型律师，将自己的理论与实务经验撰写成文，汇编成册向社会发声；计划成立知识产权服务公司，通过前端的服务引流客户的诉讼与非诉需求。

希望在我不惑之年到来之时，能够传承朱老师"爱国、公益、专业、勤奋"的理念，怀着爱国与公益之心，以勤奋为基石，努力使自己走上专业化道路，在知识产权领域闯出自己的一片天地。

长风破浪会有时，直挂云帆济沧海！

而立之年　迈步重越

秦文松

《青胜于蓝》这本书原本由朱老师早期的学生们，也就是我的师兄师姐们供稿，我初入师门，尚未出师，何谈胜于蓝？受朱老师指点，我就将这些年的职业历程写下来，做个总结，也为律师职业生涯做个规划。

美好憧憬

2007年秋季，我进入大学，开始了四年的求学生涯。在大一下学期的时候，面临着选专业，误打误撞，选择了一个新能源专业。新能源专业本质上与热能工程比较接近，只是在专业课上多了几门新能源的课程。热能工程与机械工程又处在同一个通识课平台上，专业基础课基本一致，所以我也算是半个机械专业出身。2008年的新能源专业，还是一个很小众的专业，国内仅有为数不多的几所大学开设这个专业。虽然小众，但前景总是美好的，那个时候发展新能源，主要说法还是化石能源的枯竭和污染，现在这个说法则变成了减少碳排放以及实现碳中和。国际形势是这样，各行各业都要紧随国际形势而转变。

2010年秋季，校园招聘开始，我很荣幸地进入了一家新能源发电技术的设计院，从事新能源技术的研发以及新能源电站的设计建造工作，前途一片光明。然而，天有不测风云，任何一项事故的发生都可能给整个行业带来巨大的影响，进而带来审查标准提升、项目批复收紧、准入门槛提高，我所进入的这个行业恰好就遇上了这样一场事故，一时间行业的寒冬到来。

走 入 现 实

2011年7月，我正式入职，以一个本科生的身份开始了自己的职业生涯。作为职场新兵，尤其是与行业极度相关的新能源专业出身，对行业的发展有着特殊的嗅觉和敏感度，边工作边"收集情报"，研究天下大事、业内大事，甚至每一个极小的新闻都能解读出一番大道理。

个人的发展离不开大的平台，当行业的发展遭遇变数的时候，每一个人都不可能独善其身。与此同时，21世纪的第二个十年，是互联网技术飞速发展的十年，互联网技术极大地改变了人们的生活方式，使世界真正进入了信息化时代，相较而言，传统行业则显得有些卑微。对于任何一个企业，人员的流动也实属正常，我所在的这家公司也不例外。离职的人中，有些是找到了更好的机会，有些是不愿再从事当前的工作，而不得不作出选择，还有一些人抱着骑驴找马的心态在不断地观望。

时间到了2015年，我去一个项目现场进行技术服务，这一去就是一年半，好在那时我还是单身青年，没有家庭的牵绊，一个人住在工地边上潇潇洒洒、自由自在。在我即将结束现场服务准备回上海工作时，从公司传来消息，与我一同入职的一个同学兼同事要离职了。久未联系，就在微信上聊了聊，听他讲正在准备司法考试。这不是我第一次听说司法考试，有个学法律的同学，在两年前就已经通过了司法考试。后来我和学法律的这位科班出身的同学聊起司法考试时，她带着一种赞叹的口气说，"司法考试要学习八大门课，你的这位同事真厉害"。彼时，我还不清楚这八大门课到底指什么。

同学的离职对我有一些触动，但我并没有什么行动，毕竟，我认为我是新能源专业出身的，一方面是自己的本行，另一方面就业面太窄，哪里有好的去处？更何况，电力行业属于基础设施行业，是真正的实业，实业总要强于金融投资这些虚的产业。

2017年年初，完成了人生中的一件大事，我结婚了。结婚后的第一年，作为一个思想传统的人，自然就是生儿育女，组建一个完整的家庭。2018年1月，女儿降生了，自此，我的肩上又多了一份责任！初为人父，自然感觉到新鲜和惊喜，对孩子呵护有加。婴幼儿期也是最好照顾的时候，只要吃饱，便不怎么会闹，真得像个天使。随着年龄的增长，小孩子逐渐有了自己的想法和情绪，哭闹的时候便从天使变成了恶魔。像工作一样，世间万物大抵如此，刚开始的时候甜言蜜语，倍感亲切；时间一长，新鲜感一过，便逐渐失去了兴致。但对孩子的这份爱，永远不会变。

未雨绸缪

2018年，也是司法考试改革之年，从司法考试改成了法律职业资格考试，由两天四场考试改成了两回合三场，合格标准也由四场考试的总成绩改成了两回合单独计算合格成绩，先进行客观题考试，在客观题考试通过之后再进行主观题考试，客观题的成绩保留一年，第一年客观题机考、主观题笔试。而且，对报考条件进行了修改，2018年以后毕业的非法学专业不再能参加法律职业资格考试。我大约是在5月的时候看到了考试公告，想起以前同学参加考试的经历，自己也就产生了试一试的想法。之所以想试一试，一方面是学习法律扩充自己的知识面，另一方面是不想荒废上下班消耗在路上的时间，再者，多一个证书还可以多一种准备，在机会来临时，才不会让它轻易溜走。既然决定，就即刻开始备考。在公司上班要按时上下班，有时还要加班，在家的时候要照顾一下家庭，每天很难抽出固定的时间进行学习。因此，我的备考主要是通过听电子课程进行。那时，刚好有一家由名师新组建的培训机构，免费提供视频课件，我也就利用上下班在路上的时间去听这些课件。上下班除了赶路，本来还是休息、补充睡眠的好机会，我用这些时间来听课，难免会打瞌睡。有时一觉醒来，视频课程也播过去了一部分，但面对如此多的课程，也就不去管它了，继续听下一段课程。即便如此，到9月中下旬的时候，勉强将八位讲师的课程听完。除了听视频课程，我还做了一些真题，虽说考试形式改革了，但只要法律没有修订，以往的真题还是有训练价值的。做了近5年的真题之后，我便去了考场。第一次使用机考，防抄袭措施做得很到位，题目顺序错排、选项错排、屏幕上放置偏光板，总之，想参考别人的答案几乎是不可能的。客观题考完之后大约5天就可以查成绩了，我也是在上班的路上通过手机查询了考试成绩，庆幸的是，我的两场客观题成绩加在一起，算是通过了，心中不禁泛起了喜悦。

客观题考试成绩查询之后，便可以准备主观题考试了。按照第一年的考试时间安排，客观题成绩查询之后两天便是国庆节假期，国庆节后的第二个周六便是主观题考试。原本打算在国庆节期间好好准备主观题考试，但一方面要和家人一起休假，另一方面，由于第一次实行主客观题分开考，培训机构的准备也不足，过了好几天才收到主观题的备考用书，培训机构的视频课程也不完整。在半个多月的慌乱准备中，我上了主观题考试的考场。主观题考试共5个大题，最后一道题目为商经法和行政法题目二选一，考试时长四个小时，且第一次配备了法律汇编。四个小时看起来很长，却又很紧张，从早上9点，到考完时已到了下午1点，从考场出来觉得有些晕头转向，毕竟还是第一次经历这么长时间的考试。大约到了11月的最后一天，主观题考试成绩终于公布，司法部也总算没有食言。查到分数之后，主观题考试成绩比合格分数线差了两分。这个时候我没有感到特别的惋惜，我深知与别人相比，我在备考上下的功夫是不足的。我的心里只是暗暗不爽，差了两分，可能就吃亏在"笔"试上吧，涉及卷面的，总归要吃一些手写的亏。虽然客观题的成绩可以保留一年，我也没有下定来年再战的决心，心想着走一步看一步吧，观望的心态很强。

到了2019年7月，我还是如期报名了法考的主观题考试，并不想浪费上一年的努力。当然，备考并不是从这个时候开始的，这一次的准备，我还是按照老办法听网课，不过不用再听"三国法"这些不会在主观题中出现的课程。有了第一次主观题考试的经验和教训，我将精力重点放在了刑、民、刑诉、民诉课程上，商经法和行政法二选一，也就将精力重点放在了行政法上，当然，对商经法并不是完全放弃；在社会主义法治理论上，充分利用讲课老师的经验，学习写作的技巧。到了10月，也做了一些题目，还在考试的前一天特意请了半天假做模拟题。这一年的主观题考试也改为了机考，考试时间还是四个小时，法律汇编也做成了电子版，通过索引比纸质版找起来更快。从考试的内容来看，相比于第一次法考，还是有变化的，考查的内容更综合，比如在民法题中融入了票据法的考点，所以商经法和行政法即便二选一，也不能选择性放弃任何一门课程。司法考试总是会重点考查新修订的法条，比如，在刑诉法中，就重点考查了认罪认罚，但我没有跟上考试的热点，对新修订的法条知之甚少，所以刑诉法的题目，基本上凭感觉去答题。机考的一大好处就是，对做完的题目可以进行任意地补充和修改，根本不用考虑对卷面的影响。也是受益于这一点，我通过了这一次的主观题考试，总算让客观题成绩没有白费。

民法老师在一次讲课的间隙说道，理工科出身的同学，通过了法考，再考一个专利代理人资质，做一个专利律师或者知识产权律师，在市场中将很有竞争力。从那时起，我便对专利代理人产生了兴趣。虽然我工作的单位与新能源技术有关，但做的主要工作是工程设计，研发参与的很少，因此就从来没有申请过专利，对专利申请知之甚少。心里有了做专利代理人的想法，在工作之余，我就会和同事聊起专利代理这个行业。2019年年底，一位同事向我推送了公司以前合作的专利代理机构郑总的微信，我就加了郑总为微信好友。和郑总简单沟通之后，我了解到，郑总同样毕业于机械与动力工程学院，是我的学长。郑总非常鼓励有更多的上海交大人能够进入专利这个行业，在行业内占据制高点。

2020年年初，新冠肺炎疫情暴发，国内各地加强管控，感觉整个社会都停滞了。春节之后，很多企业推迟复工，或者先居家办公。借着这个机会，郑总向校友们推出了专利撰写训练课程，我也是在这段时间内，学习了如何撰写专利文件。郑总推出的课程不多，主要还是让大家以学习专利法、专利审查指南为主，对遇到的问题，首先从法律中找依据，从审查指南中找解决办法，然后再把问题抛出通过群体讨论的方式寻找答案，绝不能做一个简单的拿来主义者。这种方式下，自己通过不断地领悟，总能有所提高。

郑总一方面给大家提供专利撰写训练机会，另一方面积极鼓动大家去参加专利代理师考试，我参加专利代理师考试，不能说完全受郑总的鼓动，自己心里还是有所准备的。受疫情的影响，2020 年的多项考试，一部分推迟，一部分直接取消，专利代理师考试虽姗姗来迟，但总算没有取消。7 月考试报名，我也就开始准备起来。专利代理师考试也分为客观题和主观题，客观题的相关法部分，由于有了法考的经验，对自己有一些自信，就将重点放在了专利法的备考上。备考的方式与法考有一些不同，除了听网课，还通过手机 APP 进行刷题，这也是吸取了别人考试的经验。对于主观题考试部分，虽然在郑总提供的专利撰写培训下有了一定的基础，但考试的题型还是要熟悉的，于是在考试前的半个月时间集中听了主观题考试的视频课程，也做了几套往年的考试真题。考试是在 11 月末进行，考试地点选在了闵行区的一家培训机构，考场的设置给我一种很拥挤的感觉，毕竟是民营机构，要在有限的空间内尽量多设置座位，才能使利益最大化，不能过分苛责，何况上海考区的专利代理师考试本就不收考试费，这在全国恐怕也是独一无二的。三场考试下来，我的体会就是，法考的经验和刷题的备考方法靠不住，无论是相关法还是专利法，题目都是全新的面貌，相关法的难度也似乎在向法考靠近。考试能不能通过，一个月后见分晓。不到一个月，就可以查分数了，几乎和法考的分数一样，两场客观题成绩加在一起以及主观题成绩，按照往年的合格标准，都是低空掠过。后来公布合格标准的时候，合格分数线降低了，可能是考虑到疫情的影响吧，尽量使更多的人能够通过考试，获得从业资格。

拿定主意

　　查询到专利代理师考试的分数之后,时间已经来到2021年。1月的某一天,郑总突然想起来问我是否通过了法考,并问我是否考虑到他的老朋友朱妙春的律师事务所实习。这是我第一次得知朱老师,就从网上找了朱老师的一些资料。朱老师是知识产权界的资深律师,代理过版权的一系列名案,业内的知名度很高,唯一让我担心的是朱老师已年逾古稀,不知道朱老师是否还愿意带学生。这个时候我还没有考虑好是否从企业里面出来,这些年来一直寻寻觅觅,和大多数同事一样,抱着观望的心态,既不满足于现状,也没能下定决心。但既然有了这个机会,也不妨试一试。对朱老师做了逐步了解之后,我隐隐约约记得某篇文章或者某本书中引用了朱老师的著作,但始终找不到是哪一本书或哪一篇文章了。

　　自我从项目现场回来的这几年,发生了不少变化,包括周边的人,包括所在的公司,包括所处的整个行业,这些变化眼看着很热闹,似乎又与自己没有多少关系,自己还是蜷缩在一个角落里,宛如一巴掌下去能拍死很多只的蚂蚁。

　　这个时候我又一次对职业生涯进行了认真的思考。想来工作即将满十年,一来职业生涯毫无起色,日复一日、年复一年地干着重复的工作,一眼望不到头,又一眼就能看到前进的尽头;同事之间也会调侃,过完一天,就离退休更近了一天。二来对上下班定点打卡这种制度感到越来越疲倦,一方面不自由,另一方面时间消耗在了上下班的路上,体会不到幸福感。再者,以电动汽车为代表的新能源技术快速发展,也使我对所在的新能源行业进行了重新思考,我的行业理念也逐渐动摇。3月的时候,部门提出将我派驻到另一个项目现场一年,而如今的我早已不是五年前的孤身一人,驻现场即意味着与家人分隔两地,眼下到了秋季孩子就要上幼儿园,正是需要教育和陪伴的时候。想来起早贪黑去工作，不就是为了家庭幸福，所谓的情怀，在现实面前变得不堪一击。因此，驻现场成了压垮我心理防线的最后一根稻草。我决定，在将我派去现场之前，要和工作了将近十年的新能源行业说再见了。眼前的机会就是去朱老师的事务所，这一次不能再错过了。我把想法跟郑总进行了交流，希望郑总做一下牵线人，把我推荐给朱老师。郑总很快就与朱老师联系，约定在清明节后的第一个周三，我们在郑总的公司见一次面。

　　清明节假期很快过完，我也在约定的时间到了郑总的办公室，与郑总做微信好友这么久，还是第一次与他面谈。郑总也直截了当地向我介绍了专利代理行业的情况，对我未来的职业发展提供了一些建议。稍后，朱老师与助理董莎律师也到了郑总办公室，我们就在会议室面对面坐下。第一次与律师面谈，何况我还是带着被面试者的身份，未免有些胆怯。不过朱老师并没有按照面试流程，对我的专业能力等进行提问，只是问了我的基本情况，并特意询问了我有没有通过专利代理师考试。朱老师说，通过一年的"魔鬼"训练，都会成为合格的律师的。听了朱老师的一番话，我也就放下了心，坚定了跟着朱老师学习的信念。

　　从郑总办公室回去之后，当晚我就正式做出了职业生涯中第一次重大决定，向部门递交了离职申请，也顺利得到批复。正常情况下，离职手续办理需要一个月的时间，我预计劳动节之后还需要再上班一周。我跟郑总说了我的进展，郑总也转达了朱老师的意见，让我在办完手续之后到律所报到即可。

　　劳动节假期期间，郑总邀请了知识产权业内的一些同人进行交流。郑总特意邀请了朱老师，所以就把我一起带上。这是我第二次与朱老师见面，这次一同来的除了董莎助理，还有李玉宁博士，朱老师的团队在不断壮大。交流期间，我跟朱老师说还需要一到两周的时间办完手续，朱老师告诉我按部就班地处理好工作上的事情即可。

　　劳动节假期过后，我原以为人力那边的流程已经走完，很快就可以办理离职手续。但节后第一天上班，研发部的主管领导找我谈了一下工作，了解了我的情况，并介绍了研发的业务范围以及将来的规划，最后征求我的意见，希望我能再考虑一下，是否考虑调换岗位到知识产权管理岗位上工作。我经过一番思考，觉得不过是从一个部门调动到另一个部门，工作内容也没有明显的变化，上下班的生活还是和以前一个样，没有实质性的改变。于是，我坚定了想出去进行历练的想法，希望通过在事务所的工作，能真正提高自己。回绝之后，到了5月12日下班前，人力部下达了办理离职手续通知单。这个时候，我深刻意识到，即将与工作近十年的公司作别了，对公司纵有千般怨言，到离别时总会充满离愁别绪，伤感涌上心头。以前看别人离职的时候，总觉得办理手续会很麻烦，并莫名产生一种恐惧，但当这件事情来临时，一切都是那么波澜不惊；一个人只有对自己才显得重要，对集体，无外乎一粒尘埃。仅用了两天时间，就完成了离职手续通知单的签字，在与部门同事、其他部门好友一一作别后，带着一种伤感的心情离开了我的第一份工作。

围城效应处处都在，里面的人想出去，外面的人想进来。以发展新能源技术为主的老东家，也是一座围城，看似很好，但我不想做一只被温水煮的青蛙，时间一久，动弹不得。历经了上个十年互联网行业的繁荣，21世纪的第三个十年，人工智能技术正在飞速发展，生物医药领域也正在快速崛起，中国的宇宙探测也从月球延伸到了火星，中国的"空间站"也正式运营，这些都是实实在在的技术。我本身也是想踏踏实实做实业的，"实业救国"的理念在我心里可谓根深蒂固。我也清醒地认识到，那些新兴的科技公司的创业者们，哪一个不是经受了时间的积淀，硕士、博士、"千人"的头衔就是最好的证明，他们也是蛰伏了十年乃至二十年，才迎来了今天的爆发。而我，禁得起十年，甚至五年的考验吗？有志者立长志、无志者常立志，此山望着那山高，便是我这些年来的写照，然而一座山都没有尝试着去攀登。现在，当工程师的这条路走到尽头的时候，也只有法律这条路接纳了自己。既已决定，"实业"的梦想就留到将来吧。回家之后，第一件事就是与朱老师联系，告诉朱老师我可以在下周一到律所报到，朱老师安排我在下午2点到律所。

律场探微

2021年5月17日下午2点，我准时到了位于海兴广场的朱妙春律师事务所，拜见了朱老师，朱老师进行了初步安排之后，由董莎律师、蔡翼演律师和徐梓铧律师帮助我办理了入职手续。至此，我的律师职业生涯开始了。

我是理工科专业出身，因此，我实习的工作就以专利案件为重点。刚入所不久，就接到了青浦一家小型企业被诉侵犯专利权的案子。案件标的不大，当事人也都是小企业，朱老师希望通过这个案子让我们这些初入律师行业的新人们练练兵。傍晚接到的案子，第二天上午就要讨论案情，下午客户到所签委托合同。这个时候我开始意识到，律师的工作是不分昼夜的，为了客户的利益，哪怕通宵，也要做好方案。仅靠一晚上的时间，我对涉案专利的分析并不透彻，当事人发过来的资料有限，我也没有抓住重点把事实搞清楚。第二天一起讨论案情的时候，几个问题下来就被问住了，回答不上来也就不好意思再多解释。对于我们的这种窘态，朱老师略带失望地说，律师在法庭上就要与对方、与法官据理力争，维护当事人权益，即使没有理，也不能输了气势、输了场面，我们的这种状态是不行的。这时候我意识到，做律师代理案子，每一个细节都要搞清楚，每一个细节都可能成为决定成败的关键，我因为没有吃透专利，所以就显得有些怯场。为了进一步了解案情，朱老师亲自带领我们进行实地调查，一天之内不辞劳苦奔赴奉贤、青浦两地，到车间进行走访，与当事人进行交流。这种严谨的作风，为我们作出了表率。专利案件高度依赖对技术方案的理解，为此，朱老师邀请了两位大学教授和一位资深专利代理人，共同对涉案专利进行探讨。这种探讨，一方面是为了摸清专利的技术细节，另一方面也是给我们提供学习的机会，让初入知识产权领域的我们学习如何解读专利，如何分析专利的权利要求，如何进行侵权分析和不侵权抗辩。朱老师这种虚心学习的精神，为我们的律师生涯拓展了思路，在遇到疑难案件时，借助专家的力量，往往能使困难的处境柳暗花明。

除了这件专利侵权案，还主要参与了一件专利无效案，我们代理无效宣告请求。这件涉案的专利，历经多次无效，两次被专利复审和无效审理部作出维持专利权有效的决定，其他几次均由无效宣告请求人撤回，因此，请求无效的难度非常大。这次的无效宣告请求是在检索到新的证据之后提出的，我虽然是中途参与，但朱老师教导我们一定要掌握专利的事实，时刻做好答辩的准备。为此，朱老师多次邀请主办这件无效案件的沈律师到所里来，向我们讲解案件的情况，解答我们的疑问。在朱老师和沈律师的指点下，我对涉案专利和证据的情况基本掌握清楚，希望在后续的程序中能发挥一些作用。

除了办理案件，朱老师也不吝向我们传授做律师的方法。朱老师的八字方针是：办案、出书、论坛、讲座。通过出书进行总结，通过论坛进行提高，通过讲座扩大影响。对我们来说，即使做不到面面俱到，也有很多经验可以学习和借鉴。首先，通过一些知名案件、影响范围广的案件来提升知名度，是一条有效的途径，哪怕这些案件不能带来收益，但只要知名度打出来，自然会有案子找上门来。其次，根据专业所长进行写作，写作不限于写书，还包括写论文，写实事性文章发表自己的观点，通过写作一方面提升自己的理论水平，另一方面也给予别人了解自己的机会。对于刚入职的律师来说，写作是一条成本低、又能快速提升自己的有效途径。再次，朱老师还教导我们，律师更要会宣传自己，讲课的目的在于宣传和扩大影响力，办论坛的另一个目的也在于宣传。对于我们来说，校友会、商会等都是很好的宣传机会，能和多家公司建立稳定的合作关系，是律师扩大业务的一个途径。我想说的最后一点是，朱老师一再强调做一名学者型律师，在某一个领域内有所专长，打出知名度；挣钱养家糊口固然重要，但如果各种案子都做，最终也就挣到一些钱，只能做一个籍籍无名的小律师。朱老师的这些教诲，为我们的律师之路指引了方向，在工作中，我也会一步步努力去尝试。

从工程行业进入律师行业，是一个很大的转变。做律师需要有扎实的基本功，虽然通过了法律职业资格考试和专利代理师考试，但连法律实务的门槛都还没有摸到。说到考试，坦率地说，我通过法考和专代考试有很大的投机性，本身缺乏基础，在备考上也没有下功夫深入研究，对法律条文的理解、对法理的掌握也不够扎实，而且从通过主观题考试到我进入律师这个行业，也已经隔了一年多的时间，很多知识都逐渐生疏了。我有一个明显的特点，就是在不熟悉的领域，更多的充当一个倾听者的角色，不敢与别人多辩论，生怕因自己的无知而班门弄斧。法考培训的一位老师说过，"基础不牢、地动山摇"，这句话用在我身上特别合适。因此，要想做律师，对法学理论进行系统性的学习十分必要。在实习乃至接下来的律师执业中，当务之急是读一个法学硕士或法律硕士，通过科班学习，形成扎实的法学功底。上海交大法学院是我的目标吧。

理工科的优势在于做知识产权律师，我通过专利代理师考试的目的也在于此。知识产权律师或多或少会涉及一些非讼业务，比如专利申请。因此，专利撰写能力就显得十分重要。我还在原公司上班的时候，很多同事就抱怨合作的那家专利代理机构写出来的案子质量不高，这也是专利代理行业存在的普遍问题。在当前的代理行业内，提高撰写能力的主要方式，是由师傅手把手地教，通过一两年的代理工作的磨炼，才能写出高质量的案子来。在律所并没有这样的资源，所以就需要自己主动去学习，通过优质的案件去揣摩和总结专利撰写的方法和技巧；同时可以向熟悉的专利代理师学习，一些简单的指导就能使自己少走很多弯路。

朱老师从事律师行业三十余年，培养了一大批优秀的中青年律师，他们当中不乏所在领域的佼佼者，在事业上取得一定的成功。我和他们一样拜在朱老师门下，真正的师出同门。和朱老师一样，他们也是我们学习的榜样，是我们以后做律师的标杆。相信经过朱老师的指导，我将来在法律领域一定能有提升，即便是顽石，也总会有开窍的那一天。

最后，既然开始了新的职业生涯，就要说一下规划。律师这个职业是自由的，与公司职员相比，律师更像是个体户，不会有那么多的工作制度约束，前提是服务好客户。历经了十年朝八晚五的打卡生活，一旦像笼子里的鸟一样回归树林，便不会再想着回去。成为独立的执业人或者合伙人，算是我的目标吧。律师生活看似自由，却充满着挑战，能否在这片红海中生存下去，不是简单的一句"天高任鸟飞"就能做到的。这个时候，我还是想说干一行就爱一行，既然选择了这个行业，就勇敢地走下去。

来律所三月有余，承蒙朱老师厚爱，写下这篇文章，记录我的职业转变历程。不敢有太多豪言壮语，怕辜负了朱老师的期待。

我的律师生涯

朱妙春

前　言

　　我国律师行业恢复是从改革开放后的1979年开始的。经过几年的发展，到了20世纪80年代初期，随着人们法治观念的增强，社会对律师的需求急剧增加，各企事业单位聘请常年法律顾问一时井喷，《上海法治报》等报眼上每天都有聘请常年法律顾问的声明。但当时全国律师的数量还是很少的，1983年《解放日报》报道，上海的律师总数仅为100名，且其中专职律师只有35名，兼职律师65名。我是1983年年初在上海法律专修学校学习法律，当时有各行各业的人参加法律学习，共有100多人，分为三个班。我同班的同学里，有曹旭光、成大为、韩启健等人，他们的中文基础深厚，文笔都非常好。我们四个人一起创办了《法律咨询》内部刊物，我是其中的积极投稿者。我把自己所办的一些典型案例整理成文，记录了心得体会，并发表在刊物里，由此也养成了撰写代理纪实的习惯。后来这本刊物就成为上海市司法局的正式刊物——《法苑》杂志。

　　1984年下半年，我从上海法律专修学校结业，之后就到上海第三律师事务所（以下简称"三所"）实习。那时上海仅有三家律师事务所，上海第一律师事务所（以下简称"一所"）、上海第二律师事务所和上海第三律师事务所，其中三所是涉外律所。当时，改革开放引进外资、技术和管理，三资企业风起云涌，涉外法律人才奇缺，因此我就选择到三所实习，师从著名民法律师王一鸣老师，同时到由徐天锡老师创办的振兴比较法学院学习。

1985年，我拿到了由上海市司法局核发的兼职实习律师证书，挂靠在一所，凭此证可作为律师出庭。当时我作为兼职律师，边在原单位工作，边兼职到律师事务所代办一些案件。1986年，我通过了司法部首次律师资格统考。1988年律师事务所开始体制改革，律师可以自由组合，下海创办合伙制律师事务所。当年第一家合伙制律所就是由郑学成老师创办的上海市经济律师事务所。年底，由一所副主任吴伯庆律师和其他所的律师创办的上海市经济贸易律师事务所（以下简称"经贸所"，后改名为上海市金茂律师事务所）也成立了。1989年年初，一次偶然的机会，我在路上与吴伯庆律师相遇，他盛情邀我加盟。于是我于当年5月辞去了上海市造船局的工作，下海作为合伙人加盟"经贸所"。

我的律师生涯可以用两个八字方针来概括。

第一个八字方针是我律师生涯所做过的事情，为"办案、著书、论坛、讲课"。

在这八个字中，办案是最重要的，是核心工作。著书是围绕办案进行的，要总结、要提高，就要靠著书来完成。论坛是办案中碰到问题时举办的，举办论坛邀请专家学者来相互探讨是一种解决疑难问题的好办法。最后，问题解决了，案件也结束了，要普及、要推广，则需要通过讲课来升华。

第二个八字方针是我做事所秉持的理念，即"爱国、公益、专业、勤奋"。

这八个字里面，首先是爱国，这是对律师最基本的要求。其次要做公益，在爱国的基础上，为社会、为弱者做一些有益的事。再次是专业，专业是爱国和公益的实力体现，只有足够的专业能力，才能做好自己的事情，才能去履行爱国和公益之事。最后是勤奋，只有勤奋学习、勤俭做事、勤于思考，才能让自己变得专业，进而才能更好地为国家、社会服务。

第一个"八字方针"

一、办　　案

自 1985 年以来,我已执业 36 年,办案始终贯穿我律师的执业生涯。据不完全统计,我先后办理了大小案件上千起,并把其中著名知识产权案例和疑难案例以纪实的形式编著成 11 本著作。

刚做律师时,我主要办理民事纠纷中的继承案件。遗产纠纷大多是新中国成立前资本家遗留下来的遗产纠葛,在此期间我经办了不少遗产名案。同时,我也将其中的一些经典案例写成代理纪实。不久,我开始涉及知识产权领域,之后便一发不可收拾,接连代理了著作权案件以及专利、商业秘密、反不正当竞争、商标等知识产权案件,进而又扩及计算机软件和网络科技等前沿领域,最终形成了知识产权的专业特色。

(一) 版　　权

1986 年是我在知识产权领域执业的一个起点,那时我代理了《大全 CMOS 集成电路册》(以下简称《大全 CMOS》)合作作品案,这是我执业以来所经办的第一个版权案子,此后又陆续代理了《职业安全卫生百科全书》、鲁迅稿酬、《围城》(汇校本)、电影剧本《五朵金花》、芭蕾舞剧《白毛女》、小说《上海人在东京》、《眼病图谱》、话剧剧本《霓虹灯下哨兵》、音乐《十送红军》等版权案件。

1981 年 6 月,原电子工业部决定编写一部《中国集成电路大全》(以下简称《大全》),中国电子器件总公司受命组织了《大全》编委会。被告薛某既是《大全》编委会成员,也是《大全 CMOS》的编写人员。1982 年年底,薛某为减轻自己承编负担,加快编写速度,邀请了原告沈某(上海无线电第十四厂工程师)参加编写。为此,薛某对编写小组人员和分工作了相应的调整，确定分工由沈某编写第五章触发器、第九章 CMOS 双向模拟开关和 CMOS 数据选择器、第十章运算电路和第十三章第五节锁相环。之后，沈某按期如数将稿件交给了薛某，但自 1983 年 5 月绍兴审稿会后，此事便石沉大海，杳无音讯。直至 1986 年 5 月下旬，沈某从浙江医科大学某教师的求教信中才得知《大全 CMOS》早已在一年前出版。但是，该书在编写说明中，只提到沈某作为部分章节的材料提供者，而未将其列入编写人员的名单。于是，沈某就向薛某、赵某和国防工业出版社责任编辑王某交涉，然而均告徒劳。

1987 年 2 月，沈某将诉状递进了卢湾区人民法院，主张署名权和财产权。我代理该案时我国《著作权法》尚未颁布，细究案情，针对案件提出 10 个疑难问题，并将上述问题列成提纲，抱着试试看的心态踏进了上海科技出版社的社长办公室。在说明来意后，办公室主任陈纪宁先生又电话邀请了该社涉外部主任俞大伟先生一同热情接待我，不仅对我所提出的问题一一予以解答，还拿来一本由文化部内部于 1985 年试行的《图书、期刊版权保护试行条例》，将其翻开并耐心地向我讲解。对我一时不能理解的问题，他们还不时举些例子，令我茅塞顿开。

开庭时，我在庭上认真地边听边思索，一边记下对方错误的观点，寻找对方错误观点的根源——对概念的混淆；一边迅速归纳出争议的焦点，成对列出一组组容易混淆的问题，以便在第二轮辩论时予以驳斥。经过近两个小时的辩论，我列出了九个需要分清的问题：第一，要分清共同被告和被告薛某；第二，要分清编委会成员和编写人员；第三，要分清作者和修改者；第四，要分清产品与作品；第五，要分清《产品说明书》和《双菱器件》；第六，要分清侵权开始和侵权结束；第七，要分清版权和专利权；第八，要分清整体版权和部分版权；第九，要分清个人邀请与参与编写。接着我便对所列的九个问题进行逐一剖析和论述，指出被告代理人的狡辩和错误之处，真正起到了后发制人的作用，并达到了较好的庭审效果。审判长将合议庭评议的结果当庭宣布：责令被告《大全》编委会在下次翻印或再版该书时应当写明原告沈某参加了涉案章节的编写，并按规定适当赔偿原告作为共同作者应得的报酬。

在办理了第一个版权案子后，紧接着，1987年我又代理了《职业卫生与安全百科全书》（以下简称"《百科全书》"）版权纠纷案。该书由中国大百科全书出版社上海分社出版。全书分上、下两卷，共收条目1037条和附录9种，约550万字，配有彩色和黑白插图950多幅。翁德伟、袁兰室和蔡士良等负责编审、编辑和翻译工作的十一人为署名权和报酬而与劳动人事部和主编产生矛盾，几经交涉未果，于1989年1月15日诉至上海市中级人民法院。虽然案件因各种原因无法组成一个统一的上诉诉讼主体，最终以原告败诉而告终，但是在我国《著作权法》生效前的这一版权诉讼正说明了在我国文化界和知识界一批知识分子的版权意识正在觉醒，体现了他们用法律来维护自己合法权益的精神，而这种精神实属难能可贵。他们以实际行动来呼唤我国《著作权法》的诞生。

前述两个典型疑难版权案例的实务操作经验，为我之后代理鲁迅稿酬案奠定了坚实的基础。

鲁迅稿酬案是当时我国影响最大的，也是最棘手的一起著作权纠纷案。由于该案涉及我国一代宗师鲁迅先生的权利，因此深受海内外关注。

鲁迅稿酬案的起因是人民文学出版社（以下简称"人文社"）未经鲁迅独子周海婴同意，即于1981年12月与日本学习研究社合作出版日文版《鲁迅全集》（新版本16册），并且也未向周海婴支付其应得的报酬，侵犯了周海婴的人身权和财产权。为此，周海婴便于1986年6月28日向北京市中级人民法院起诉，其诉讼请求是四点，人文社补发：（1）该社于1953~1958年出版鲁迅著作所计稿酬的余额4万元；（2）1959~1966年出版鲁迅著作的应付稿酬；（3）日本学习研究社因1981年12月与人文社签订翻译出版日文版《鲁迅全集》而向该社支付的费用中周海婴的应得份额；（4）鲁迅首发作品的稿酬。人文社则辩称许广平与周海婴早于50年代两次要求将鲁迅稿酬上缴国家，故鲁迅著作1958年以前的稿酬4万余元已于1958年当作本社利润上缴。至于1959年后出版《鲁迅全集》则不再计酬。北京中院经过两年的审理，认定50年代鲁迅继承人许广平和周海婴提出将鲁迅稿酬上缴国家的行为有效，便于1988年6月23日判决：(1) 人文社支付周海婴鲁迅著作稿酬297.6元；(2) 驳回周海婴其他诉讼请求，诉讼费422元由周海婴负担。周海婴一审败诉后，不服判决，便向北京高院上诉，并改聘我和北京市青山律师事务所陈蓓律师为其二审上诉代理人。

我当时是在本案相当不利的情况下接受代理的，那时上诉已有3个多月，北京高院承办人刘玉明法官经常催促周海婴进行调解。而陈蓓律师是从法律出版社退休的特邀律师，虽由已故法学界泰斗张友渔先生推荐，但年事已高，身体欠佳，刚办好聘请手续，便因天寒哮喘而连续住院。由此，周海婴亟需律师代理上诉。我当时临危受命，接受周海婴先生的委托后身负重任。如此重大案件要我承办，我感觉压力很大，况且我身居上海，办案又在北京，难度可想而知。尽管如此，我却不畏艰难，有股"初生牛犊不怕虎"的劲儿，律师的天职就是要披荆斩棘，维护法律的尊严，维护当事人的合法权益。当然面对如此重大的案子，想赢官司又谈何容易！困难可以藐视，但是策略必须重视。于是在聘期间我作了坚持不懈的努力，做了大量的工作。自1988年11月4日接受委托后至1989年12月12日调解结案的一年多时间里，我在上海先后召开了两次鲁迅稿酬案法律问题研讨会，写了近十万字的书面材料，包括三次补充上诉状，两次与法官探讨，近二十页的大事记和大量的法律文件，以及对该案的看法。其中有些已先后在不同的杂志上发表，如"代理词"和"鲁迅稿酬案中的版权问题"等。在此期间，我九上北京，先后走访了国家版权局、司法部和最高人民法院，并多次与北京高院民事庭庭长和承办人交换意见。在此基础上，围绕周海婴捐赠鲁迅稿酬是否有效撰写了具有一定理论深度的代理词。

由于我的艰苦努力和据理力争，鲁迅稿酬案二审终于化险为夷，这起十分棘手的版权纠纷化干戈为玉帛。案件的最后结果是以事实为根据，以法律为准绳调解结案。调解的内容从实际出发，既不使人文社为难，又维护了周海婴的合法权益。调解书充分尊重了周海婴的人身权，例如，已由人民文学出版社以利润形式上缴的 4 万余元的鲁迅稿酬由于再从国库中返出有困难，便纠正为由许广平与周海婴捐赠给国家，并当场颁发捐赠证书。调解内容以一种特殊的方式分成两部分：一部分双方已统一的便写在调解书上；另一部分双方未统一的便记录在案。如关于中日合作出版《鲁迅全集》日方所支付的 21 万元外汇人民币一事，便保留周海婴的权利，而未写入调解书，但记录在案，待适当的时候即在有法律明确规定支付方式时再予解决。之后，1996 年周海婴收到了应得的稿酬，事情最终得到了解决。调解的场所和调解书的送达方式也是非常特殊的，法院假座人文社会议室，营造了一种和解融洽的氛围。当人文社表示歉意，周海婴不计前嫌，双方握手言和再度合作时，各自签收了调解书，从而使该案有了一个比较圆满的结局。当然，这种圆满只是相对一审而言，就全局来说，尚不能说令人十分满意。但就是这种尚有欠缺的圆满也是我熬过了许多个不眠之夜，凝聚了无数心血才获得的。

（二）专　　利

在代理鲁迅稿酬案当年，我有幸涉足专利领域，并成功代理了我的第一起专利案件——夹筋强力包装纸袋及其专用加工设备专利侵权案。此后我又代理了上海硅酸盐所微晶加热器、704 所"矿泉水制造装置"、中集专利漏水器、香港百草堂云芝保健品、英国"澳托克"自动阀门执行器、"宗申"与"本田"摩托、日本村田纺纱机及瑞士里特精梳机等系列专利案。

1985 年 5 月 24 日，中国包装协会理事郑志文向国家专利局申请了"夹筋强力包装纸袋及其专用加工设备"（以下简称"包装纸袋及设备"）实用新型专利，并于 1986 年 6 月 25 日获得授权。上海市光明科技咨询服务公司（以下简称"光明公司"）要求实施包装纸袋及设备专利,但未取得专利权人郑志文的同意。

1987～1988年,光明公司擅自提供图纸委托江苏无锡东亭包装机械厂(以下简称"无锡包装厂")、上海杨思机械厂、上海建材设备厂等厂家生产制造该专利设备,并统一销售。后来无锡包装厂也单独生产销售该专利设备,并在《中国包装报》上做广告宣传。光明公司在销售时还附上郑志文的专利证书复印件。

此事被盛泽企业家顾某发现后,即向郑志文反映。郑认为光明公司及上述厂家的行为侵犯了自己的专利权,为了维护自己的合法权益,便全权授权顾某进行维权,顾某便在上海通过造船局物资部下属的经营部经理张静委托我处理该专利侵权纠纷。我先在《解放日报》上发表律师声明,可是有关侵权厂家对律师声明置之不理,我们不得不采取诉讼途径。经过详尽的调查取证,遂于1988年9月15日向上海市中级人民法院提起诉讼,状告上述四家单位,责令其停止侵权行为,公开赔礼道歉,并赔偿经济损失50万元。这场专利侵权案轰动了当时的上海滩,成为自《专利法》实施三年来,全国专利侵权诉讼标的最大的案件。

被告光明公司遂委托律师向国家知识产权局专利复审委员会(以下简称"复审委")请求宣告郑志文的专利无效。复审委受理后,上海中院遂中止审理。经过近半年的复审,复审委认为请求人的无效请求依据不足,拟维持郑志文的专利权有效。然而此时,郑志文在胜利在望的前夕,却收到了天津市专利局发出的关于包装纸袋及设备专利权属之争的通知,该专利的其他四位发明人均提出自己是该专利权的共有人之一。原来该专利发明人共有六人,除郑志文以外,还有其父亲以及天津大学和南开大学的四位教授。其父亲作为发明人,对郑志文作为该发明的专利权人并无异议,但其他四位教授看到该专利的经济效益后均提出,"他们是发明人,也理应成为专利权人",故向当地专利管理行政机关提出权属之争。

经过行政调处,天津市专利局认为专利权人是郑志文一人,遂驳回对方的调处请求。对方不服,转而向天津市中级人民法院提起专利确权之诉，天津中院一审判决系争专利为六人共有。郑志文不服一审判决，向天津高院提出上诉。在二审中，我提出了三点辩护意见：第一，专利草图由郑志文父子所画，另外四人仅承担了绘图工作，专利的创造性贡献是由郑志文父子作出的。第二，发明时，团队内部已签订协议，由郑志文作为专利权人申请专利，且专利申请时，另外几人均未提出异议。第三，专利发明期间，郑志文与其他四位教授之间是雇佣关系，郑志文向他们支付了相应的报酬，且该专利转化的商业风险也由郑志文一人承担，即便专利商业化不成功，四位教授不承担任何风险，因此也不能享受相应的权利。最终，天津高院在请示最高人民法院以后，对一审判决作出了改判，确认郑志文是系争专利的唯一专利权人。

专利权属之争在天津落定，专利有效之争在北京结束，故专利侵权之争在上海又重新启动。面对如山铁证，侵权之诉在经历了上海中院与上海高院两次审理后，最终判决被告光明公司等四家企业侵犯了郑志文的专利权，判决赔偿原告人民币约20万元。至此，这场京、津、沪专利立体诉讼终于以我方三战三捷而尘埃落定。

（三）商业秘密

1989年我第一次代理商业秘密案，此案系当时我国商业秘密诉讼第一案。当时尚无反不正当竞争法，更无商业秘密权一说，只有技术成果权和技术诀窍之称。因此，我代理的第一个商业秘密案所争议的是技术成果权是职务的还是非职务的。商业秘密为法学界所认识，是1993年实施《反不正当竞争法》之后。

此后我又陆续代理了"中兴通讯手机设计方案""华为经营信息案""云南白药配方案""华明高压有载开关系列案""浙江行星轮碾磨机案""上工柴油打桩锤刑事案""台资克狄芯片案""美国杜邦催化剂刑事案""英国'通用公司'搅拌机案""德国'斯贝克公司'音箱案""德国砌块成型设备案""德国汉高纺织消化助剂案"及"法国'舍福'表面处理案"等商业秘密案。

2005年12月15日，我的好友陈乃蔚教授（先后在华东政法大学和上海交通大学法学院执教，后任复旦大学法学院知识产权中心副主任）电话问我是否有时间共议大事，彼时好友孙爱民（上海中院知产庭原副庭长）也一同前往。当事人华明电力设备制造有限公司（以下简称"华明公司"）成立于20世纪90年代，后经过9年的发展，成为中国变压器有载开关的龙头企业。2005年下半年，贵州遵义开关厂（以下简称"遵义厂"）因为体制问题以及经营管理不善，业务逐渐减少。在看到华明公司的蓬勃发展后，遵义厂萌生了与华明公司谈判的心思，要求华明公司赔偿1亿元人民币，其理由是华明公司非法获取并使用了其商业秘密。华明公司当场予以拒绝，谈判无果。2005年年底，遵义厂向当地公安机关报案，不久遵义多名公安干警来上海抓人封厂。这显然对华明公司是致命的打击，情况十分紧急，如同黑云压城。不过，华明公司的创始人以及全体员工同仇敌忾、团结一致，竭尽全力进行抗辩和维权。华明公司在上海立即成立律师团，先由陈乃蔚、孙爱民和我担任律师团骨干，后又有时任上海律师协会副会长徐晓青律师加盟。由于我对华明公司的情况比较清楚和熟悉，加之商业秘密又是我的专长，所以我就责无旁贷地挑起了重任，提出本案的焦点问题是两个：其一是遵义厂所指控的商业秘密是否属于商业秘密；其二是华明公司生产的开关技术是否来源于遵义厂。于是，围绕这两个争议焦点我便建议请权威的鉴定机构来做鉴定。后来，我就先委托了上海科学技术协会鉴定部对陈列于华明公司产品展览馆的遵义厂于1983年生产的产品进行非公知性鉴定，其鉴定结果是该产品技术均为公知技术，并无秘密点。这个鉴定就说明遵义厂所谓的商业秘密是莫须有的，因此华明公司就不存在侵犯遵义厂商业秘密的问题。

为了更进一步地说明华明公司没有侵犯遵义厂的商业秘密，我又委托科技部知识产权鉴定中心，将1979年沈阳变压器厂关于系争产品的整套图纸与华明公司的产品做了同一性鉴定，以说明华明公司的产品技术来源是沈阳变压器厂，而非遵义厂。北京的鉴定结论更加粉碎了遵义厂的说法，进一步肯定了华明公司未侵犯遵义厂商业秘密的这一事实。在此后行政和司法的各个环节，我们都提交了这两份鉴定，从而扭转了被动局面，致使从行政机关到司法机关，从一般工作人员到机关领导都一致认为华明公司不侵权。因此，最终遵义市公安局和遵义市检察院先后撤案，华明公司在我们律师团的努力下化险为夷、不战而胜。

（四）不正当竞争

回顾我代理的不正当竞争案件，其中印象较深的是一起长达十年的申诉案——"避风塘"知名服务特有名称案，此案也入选了2009年最高人民法院的50例经典案例。除此以外，我还先后代理过上海汇丽诉深圳森林王商业诋毁、东方网域名、绍兴"塔牌"黄酒包装装潢、杭州电暖袋虚假宣传、台湾佳果月饼盒包装装潢、"毕加索"特有名称和包装装潢、瑞典Rapid电动装订机特有名称和包装装潢及美国百威啤酒虚假广告等不正当竞争案。

1998年，上海避风塘美食有限公司（以下简称"避风塘公司"）在上海以"避风塘"为字号，开出第一家门店，专营港式特色美味小吃、点心。此后，避风塘公司在短短的十多年中就在上海开出了20家连锁店，从而让避风塘美食餐厅成为上海一家知名连锁餐厅。独特的港湾风情，地道的渔家菜式，再加上良好的服务，一时间，避风塘公司在上海的店铺都座无虚席，排队等位和昼夜开张的盛况成为沪上一道亮丽的风景线。依靠严格的品质监控和良好的经营管理，避风塘公司多项菜点被评为"中国名菜""中国名点"。让人间美味扩散到更多的角落，让更多的消费者领略浪漫的香港渔家风情——这就是避风塘公司的经营理念。

然而，随着避风塘公司生意日渐兴隆，同行在艳羡之余也纷纷效仿其经营模式，甚至在店面装潢中也直接使用"避风塘"字样。一夜之间，在上海的大街小巷中，"避风塘"的招牌随处可见，顾客难辨真伪，往往误认为大大小小的"避风塘"均为避风塘公司的连锁店。

面对如此情形，避风塘公司从1998年起就开始维权，但一直未能如愿。2000年7月26日，避风塘公司以不正当竞争为由将上海东涌码头餐饮管理有限公司（以下简称"东涌码头公司"）告上了法庭。2002年10月10日，上海一中院公开审理了此案，并于2002年12月25日判决避风塘公司败诉。因不服上海一中院判决，避风塘公司于2003年1月8日向上海高院提起上诉。2003年6月18日，上海高院裁定驳回上诉，维持原判，后又于2005年11月25日驳回了避风塘公司的再审申请。2007年5月12日，执着的避风塘公司再次向最高人民法院提出申诉。最终，最高人民法院于2009年12月31日作出（2007）民三监字第21-1号民事裁定书，裁定：（1）上海避风塘与东涌码头公司达成的和解协议真实有效；（2）认为二审法院关于"避风塘"已经成为一种独特烹调方法以及由该种烹调方法制成的特色风味菜肴的名称的认定并无充分证据支持，因此认定"避风塘"一词在上海地区是上海避风塘公司提供的知名餐饮服务的特有名称；（3）东涌码头公司对"避风塘"一词的使用行为已经超出合理使用范畴。

其中最高人民法院裁定书也认为，首先本案可以认定申诉人提供的餐饮服务在上海地区属于知名服务，对此双方当事人在原审以及最高人民法院审查中也均无实质性争议。其次本案中"避风塘"一词除了具有地理概念上的"船舶避风港湾"的本意之外，还被餐饮业经营者为表明特色风味菜肴的名称与菜肴原料组合起来作为特色菜品的通用名称使用，如"避风塘炒蟹""避风塘炒虾""避风塘茄子"等；同时经过申诉人在其企业名称中的长期使用和在商业标识意义上的广泛宣传，在上海地区的餐饮服务业中，"避风塘"一词同时具有识别经营者身份的作用，能够表明特定餐饮服务的来源；此外，二审法院有关"避风塘"已成了一种独特烹调方法以及由该种烹调方法制成的特色风味菜肴名称的认定并无充分证据支持。因此，本案可以认定"避风塘"一词在上海地区也是申诉人提供的知名餐饮服务的特有名称。再次，被申诉人曾在店招牌匾和户外广告牌中使用"东涌码头避风塘料理"和"避风塘料理"字样以及在菜单中使用"走进渔家铜锣湾享受原味避风塘"的广告语，这些使用方式实质上是都是在突出使用"避风塘"一词，既不是作为地理概念来使用，也并不是在作为特定菜肴名称的意义上使用，而是作为一种身份标识意义上的使用，容易造成消费者对其与申诉人的混淆、误认，已经超出对"避风塘"一词的合理使用范围。因此，被申诉人已经实际停止并在和解协议中承诺不再以上述方式使用"避风塘"一词，也确实体现了对申诉人有关民事权益的尊重。

最高人民法院作出的长达15页的民事裁定书，为"避风塘"知名服务特有名称一案的十年维权之路画上了圆满的句号，最高人民法院的裁定还认定"申诉人提供的餐饮服务在上海地区属于知名服务"，让避风塘公司在后续类似维权案件中屡战屡胜。避风塘公司在十年维权中屡败屡诉、坚持不懈，几乎穷尽了所有的诉讼救济程序，终获成功。最高人民法院裁定书定性精准、观点鲜明、说理透彻、令人信服。

（五）商　　标

作为一名知识产权律师，商标案件也是我在执业过程中经常会遇到的，其中不乏涉外商标案件，比如2002年的"法国轩尼诗商标侵权案"。此外我还陆续代理过鲁迅商标、永和豆浆、吴良材、金华火腿、汇丽地板、锦元商标、摩托罗拉"M"图形、美国"彭博"资讯、德国"阿迪达斯"以及台企科麦商标系列等商标案。

法国轩尼诗公司（Societe Jas Hennessy & Co.）是世界上著名的干邑酿造商和贸易商，其作为一家知名的国际企业，十分重视对自身品牌的保护，在中国等全球数十个国家和地区注册了一系列"Hennessy"商标。2002年，轩尼诗公司发现在中国市场上有标识为"HanLissy"（亨力士）文字和"持剑骑士"图的干邑商品在销售。经调查得知，这些干邑商品的经销商为珠海Y贸易有限公司（以下简称"Y公司"），生产商是厦门J食品有限公司（以下简称"J公司"），因"HanLissy"标识与"Hennessy"商标非常近似，故轩尼诗公司认为Y公司行为侵犯了其商标专用权。

确认委托关系后，我召集助理对涉案商标是否构成近似进行正反两派的反复辩论，给年轻助理以锻炼机会。是否构成商标侵权我心中早有答案。接下来是管辖权问题，因轩尼诗公司坚持不起诉上海经销商，管辖权问题成了立案的一个障碍。经过几番周折，最后以侵权产品的销售行为地为突破口，以一张增值税发票证明销售行为，从而确定管辖法院是上海二中院。

2005年8月与9月，上海二中院经过两次开庭，于同年11月25日作出一审判决，认定本案两被告构成商标侵权，判令两被告停止侵权行为，在《新民晚报》上就涉案的侵权行为刊登启事，并连带赔偿原告经济损失人民币30万元。

一审判决后，两被告均提起了上诉，上海高院经过审理于2006年10月16日作出终审判决，驳回上诉，维持原判。至此，这起历时一年半的我国首例外文商标"轩尼诗"商标侵权案画上了圆满的句号。本案自始至终受到国内外媒体的广泛关注，包括英国BBC、美联社、华盛顿邮报、新华网、中国国际广播电台等在内的近40家国内外媒体对本案进行了跟踪报道。上海二中院和上海高院的判决在国际上树立了中国司法公正的良好形象。

经过30多年的办案历程，我积累了不少的经验和教训，最后我通过代理纪实的方式记录了这些经验教训，并将这些纪实汇编成册，出版发行。

二、著　书

著书是我律师工作的一个重要部分。迄今为止，我已先后出版了11本书，其中9本涉及知识产权，2本为非知识产权类的案件纪实。自1999年第一本书《版权诉讼案代理》成稿以来，我又先后出版了10本书，逐步形成"中国名律师办案实录知识产权"系列丛书。此11本书按出版的先后顺序如下：《版权诉讼案代理》《反不正当竞争诉讼代理》《商标及专利纠纷案代理纪实》《著名、疑难案代理纪实》《商业秘密诉讼案代理纪实》《劳工血泪史》《我为鲁迅打官司》《网络及软件纠纷案代理纪实》《朱妙春律师知识产权名案精选》《商业秘密诉讼案代理纪实（续）》和《商标及专利纠纷案代理纪实（诉讼技巧）》。

我著书的目的主要有三个。

首先是总结经验教训，提高办案业务水平。我一直强调，做律师要做学者型律师。通过著书，我对办理过的案件进行回顾、总结，结合对相关法律问题的思考，形成自己的见解，在理论水平上实现提升。书中的每一个案例都有一个感由，通过感由将比较重要的经验和教训写出来。如通过"鲁迅稿酬案"，我体会到作为律师和当事人，要审时度势，见好就收。"鲁迅稿酬案"经调解结案，既解决了问题，在经济上取得了成功，也在海内外引起了较大反响，取得了良好的社会效果。通过"鲁迅肖像权案"，我认为律师除了要运用法律，更要能通过大量的司法实践，不断地探索新的概念、新的领域，以此来推动立法和司法的发展。如我在该案的代理词中提出的"逝者的肖像权"观点，后来，在司法解释中得到了采纳。

其次是奉献，通过著书，让年轻律师借鉴我的经验和教训，在律师执业时，可少走弯路。

最后是进行推广宣传，通过书籍宣传自己的办案理念，向人们介绍我办理过的著名疑难案例，以提高知名度。后来，有相当一部分客户就是在读了我的书之后慕名而来，求助代理的。

每一本书都记载了我不同时期的执业经历，因此也就体现了我不同时期的经营理念。我刚开始做律师时接二连三地做过几个疑难的版权案例，每做一个案子，都会写一篇代理纪实，并发表在上海《法苑》杂志和浙江省律协主办的《律师与法制》杂志上。多年下来，已积累了十来个案例。1997年，全国律师协会与法律出版社合作，准备出版一套《中国名律师办案实录》来提升中国律师的知名度和社会形象，并通知各省市律协组织律师参与写作。时任全国律师协会副会长和上海市律师协会会长的王文正老师提名我参与写作。于是我就开始整理版权方面的代理纪实，因忙于工作一时无法完成，很快一年就过去了。但是我脑海里还记着这个事情，不想放弃这次机会。1998年下半年借到北京出差的机会，我就找到法律出版社的安编辑，询问丛书的出版工作是否已经结束。安编辑回复我说还未结束，刚出版了两本书，其中一本是专利代理，加上我的版权代理，正好配套。这次北京之行并未虚行，回上海后，我立马又整理和撰写了若干个版权案例纪实，形成了16篇代理纪实。终于，我的第一本书顺利出版了。

第一本书出版之后，我积累了一定的出书经验，当时正值千禧之年，我办案也有十多年了，其中除了版权案例，也有不少专利、商标、反不正当竞争以及其他知名度较高的疑难民事案件，因此，当时我就开始考虑出版第二本书。在第二本书的选题上，我认真做了一些考虑。当时可以先出版商标、专利的代理纪实，但是考虑到商标、专利立法较早，代理人在全国范围内颇多。单就上海来说，上海市各局和公司以及各高校均有代理事务所，他们入门较早，有丰富的经验，我虽然也是早期的代理人，但并没有做过专利代理，相对来说，在业务上与他们相比还稍显逊色。当时《反不正当竞争法》颁布实施不久（1993年12月实施），我考虑到在同一个起跑线上竞争比较合理，再加上国有企业体制改革，民营企业正在崛起，市场竞争乱象不少。此时，我已积累了不少反不正当竞争法的案例，所以就从扬长避短、避其锋芒考虑，绕开与专利代理和商标代理的竞争，选择汇编反不正当竞争法方面的案例作为第二本书，以领跑反不正当竞争法领域的维权。

第二本书出版以后，又陆续出版了第三本《商标及专利纠纷案代理》。至此，初步形成由版权、反不正当竞争、专利和商标组成的"知识产权诉讼代理纪实"系列。

与此同时，在这一时期我还办理了不少知名疑难案例，因此就将这些案例汇编成册，作为第四本书《著名、疑难案代理纪实》。这样，通过这四本书，对近二十年间所办的知识产权和非知识产权的名案做一个总结。

在出版了4本书之后,我将代理过的反不正当竞争法案例分为两大块:第一块为涉及知名商品特有名称、包装、装潢和虚假宣传、商业诋毁等的不正当竞争案件;第二块为商业秘密,包括技术秘密和经营信息。我具有理工科背景,也是专利代理人,且很早就介入商业秘密的案件。在这一时期,商业秘密的案子确实也做了不少,我逐渐开始将商业秘密的案件作为业务重点。于是我就选择商业秘密代理纪实作为我的第五本书,以在商业秘密领域作更深入的研究和开拓。

2005~2006年,我又见缝插针,将之前多年我为鲁迅家族维权诉讼以及中国民间对日索赔诉讼进行整理,先后编著成《我为鲁迅打官司》和《劳工血泪史》单行本,成为我的第六本和第七本书。

《网络及软件纠纷案代理纪实》成稿于2007年,收录了我办理过的网络和软件纠纷案件,作为对知识产权案例系列的补充和完善。至此,我的知识产权纠纷案代理系列丛书就更加充实和完整。

2009年,我将25年的办案经验进行了重新总结和整理,将之前所办过的知识产权经典案例,结合近几年办理的知识产权案例进行了提炼、修订和汇编,出版了第九本书——《朱妙春律师知识产权名案精选》。这本书涵盖知识产权的基本方面,包括专利、商标、著作权、商业秘密、反不正当竞争和网络软件,字数达到80万,使我在知识产权领域又提升到一个更高的层次。而且,这本书的扉页写上了"值此第九个世界知识产权日,谨将此书献给中国的企业家"。

之后,我在商业秘密领域进一步深挖探索,将2005~2010年的典型商业秘密案例做了总结和整理,并于2011年出版,成为我的第十本著作——《商业秘密诉讼案代理纪实(续)》。

第十本书出版后,我又想出版专利、商标两本专辑,后出版社建议我还是在第三本书的基础上,借第十本《商业秘密诉讼案代理纪实(续)》的模式,出版《商标及专利纠纷案代理纪实(诉讼技巧)》。到2012年的时候这本书已有轮廓,原打算在2013年出版,然而就在这本书即将付梓之时,又有三起重要的知识产权案件慕名而来,于是我不得不搁置出版计划，而竭尽全力地投入这三起颇有影响的商标和专利案件中。这一搁置便是五年，在三案相继结案之后，这本书按理应在2018年年底或2019年年初出版，却又因"后记"而耽搁了大半年，最终在2019年年底成稿。回想当年刚开始出书时，我激情澎湃，激扬挥毫，出书从每年一本到每年两本，之后又回归每年一本，到如今几年都出不了一本，大概与我年逾古稀、力不从心有关吧！

完成第十一本书的出版后，我并没有停止著书的工作。今年年内，我还计划出版3本书，这3本书正在紧张有序地编辑中。明年，还有另外两本书已经提上了议事日程，希望在我80岁耄耋之年，能有更多的著作面世。

三、论　　坛

我在36年的知识产权诉讼案件代理中，十分重视论坛和研讨会，因为在办案的过程中遇到过不少疑难问题，有的是法理上的解释，有的是程序上的操作，往往在遇到难题时会感到困惑。于是，我就会邀请相关专家学者举行论坛来共同探讨和研究，予以解决。而我就在这些论坛和研究中，认真听取专家与学者的高见，这些内容对我有很好的启示，我可以将他们的观点整理、消化、吸收，成为我的代理观点，这也是一种很好的学习方式。

我执业以来，据统计，举办了约30余次专家研讨会和大中型论坛。其中，影响较大的有：1989年5月在上海鲁迅纪念馆召开的"鲁迅稿酬案研讨会"；2001年4月在上海鲁迅纪念馆举办的"鲁迅姓名肖像权研讨会"；2002年4月在上海市工商局举办的"WTO与反不正当竞争研讨会"；2005年4月在张江举办的"中医药产业发展知识产权战略论坛"；2006年4月20日在北京人民大会堂举办的"创新与发展品牌战略高层论坛"和在知识产权出版社举办的"FOXTOWN商标与版权学术研讨会"，2010年在上海市律师协会举办的"迎世博，创品牌知识产权论坛"。

我常借举办论坛之机聚会老朋友，结交新朋友。我不喜欢交酒肉朋友，在我身边的都是学富五车、具有远见卓识的专家学者，其中与我年龄相仿的有：国家版权局原局长沈仁干、中国人民大学知产学院院长刘春田、中国社科院法学所教授李顺德、国家版权局原司长许超和上海科学鉴定专家戴敬辉等；稍年轻一些的有：北京高院原知识产权庭副庭长程永顺、上海交通大学法学院院长孔祥俊、《中国律师》杂志总编辑刘桂明、上海复旦大学知识产权中心主任张乃根、上海交通大学知识产权研究中心主任寿步、深圳大学教授朱谢群和华东政法大学教授王迁等，大家都为中国知识产权界作出过卓越贡献。"与善人居，如入芝兰之室，久而不闻其香，即与之化矣。"

1989年5月的鲁迅稿酬案研讨会是我最早举办的一届论坛，本次论坛的讨论主要围绕作品保护期问题展开，解决了数个疑难问题，包括在我国著作权法颁布实施前的涉外出版和合作作品的保护期限问题。会上，专家学者们一致认为鲁迅稿酬应当予以保护，自那之后使鲁迅稿酬案逐步沿着合法合理、符合国际惯例的方向推进。

有过一次举办论坛的宝贵经验，往后在办案中每每碰到问题，我就会考虑通过论坛和研讨会的方式来向专家学者们请教。20世纪90年代，我接踵办了不少版权案件，如《眼病图谱》《围城》《点值法在护理工作中的应用》《霓虹灯下的哨兵》《上海人在东京》以及歌舞剧本《火》等版权名案，每次涉及争议焦点，我都会举办研讨会，并得到时任上海市版权局版权处任彦处长的支持和帮助。

2000年10月，世界知识产权组织（WIPO）第35届成员大会通过了中国和阿尔及利亚关于建立"世界知识产权日"的提案，自此，将世界知识产权组织成立之日——4月26日定为"世界知识产权日"。设立"世界知识产权日"旨在促进世界各国"尊重知识、崇尚科学"，树立保护知识产权的意识，以及营造一个鼓励知识创新和保护知识产权的法律环境。于是每年4月26日及前后，全世界包括世界知识产权组织各成员方都要举行各种宣传活动，以在全球普及知识创新，提升人们的知识产权维权意识。

我对"4·26"情有独钟。每当"4·26"世界知识产权日,以及"4·26"前后的"知识产权周""知识产权月",我都会举办各种形式的论坛与研讨会。举办这些论坛不仅能够解决案件的疑难问题,对他人来说也是一种普及知识产权的行动,对自己和律师事务所来说,更是一种形象和能力的展示。为此,对"4·26"的各种宣传活动我都乐此不疲。

在我印象里较为深刻的是2001年4月18日在上海鲁迅纪念馆举办的关于鲁迅姓名权与肖像权的论坛。当时正值第一个世界知识产权日前夕,我正在浙江杭州、绍兴两地为鲁迅家族代理一组侵犯鲁迅姓名权、肖像权的案件。在案件的审理中,由于此前最高人民法院曾予批复:"肖像权是精神权利,人死后则不能主张肖像权。"显然,鲁迅家族主张鲁迅肖像权难以得到法律的支持。于是,我邀请了复旦大学、同济大学、上海大学和华东政法大学的教授,法院知识产权庭的法官以及鲁学研究专家对姓名权、肖像权的权利属性进行了研究。会上,我提出肖像权、姓名权在民法上虽然属人身权,但是一种特殊的人身权,是一种类似的知识产权——具有人身权和财产权双重属性的民事权利。该观点得到了与会专家学者的认同。这次论坛也推动了新司法解释的出台。在论坛举办前我曾写过一篇《论死亡人肖像权》的论文,刊登于华东政法学院的学刊《法学》上。不久,孔祥俊博士兴奋地告诉我该文章已被录入中国人民大学的"复印报刊资料"之中。

2002年的论坛是与上海市工商行政管理局共同举办的,参加会议的有北京和上海知识产权领域的工商行政执法人员、法官、律师、专家、学者等四十余人。这届论坛与一起涉外的商业秘密案件相关,当时要解决的问题是关于商业秘密原告的主体资格问题。案件具体情况是:我方当事人(中国企业)从日本某企业进口了一套地毯生产流水线,设备中含有商业秘密,后该商业秘密被侵犯,我方当事人作为进口方和使用者是否能主张权利。关于这个问题法官和律师的意见不一,为此,通过举办商业秘密研讨会来邀请大家探讨。会上,商业秘密专家朱谢群博士提出：TRIPs 协议里所提到的商业秘密权利主体是指商业秘密的实际控制人，该设备由我方当事人购入后，我方即合法对该设备取得了控制权，因此就合法取得了该商业秘密维权的主体资格。这一观点为与会专家学者与高、中院法官所接受，研讨会最终解决了主体资格的问题，因此达到了预期的效果。

2003 年的论坛也非常重要。当时我国正处于经济高速发展时期，有关商业秘密保护的纠纷和诉讼一直居高不下。商业秘密作为企业维护自身竞争优势的一种知识产权，正日益为我国企业界和社会公众所关注。国际上普遍将商业秘密纳入知识产权范畴给予保护。然而，我国对商业秘密尚无独立的法律规范，此方面的行政法规又过于简单。为此，举办此次论坛其宗旨即是呼吁商业秘密法的出台。当时上海市知识产权局钱永铭局长出席并作了重要发言。

2004 年与上海市版权保护协会联合主办了一次关于当时的热点问题——卡拉 OK 的版权问题研讨会。为促进 MTV 版权的性质问题和收费标准问题的解决，与会嘉宾如任彦处长、蒋坡教授、朱国雄法官等专家提出了许多宝贵的意见和建议。

2005 年我先后举办了春季和冬季两次论坛。春季论坛是在第五个世界知识产权日前夕的 4 月 22 日于上海张江举办的。当年我国对中医药知识产权保护没有足够的重视，法律法规上存在严重的问题，致使我国宝贵的传统中医药文化遗产没有得到保护，大量成果被外国人申请专利。所以 2005 年春季论坛以"中医药的知识产权保护"为主题，旨在推动全社会加强对民族传统文化和国粹的知识产权保护意识，以提高企业运用知识产权制度参与市场竞争的能力和水平。当时参加论坛的有中国科学院医学领域专家陈凯先院士，还有上海市卫生局、上海市中医院、上海中医药大学等一批知识产权法学界与中医药实务界的知名专家学者。

该年的冬季论坛是在上海国际会议中心举办的"律师专业化发展论坛"。召开这次论坛主要基于三个原因：第一是恰逢我六十周岁，亲人们想借机为我祝贺。但是这个原因当时只有亲人知道，嘉宾朋友并不知晓。第二是我所创办的上海朱妙春律师事务所成立，也是我开始办案的二十周年。在会上举行了朱妙春律所的揭牌仪式。当时有幸请到上海市知识产权局陈志兴局长和市司法局刘忠定副局长为新所揭牌。第三个也是最主要的原因是想召开一次关于律师专业化发展的论坛，所以那届论坛邀请了京沪两地多名专家学者，共同研究讨论如何根据我国经济和社会发展的新形势推进律师行业的专业化分工与发展。其中，最令我难忘的是国家司法部律师管理司周院生副司长在百忙之中从重庆飞来作了20分钟的致辞。当时，周司长正好在重庆参加一个金融法律会议，行程安排非常紧张。周司长在收到我的邀请后，做了十分紧凑、精确的安排，利用金融法律会议的空档期，见缝插针地乘飞机到上海浦东机场，又坐磁悬浮从机场赶到上海国际会议中心现场，在致辞后又坐磁悬浮回到浦东机场赶回重庆。周司长的精彩发言和鼓励让我感动不已，至今仍历历在目、记忆犹新。后来，周司长当时的致辞就被用作我第十一本书的"代序"。另外，这次论坛还成立了朱妙春律师事务所的专家顾问团，其中包括北京高院知识产权庭原副庭长程永顺、复旦大学知识产权中心主任张乃根、上海交通大学知识产权中心主任寿步、深圳大学知识产权教授朱谢群四位司法界重要人物。

2006年的论坛在北京人民大会堂举行。在第六个世界知识产权日之际，我和《中华商标》杂志社、《中国发明与专利》杂志社共同举办了"2006创新与发展·品牌战略高层论坛"。这次论坛讨论的是如何让企业切实了解品牌管理与驰名商标的关系，以及如何通过司法和行政程序获取驰名商标，让企业与企业之间进行一次品牌管理的战略交流，为企业提供申报驰名商标的服务平台，以利于提升企业的品牌意识和管理水平，促进行业间的联合。这对企业的品牌运作和商标事业的发展具有十分积极的意义，必将唤起国内更多的民族企业打造国际品牌，促使我国民族企业的驰名商标扬名国际市场。同日下午，在知识产权出版社就当年一起"FOXTOWN"商标与版权案展开了进一步的研讨。

2007年4月20～21日，我在上海金沙江大酒店和上海宾馆先后举办了"上海化工企业知识产权论坛"和"外资企业知识产权保护论坛"。参会的京沪两地专家就化工企业如何保护自己的知识产权,以及律师和司法界如何维护外资企业的知识产权,纷纷发表自己的看法。

2008年"4·26"前夕,在上海美丽园大酒店召开了主题为"保护知识产权、促进创新发展"的企业知识产权战略论坛。论坛为加强企业知识产权的创造、应用、管理、保护提供支持,为促进企业顺利开展知识产权工作提供了帮助。

2009年4月24~25日,先后在华东理工大学和中国烟草博物馆举办了"知识产权如何产业化"与"金融危机与企业知识产权"两个论坛。会上,专家学者指出:随着经济全球化的发展,知识产权已经成为国家发展的战略性资源和提高国际竞争力的核心要素;坚持自主创新,提高知识产权意识,是增强国家经济抗风险能力的根本之策。

2010年"4·26"的"迎世博"研讨会是以上海世博会为契机,以政府推动、企业参与、法律支持的形式,结合上海市知识产权2010年工作要点,从中国企业如何打造民族品牌的角度探讨和交流。论坛在上海市律师协会召开,邀请国内众多知识产权专家、学者及知名民族企业的代表,分别从"中国企业如何打造民族品牌"和"企业的商业秘密管理与保护"两个角度来共同探讨与企业知识产权相关的诸多问题,为企业加强知识产权的意识、应用和保护提供支持,为促进企业顺利开展知识产权工作提供帮助。会上还讨论了当时承办的一起四川商业秘密案中当事人所遭遇的疑难问题。

2010年以后,由于我年事已高、精力不济,所以逐渐减少了举办论坛的次数。但是,每年我都会参加一些论坛,比如2011年在浦东举办的"知识产权行政和司法保护论坛",2012年的"长三角知识产权调解文化之道",2014年的"涉外风险管控研讨会",等等,希望能够通过这些论坛认识新事物,结交新朋友,解决实际问题,也给大家分享一些我的执业经验。

2021年前后,具有丰富商标代理经验的律师董莎、化学博士兼专利代理师李玉宁、原上市公司检测副主任蔡翼演、上海交通大学毕业的专利代理师秦文松等带着自己的理想，决定跟随我进入知识产权领域。随着团队人数的增加，为了更好地搭建平台、打造品牌，我又开始组织团队举办了一些论坛。4月9日，为了迎接第21个世界知识产权日，我会同上海市中小企业发展服务中心、上海知识产权园以及学生王小兵和郭国中所在的律师事务所联合举办了"2021知观春季研讨会"。知观春季研讨会是为了帮助中小企业解决创新发展过程中商业秘密保护的困惑，进一步激发企业创新活力，提高市场竞争力。参加研讨会的有上海交通大学法学院院长孔祥俊、江苏高院知识产权庭原庭长宋健、上海知识产权法院综合审判二庭庭长钱光文、南京中院知识产权庭原庭长姚兵兵等十余位业内知名专家学者，以及法律界、学术界和"专精特新"企业50余位代表。4月13日，我们又邀请国家版权局原司长许超、上海市版权局版权处原处长武幼章、华东政法大学教授王迁等专家学者在上海知识产权园开展了"剧本杀版权保护研讨会"，就时下在年轻人中兴起的"剧本杀游戏"的版权保护问题展开讨论，为规范剧本杀市场提供了理论指导和实践方向。

在论坛中听取专家学者的意见不但能够解决案件中遇到的疑难问题，而且对提高自身的业务水平有百利而无一害，所以我又在考虑今明两年筹划一些论坛。比如，今年下半年准备与上海人工智能研究院等单位合办"人工智能与知识产权论坛"；明年"4·26"与央视"极致匠心"栏目组等单位合作举办"工匠精神与知识产权保护论坛"。希望我与我的团队成员继续为传播知识产权作出贡献。

四、讲　　课

如果说著书立说是将办案过程中遇到的问题和解决途径，以及由此引发的感悟和体会以文字的形式呈现给公众和业内同行，那么讲课则是以语言的形式对法律问题进行深入理解和对实务经验进行总结。在准备讲课的过程中可以温故而知新，巩固自身已学的知识，还可以教学相长，不断学习新知识，提升业务能力。

如上所述，学者型律师兼具律师和学者双重身份，律师是为当事人提供法律服务，帮助当事人解决遇到的法律问题，维护委托人的合法权益和社会公平与正义的人。学者则是专门从事某种学术体系研究，具备一定专业技能、学识水平、创造能力，并在相关领域将其学识、思想和见解传授于人，引领社会文化潮流的人。《论语·宪问》："古之学者为己，今之学者为人。"《礼记·学记》："学者有四失，教者必知之。"唐韩愈《师说》："古之学者必有师，师者，所以传道授业解惑也。"而学者型律师的重要特质之一便是，除了办案之外，还需将所掌握的法律知识和诉讼经验传授给有志于从事法律工作的青年律师和其他法律工作者，以及企业家、创业者等对法律问题比较关心的群体。

自我从事知识产权法律保护工作以来，为了给不同地域的企业，乃至法律工作者进行知识产权法治宣传，推动当地的知识产权普及，曾先后在上海、北京、重庆、浙江、江苏、山东、湖南、河南、云南、新疆、广东、福建、四川、河北、甘肃、陕西等近20个省份的法学院和律协讲学授课、学术交流和传授经验，将自己办理知识产权案件的经验毫无保留地传授给有志于从事知识产权法律事业的青年律师们，并提示企业家应重视知识产权以及如何进行维权。

2006年，山东省律协副秘书长郭慧律师邀请我前往山东省律协讲解商业秘密。当时我正在北京出差，得到通知后，我便前往知识产权出版社要了100本书。《中国发明与专利》杂志主编金克勇与销售总监姜白虎送我到车站，并帮我把沉甸甸的书全部搬到车上。时值盛夏，天气炎热，两人搬书后累得满身大汗，令我感激不尽。2010年在我的第九本书出版以后郭慧律师又邀请我前去讲授商标和专利。

2012年4月，我受邀前往青岛为中国集装箱集团的知识产权部员工进行商业秘密的授课。

2012年下半年，与我同为全国律协知产委委员的陕西省知产委主任雷西萍律师，邀请我到西安给陕西律协的律师们做商业秘密授课，并在现场签名售书。事后约定在我的第十一本书面世后再去西安交流。

2013 年，我参加了《知识产权业务律师基础实务》的编写，由广州温旭律师带队包括我与云南林文律师等人，一起到四川省律协知产委与该委主任黄娟律师商讨合编著作事宜，并由黄娟安排温旭和我给当地的律师分别讲授专利和商业秘密。

2015 年，我为华东政法大学研究生与深圳的律师分别讲授了商业秘密诉讼案代理技巧。

2021 年上半年，我进行了 4 次授课。3 月 25 日应邀参加"知产前沿"线上专题直播，授课主题为专利、商标案件诉讼策略。4 月 22 日应邀专程前往山东济南滴会商学院进行现场直播，授课对象为刚执业的年轻律师，课程持续了一天。纵然我已逾古稀之年，但在一整天的讲课完成后，精神依然奋发，我为能够给中国律师行业的发展贡献自己的一份力量而感到高兴。5 月 25 日，我应思博学院的邀请，开设了一堂主题为"商业秘密内容解析"的专题讲座。6 月 30 日，由于前次在"知产前沿"的讲座广受欢迎，我再次受邀于"知产前沿"平台进行了一场关于反不正当竞争案诉讼的专题分享。

在多年的授课过程中，我也不断地与听众交流互动，逐渐形成了自己的一套讲学方针，随着法律的更迭同时更新与充实授课内容，不断地规范化与系统化授课课件，我还计划在将来形成知识产权系列课程，并推举我的学生们一同组成讲师团，在讲课的基础上进一步提升自身的软硬实力。

第二个"八字方针"

一、爱　　国

作为一名律师，首先要爱国。这是对律师最基本的要求，是我们对自己家园、民族和文化的归属感、认同感、尊严感与荣誉感的统一。我的爱国理念主要体现在两个方面。

第一，帮助和指导国内民间对日索赔，为受害者讨回公道。其中主要包括两项内容，一项是为"慰安妇"受害者维权，另一项是为中国劳工维权。

在"慰安妇"受害者维权方面，我主要做了三件事：第一件事是在2000年年初，我与上海师范学院（现为上海师范大学）苏智良教授合作，被聘为该院慰安妇研究中心的法律顾问。当时我认为苏教授是一位历史学教授缺乏法律上的专业知识，而在对日索赔上遇到更多的是法律问题。所以，我责无旁贷，与苏教授合作后为其提供了许多法律意见和帮助。第二件事是与苏教授一起到全国有关地区采访了一些"慰安妇"受害者。当时曾去过上海崇明、湖北武汉、广西和海南等多个地方，也邀请公证员一起为这些受害者做了公证。第三件事是向全国律协倡议中国要组建对日索赔法律指导团队。我提出，中国慰安妇、劳工对日索赔是一件中国人的事情，日本组建了律师团，中国律师不应袖手旁观，也要成立中国自己的律师团。在我的建议下，全国律协时任会长于宁等立马召开会议，成立了中华全国律师协会对日民间索赔诉讼指导小组，共有12位知名律师来指导和参与民间索赔事项，我也是其中一名成员。

在帮助中国劳工方面，一方面我专门成立了劳工索赔研究小组，组织社会力量为他们维权、声援，并提供法律援助；另一方面我安排、指导华东政法大学研究生组成大学生采访团，对劳工进行一对一的采访，将他们在日本受尽奴役、劫后余生的苦难经历记录下来，并汇编成册，编写了一本《劳工血泪史》，把日本人当年的罪行锁定在历史的耻辱柱上。

第二，积极为中国企业维护知识产权，为民族企业的知识产权保驾护航。三十多年来，我为中国企业代理过数百起知识产权案件，在我的第九本书《朱妙春律师知识产权名案精选》中，就记录了我为这些民族企业维权的经过，其中典型的案例有"瑞士里特公司诉江苏凯宫专利侵权案""日本村田公司诉华方公司功能性特征专利案"等。我在代理这些案件时，为中国企业就如何应对跨国公司的知识产权诉讼提出了积极有效的建议，同时，也为这些中国企业普及了知识产权知识，提升了维权意识，增强了民族企业的知识产权管理能力。

二、公　益

所谓公益，就是要关心社会公众的福祉和利益。作为一名律师需要肩负社会责任感，力所能及地为社会贡献自己的力量。我的公益主要体现在三个方面。

第一，做了一系列与鲁迅及其家属权益有关的工作，办理了鲁迅稿酬案、鲁迅肖像权和姓名权案等系列名案，维护了鲁迅作品的版权以及鲁迅本人的姓名权、肖像权。我还作为法律顾问为上海鲁迅文化发展中心、北京鲁迅文化基金会提供法律帮助，同时兼任北京鲁迅文化基金会监事。

第二，积极加入社会民间团体，参与社团公益活动。从2007年开始，我先后担任了浦东新区知识产权协会调解委员会主任、闵行知识产权协会知识产权首席调解员、上海人工智能研究院知识产权治理首席研究员、中国人民大学和华东理工大学客座教授、复旦大学知识产权研究中心特约研究员等公益性职务。

第三，长期致力于知识产权公益普法活动。这些年我先后奔赴北京、青岛、济南等全国二十多个城市进行公益性讲座。今年我还通过"知产前沿""思博"等线上平台，在网上直播讲学，无偿向社会、向更多的企业与法律从业人员分享我的经验。

三、专　业

专业，是指工作上的专业和精深，是做好自己本职工作，将本职工作做到极致、做到专业化的一种精神。专业也是表现爱国情怀、从事公益事业的基础。如果不专业，做起事来力不从心，爱国与公益也只能沦为空谈，成为无源之水、无根之木。只有专业，才能做好本职工作，才能更好地爱国，更好地去践行公益活动。

我从1984年下半年学习专利法开始就对知识产权产生了浓厚的兴趣。1986年办理了第一个版权案件，1988年办理了第一个专利案件，1989年办理了第一个商业秘密案件。我三十六年如一日，一路走来，一直坚守在知识产权岗位上，"不忘初心、不论收入、不改初衷"，始终保持着专业化特色。不仅自己坚持知识产权事业，而且带出了一大批知识产权专业的学生，如今许多学生在知识产权领域已声名鹊起、崭露头角，他们也始终耕耘在知识产权的田园里。2005年，在律师专业化论坛上，我的这一理念得到了时任司法部律师管理司周院生副司长的首肯和表扬。

四、勤　　奋

勤奋是走向专业化道路的基石。天道酬勤！要成为一位名律师，必须要勤奋，要勤奋学习、勤俭办事、勤于思考，要始终如一、坚持不懈。我的勤奋主要表现在三个方面。

第一，勤奋学习。20世纪80年代，我因偶然的机会被单位领导推荐去学法律，从此走上了法律之路。自从学了法律之后，我就意识到将来要从事律师工作，所以我决定必须在专业上深造。1984年，了解到上海有华东政法学院，该院正在开办法律大专自学考课程，每年4月和10月两次自学考试，每次考试4~6门课程。直到1988年，我基本上考完了14门基本课程。与此同时，1984年我又先后参加了振兴比较法学院学习涉外法律课程以及上海交大管理学院（后改为上海工程技术大学）的经济管理课程。1984年下半年，我还参加了全国第二届专利代理人资格培训并通过了考试。正是因为我在1984~1988年，四驾齐驱、废寝忘食地学习，迅速填补了我中年"半路出家"的法律知识空白，为以后的律师事业发展奠定了坚实的基础。选择律师这个职业，就是选择了一条终身学习的道路。如今，我还在学习研究前沿的知识产权法律，比如大数据、物联网、人工智能等课题。

第二，勤勉办事，包括办案、著书、论坛、讲学，都要吃苦耐劳、坚持不懈。学习毛泽东思想中的"在战争中学会战争，在游泳中学会游泳"理念，我在办案中学办案，在写书中学写书，在论坛中学论坛，在讲学中学讲学。办事时，要不耻下问、勇往直前。目前，我已年逾古稀，依然坚持办案和写书，活到老学到老，发扬"跬步不休，跛鳖千里"的精神，边努力、边学习、边做事。

第三，勤于思考。在勤奋学习、勤俭办事的基础上，还需要勤于思考、善于总结，"学而不思则罔，思而不学则殆"。只有将学习与办事中的所见所闻归纳总结，才能举一反三、触类旁通。

结　语

岁月不居，时节如流。三十六载飞逝，看黑发变白头。回首来路，艰险峥嵘，我感激命运不弃，感谢众多师友相助。今将毕生心血总结成文至此，希望能对年轻的律师朋友们有所启示和帮助，祝愿你们"未来征程波澜壮阔，不忘初心历久弥坚"，祝愿你们"青出于蓝而胜于蓝"！祝愿你们代代相传，再培养出一批优秀的知识产权律师！

我会保持好健康的心态，尽自己努力，争取再多培养一批知识产权方面的专业律师，正如郝玉芝女士所说："余热未尽献，老骥不偷闲，古梅无他求，点红暖人间！"

朱妙春
2021年8月15日定稿

后　　记

2018年年底，我先后参加了几次年会，其中包括学生郭国中律师的上海凯创知识产权代理公司年会、学生张兵律师的上海申如律师事务所年会、我在向明中学时的同学王润如之子王志达律师的上海汉之光华律师事务所年会，以及忘年交史建峰的上海宏邦知识产权代理公司年会等，每次年会我都应邀做了简短发言。其间，学生王小兵律师也邀请我为他的第二本新书《企业知识产权管理》作序。学生们的卓越成就让我深刻感受到了年轻律师身上的亮点，敢闯、善闯，而且还闯出了天地。我深深体会到新一代年轻律师们后生可畏，长江后浪推前浪，由此有感而发，真是"青出于蓝而胜于蓝"啊！于是，我便设想如果将他们创业成功的心路历程记录下来，汇编成册，那将是当下年轻律师们的前行火炬，可以激励青年律师今后的发展，于是促成了这本《青胜于蓝》的出版。

想法既定，择日不如撞日，我当即联系不同时期的学生，将我的想法告诉了他们，他们也都纷纷表示赞同。于是我赶紧建立微信群，召集学生们推进该书的出版进度。2019年10月13日，在我的办公室里进行的第一次《青胜于蓝》书稿交流会，确定了该书的书名和议题。2019年12月29日，在学生张兵上海申如律师事务所的会议室进行的第二次《青胜于蓝》书稿交流会，确定了撰稿人员的名单和稿件内容。第一批撰稿人员确定后不到一个月，便有学生陆续交稿。2020年11月14日，在学生王小兵隆天律师事务所会议室进行了第三次《青胜于蓝》书稿出版讨论会议，师生一起互相交流稿件，此时稿件的初稿已基本确定。经过三次交流讨论，《青胜于蓝》一书的基本结构、撰稿人员、稿件也已基本确定。

在过去三十年的不同时期，学生们分别跟随我学习、办案，并从这里开启了他们各自的律师生涯。时光荏苒，昔日的学生们现在也都成长为律政精英，在各自的领域均有建树。

夜深人静，我坐在办公桌前借着灯光慢慢阅读学生们的稿件，他们在繁忙的工作中挤出时间，梳理执业轨迹、剖析工作中的困惑与选择，总结办案经验，从而形成文字稿件实属不易。那一段段文字，那一个个熟悉的故事带我走进了回忆时光。三十年弹指一挥间，我带过许多学生，每一位学生几乎都陪伴我三到五年不等，而我也像长辈一般看着他们慢慢"长大"，而今他们都已在自己的领域闯出了一片天地，作为他们的老师，我内心的自豪感也油然而生，同时，他们初涉职场时的那些青涩形象与成长过程也在我脑海中慢慢浮现。

许峰，在本科实习期间就深谙《华沙条约》，并参与对法航索赔诉讼。他读研期间正值我代理"中国劳工对日索赔案"，他在华东政法学院招募30名学生来协助我编撰《劳工血泪史》一书。他法学理论功底深厚，在开题时，已有多篇论文备选。他曾为市值千亿的国内上市公司担任总法律顾问，该公司成功在美国纽交所上市。他现为该公司的法务总监。

孙小青，对知识产权情有独钟，20世纪末他从苏州慕名而来拜我为师，当时他已是苏州市新苏商标事务所有限公司合伙人，精通商标法和专利法。曾协助我代理多起涉外知识产权诉讼案件。他出身于书香门第，有很好的文化修养，琴棋书画样样精通，曾赠予我一套文房四宝，业余时间他还经常在外教习古琴。现为上海天璇律师事务所主任。

于大江，河北大学法律系高才生，来我所执业之前已是河北某知名律所创始合伙人。他有着较强的文字功底，谈吐温文尔雅，为人谦虚谨慎，处事稳重大方。就职期间协助我办理过多起著名的疑难损害赔偿案件。擅长吟诗作词，是一名资深的、独具一格的海派诗人律师，2015年10月在线装书局出版了第一本诗集《从今天起，做个诗人》，现为君玖律师事务所主任。

詹锐，辞去深圳富士康知识产权法务高薪工作，拖着拉杆箱到上海慕名拜师，他相貌堂堂，一表人才，兼具专利代理师证与律师证，且精通英语，志向远大，将来必成大器。后赴美继续深造，学成归国。此后在办案过程中我又发现他办案胆大心细，初生牛犊不怕虎，首次开庭即与知识产权大师陶鑫良教授同台对抗，毫不怯场。现为北京大成（上海）律师事务所资本市场部合伙人。

钱元春，文字功底深厚，工作积极主动，为人谦和，有一定的管理能力，团队精神较强。执业期间协助我代理了多起著名知识产权案，尤其是最高人民法院审理的"'避风塘'知名服务特有名称申诉案"，并获成功，该案入选"最高人民法院50大经典案例"，此后又据此进行了多次维权，均获胜诉。现为远闻（上海）律师事务所副主任。

原素雨，华东政法大学民商法研究生，法学功底扎实，尊师好学，处事灵活、办案有方。是具有律师证和专利代理师证的"双证"律师。他在执业初期，曾在一起高难度的涉外知识产权系列案中代理外商与我对台，礼仪得当，应对自如。前几年与我合办一起重大涉外商业秘密案，他已是一位商业秘密专家型律师，现为福建联合信实（上海）律师事务所副主任。

王小兵，典型的学者型律师，从业十余年已出版《知识产权案件办案策略与技巧》《企业知识产权管理：操作实务与法律风险防范》两本知识产权专著，第三本专著也即将付梓。兼具律师证和专利代理师证，与我一起办案近5年，经过近百起各类知识产权案件的历练。我常说"在小兵面前没有难案"，其实务能力之强可想而知。现为上海隆天律师事务所执行主任。

郭国中，尊师重道，富有公益精神，多次协助上海市闵行区知识产权协会举办知识产权学术活动。有良好的口才，能通过相声形式普及知识产权。善组团队，勇往直前，排除万难，开拓市场。兼具专利代理师证与律师证，精通专利事务，在实习时协助我成功调解一件具有国际影响的"上海世博会自动喷雾降温装置专利案",表现出出色的专利分析能力。现为上海段和段律师事务所高级合伙人。

张兵,高大帅气,做事果敢干练、颇有魄力。研究生毕业时即获取三证(律师证、专利代理人证、毕业证)。在协助我办理"珠海商业秘密疑难刑事案"庭审时初出茅庐就镇定自若,毫无惧色,受到当事人高度赞许。29岁时便成立上海申如律师事务所,因其出色的管理能力,团队初具规模,业绩每年大幅增长。现为上海申如律师事务所主任。

周超,上海海事大学研究生,法律功底扎实,工作勤勉努力,利用身边资源开拓市场,在实习期间曾协助我办理过多起知识产权疑难案例,并在办案同时撰写了多篇疑难案件代理纪实以及学术论文,如"内蒙古的侵犯微软 XP 软件刑案和江苏的侵犯窗帘布著作权刑案"等。现为山东博睿(上海)律师事务所知识产权部负责人。

沈锃桢,具有理工科背景,在实习前曾于大型国企工作。做事沉稳,尊师重道,能吃苦耐劳,勤于学习,善于思考,自学成才。在实习期间就已体现出他的办事能力和文字能力,曾代理过重大专利无效案件,实习期满即能独立办案。例如,在协助我办理武汉首例反垄断案时就写出了2万字的代理词,开庭时庭上表现良好,现为上海汉与商律师事务所知识产权部负责人。

詹广,虽非学生,但犹如学生。曾在一次浦东知识产权协会举办的活动上相遇,那时他作为获奖的优秀青年律师,谈吐稳健,尊长有礼。因其兄长詹锐律师曾是我的学生,初见便觉得格外亲切。兼具专利代理师证与律师证,他有着深厚的专利代理和诉讼的实务能力,在我所举办的一次物联网专利研讨会上发表了专业的观点,现为上海正策律师事务所知识产权中心主任。

陆懿,"双证"律师,性格温和,待人彬彬有礼,为人谦虚谨慎、遇事沉稳、勇当重任,执业初期便参与管理一家专利事务所。其父是我昔日忘年交,在专利领域深耕几十载。他慕名来我所学习办案,协助我办理专利诉讼与专利无效案件,敢于担当,如初生牛犊,可见专利基础扎实，现为申浩律师事务所知识产权团队负责人之一。

董莎，来我所实习前已是熟练的商标代理人，熟悉商标申请过程中的各类行政程序，擅长商标维权以及企业商标品牌战略的布局和分析。遇事沉着冷静、有主见，工作勤勉认真，学习勤奋刻苦，具有一定的文字能力，能够独立处理商标非诉及其他知识产权和民商事诉讼业务。实习期间还协助我整理《青胜于蓝》一书的出版工作。

李玉宁，化学博士，专利代理师，学识渊博，思路敏捷，有出色的文字和口头表达能力。自学成才，通过法考，毅然舍弃国企和外企高薪待遇转入律师行业来我所实习。进所不久即承担所内重大专利诉讼与非诉工作，并与我一起被上海人工智能研究院聘为知识产权治理研究员，其间勇担重任，参与撰写上海市政府委托上海人工智能研究院的白皮书。

蔡翼演，理工专业出身，从事检测行业多年，曾担任上市公司检测室副主任。决心放弃优越的工作条件，进入律师行业，足见其毅力。文字功底扎实，具备成为一名知识产权律师的基本素养。统筹我今明两年新著作的汇编工作。勤思考，对法条的理解力求做到透彻；进取心强，力争做一名"双证"律师。

秦文松，毕业于上海交通大学，从事工程设计工作近十年，工作认真勤勉、一丝不苟。自学通过全国法律职业资格考试和专利代理人考试。取得"双证"后，毅然放弃高级职称和不菲的收入，跟随我进入知识产权法律领域。自入所以来，他协助我办理了几起专利侵权和专利无效案，同时又负责了新版《知识产权代理纪实》一书的汇编工作。

本书是我的第十二本著作。

本书主要是我十七位优秀学生及与学生有关的青年律师和助理的职业生涯回顾，从他们娓娓道来的叙述中，从他们代理的案件中，从他们未来的职业规划中，读者可以发现一些启迪青年律师的思想和灵感，这些思想传承下去，可带动更多的年轻法律工作者，投身于中国的法治建设队伍中。

许峰、孙小青、詹锐、于大江、钱元春、原素雨、王小兵、郭国中、周超、沈锃桢及詹锐的弟弟詹广是我早期的学生，在百忙之中抽出时间撰写稿件，分享自己的艰苦奋斗历程，我为他们的成就感到高兴和自豪，祝愿他们再接再厉，更上层楼，再创辉煌。

董莎律师、李玉宁专利师、秦文松专利师和蔡翼演可谓关门弟子，虽然初入律师行业，但他们在事业上都有一段奋斗历程，尽管她（他）们尚未摆脱前进道路上的瓶颈和困惑，更没有师兄们的成功和光环，但让她（他）们也加入本书撰稿的行列，对她（他）们也是一种鞭策和鼓励。但愿她们在知识产权法律服务上刻苦学习，奋起直追，踏实践行、坚持不懈，华丽转身，也希望他们能够在知识产权领域迅速崭露头角。

本书的序，是由我的恩师王文正老师所作，王老师曾任上海市司法局分管律师和公证的业务副局长，后期担任两届上海市律师协会会长，是一位老干部和知识分子，他有着深厚的文字功底，特别鼓励律师既要办案，也要撰文。

与王老师相识也是别有缘分，那时我写了一些版权方面的文章刊登在由上海市司法局主管的《法苑》杂志上。王文正局长因杂志上一篇文章对我有了深刻的印象，此后王局长对我多次提携，使我进步迅速。在王局长的鼓励与指导下，我二十余年来笔耕不辍，新书不断出版。

本书得以出版还要感谢我的两位朋友，一位是央视"极致匠心"栏目的总制片人沈黎风先生，另一位是上海市知识产权园总经理潘抒先生，他们曾为本书的编撰和出版出谋献策。

做律师是艰苦的，尤其是初入律师行业的青年律师，希望本书能给迷茫与困惑中奋斗的青年律师提供一点借鉴，使他们在前辈们开辟的道路上可以更好地奋勇前行，未来他们也必将在前进的道路上绽放出耀眼的光芒。

2021 年 8 月 19 日